歧口中学 梦想开始的地方

离开歧口中学快五年了，我在创造着未来，并一直未曾停过……

今天，玉来校长发过来中学的几张照片，一个同事说是梦开始的地方，我想也是。于歧口中学有过创新，并一直在刷新历史，也成就了歧口中学的历史；于歧口中学有过创造，并且一直在改变，也成就了歧口中学的梦想。不想它会老去，因为它一直为自己不断取得的了不起而自豪。所以，它只有年轻，它属于活力，它所有的活力与魅力就在于爱它的歧中人一直在描绘它的蓝图，敢走前人没走过的路。有诗正曰：唯有高度显正能，集中做事凭一心。机会在手急应答，高飘旗帜向蓝天！

——王金湖

12月4日，金港大哥为金湖校长新书拍摄照片4枚。其中校门口这张照片效果极佳：湛蓝如洗广袤浩瀚的天空，迎风猎猎昂扬向上的五星红旗，鲜艳如锦缤纷绚烂的繁花，质朴而又整齐如士兵般的排排校舍……观此枚照片之后，回想歧中（歧口中学简称，下同。）几十年的发展，难免令人怦然心动，心生感慨！这就是歧中，每个歧中人梦开始的地方，天空的那一抹湛蓝如洗，正如歧中人的胸怀，博大无比！你看那飘扬的五星红旗，满满洋溢着歧中人昂扬向上的斗志！他们默默无闻，却一直脚踏实地，他们平凡质朴，却一再创造了一项项的了不起！他们定不负使命，初心永记！用自己辛勤的汗水去浇灌那些渔区稚嫩的芽儿，期盼那些稚嫩的芽儿终会长成大树参天，开成繁花如锦……不负歧中蓝，傲做歧中人！

——吴玉来

新校园工学

王金湖 著

黑龙江美术出版社

图书在版编目（CIP）数据

　　新校园工学 / 王金湖著. -- 哈尔滨：黑龙江美术
出版社, 2018.4
　ISBN 978-7-5593-2662-1

　Ⅰ. ①新… Ⅱ. ①王… Ⅲ. ①校长 – 学校管理 – 文集
Ⅳ. ①G471.2-53

　　中国版本图书馆 CIP 数据核字（2018）第 067594 号

书　　　名：新校园工学

著　　　者：王金湖
责任编辑：裴　丽
装帧设计：刘永慧
出版发行：黑龙江美术出版社
地　　　址：哈尔滨市道里区安定街 225 号
邮　　　编：150016
发行电话：（0451）84270514
网　　　址：WWW.HLJMSCBS.COM
经　　　销：全国新华书店
印　　　刷：廊坊市海涛印刷有限公司
开　　　本：787mm×1092mm　　1/16
印　　　张：14.25
版　　　次：2018 年 4 月第 1 次版
印　　　次：2018 年 4 月第 1 次印刷
书　　　号：ISBN 978-7-5593-2662-1
定　　　价：69.00 元

一生的教育支撑：

平生手中有且只有一样权利——学习

金湖和他的教育精神

刘树桢

一、海风中结出的果实

金湖是我的学生,同时也是我老乡,都是黄骅人。他是沧州市第二师范学校87届毕业生。人长得个头小,蛮精神,属于在班里不时能折腾出点事的主儿,所以我对他算是有印象的。三十年后,有一次我去黄骅海边看学院里支教学生的时候,金湖在自己的家乡已经做了中心学校的校长,一见面,我脱口就叫出了他的名字,他让我叫他小湖,更亲切,从那开始,我也就一直叫顺了嘴。

从沧州市第二师范学校毕业的老三届学生中,到现在还在经营教育的人应该说是稀贵的。金湖做渔区教育三十年其实不容易,他从教师到教务主任、副校长、校长、到现在的中心学校的校长,三十年成就了一名乡村教育的好手。从他的《新校园工学》中,我能感受到他带着拗脾气进行苦涩而艰难教改的辛酸与坚持,一如歧口河上的海风,凛冽却又坚毅。

如海风终年不断地吹动着风车一般,长期扎根渔区教育的金湖充分发扬了勤劳的美德,他的勤劳表现在他不停思考的教育心略和不辍地行文教育心得。金湖说,他工作三十年来,很少在晚上十一点前入睡,读书、写作、行文教改成了他不变的生活方式。我对他的"平生手中有且只有一样权利——学习"这句话,是好赞许的。即使阴雨天待在家里,他也不会让自己闲着。他中师毕业之后,三年学得数学专科、五年学得法律专业,两年教育管理本科,坚持写作成了河北省作家协会会员……直至如今的《新校园工学》,这些成就的取得都是他勤劳付出所得。

就如在海风的呼啸下,海浪不停地翻动一般,在教育教学的每一个过程中,金湖也总能翻出新意。他带动师生在思想上愈发主动,让课堂活动愈发精彩。从书中,我感受到了一颗强有力的教育之心,歧口中学的教改一节节、一段段，正如火箭升空过程中，每脱落一节，就会获得更强的动力。读金湖关于教改的解读篇幅，我想他的老师们会带着期待与兴奋的，至少，我从文中，感受得到小湖的精神就在他的教育里，甚至忘我。

海风是无私的、慷慨的，它吹拂着它触及到的每一片树叶，每一叶风帆。金湖就如这海风一般，他爱哺育他成长的家乡。金湖在为家乡教育努力做事，他希望他的努力能够惠及每一个海堡人。"一个人可以走得很快，但不能走得很远，只有一群人才能走得更远"，金湖深谙这其中的道理。所以，他的思维的火花总是四处迸溅的，他只想把最好的火花分给他人，照亮更多的地方，影响一批批人。好东西拿出来，与人分享，彼此收获，彼此进步，共同开拓。金湖就是这样做的。

金湖的教育心略算不得理论，没有空洞的概念，完全是他秉着海风一般硬朗坚毅的性格——勤劳、创新、无私所得，这一切都是踏踏实实的具体行动的体现。于是，有了大歧口思想、红荆条精神、生生爱校校爱生生、勤奋奋进进取的乡村教改之果。

"小湖，别累着啊。"这是我读完《新校园工学》对我的学生说的第一句话。我也是一个长期从事教育教学管理工作，并致力于教育教学研究的人，在这里，我寄语我的学生：当劳作成为一种审美活动，成为自己的志趣所在，即便是辛劳也是甘甜的。恰如汪曾祺先生在果园里开心地喷着波尔多液，搭着葡萄棚，劳作已成为一种享受。金湖，你还是一位快乐的学生，看着《新校园工学》，我的眼前仿佛出现了这样的情景：少时的我捋着裤腿，赤脚走在田埂上，看着油亮发绿的禾苗，脸上洋溢着微笑。

二、传承中盛开的教育之花

说说海堡的教育人。1996 年，刘金钊同志是南排河镇第一任中心学校校长，从 2006 年起，张有栋同志是南排河镇第二任中心学校校长，金湖从 2013 年开始算第三任，都是海堡人。在他们身上，我感受到了二十年的传承和友谊，它是属于海堡人的，这份传承在金湖这里发展，滋养了他的教改理念。

金钊大哥的作风是雷厉的，教育思想是先进的，让孩子们乐起来的校园理念现在提也是不落伍的；有栋是严肃的，一丝不苟的，现在渔区校园里校长们的吃苦耐劳、亲力亲为的作风就是佐证；从金湖这里，读他的书，我仿佛沉浸于教改的课堂中，或思考，或体悟，我感受到了传承和进步，我看到了海堡的希望：让渔区的课堂质量不断升华，使学生在一种氛围中受到濡染、熏陶;让教师更准确地理解辅导学生的内涵;让学生的学习生命获得自由地生长。

可以说,我是坐在海堡人的坑头上同海堡教育人结交的,我见证了海堡教育的变革,老一辈的摸爬打拼,为金湖的教育改革理念打下了基础,新老校长都在为海堡的教育在不断努力着,看着金湖如今的成就,我欣慰且感动。

如今,金湖的乖巧聪明的女儿也就报考了学院美术系,成了第一届油画生。金湖总会创设情景,让我们几个老教育人聚聚,也激发我,端上几杯葡萄酒,让我们感觉回到了壮年时代,有激发,有表达欲望,像金湖理想中的课堂,具有饱满的张力,引领我们几个老教育人时不时走进课堂深处,沉浸其中,难以自拔。每每情之所感,酒至酣处,情难自已,衷心感恩老一辈的付出,愿金湖的教改走得更高更远。

三、"新校园工学":精致与实在

在沧州教育界,我是做得沧州师范学院校长的,金湖是做得南排河镇中心学校校长的。我是有一大堆理由,可以说说如何当好校长,在学院里,可以说我是大手笔的,金湖在渔区的教育教学,我可以说是有精神的。

金湖的"新校园工学"非常直观。正如他自己说的"王金湖这样做教育。"我这里做个比喻。新,饱含希望,带着温暖而又鲜活的生命气息,体现了金湖在校长岗位上的自我觉醒;校园,就是老师将"新的火种"播撒进课堂的地方;工学,即在师生的共同努力之下,由星星之火形成燎原之势,熊熊燃烧在全体师生心田的教学方法。德国教育家第斯多惠说:"教学艺术的本质不在于传授,而在于激励、唤醒、鼓舞。"新校园工学正是金湖在歧口中学的一种唤醒和激励,它让零星的火苗接触、交融,熊熊燃烧,最后聚成渤海边不会熄灭的、照亮渔区教育的一把烈焰火炬!

提出"新校园工学",这本书里的文字不是阐述,而是金湖在歧口中学三年教学管理时的缩影。其中有一个重要理念,就是——"精致做工,实在为学"。

金湖不仅睿智,更有才情。他把自己对教育的理解和实践,形成了一本书。金湖三十年的教育教学的行程犹如一粒种子,这粒种子,是他的经历、体验、作品,乃至他本身;这粒种子,是他接近师生生活经验的美文、时文;这粒种子,一直处于开放状态,具有生发功能,它以激发师生完善的冲动和正确表达的欲望。这粒种子,会使每一个有志做校长的教师,懂得校园,提升素养,做得"精致"和"实在"。这就是金湖的教育精神。

四、任重道远,砥砺前行

金湖,我的学生,我给予了他从事教育教学工作的肯定,但他还有需要改进的空间。《论语·泰伯章》中曾子有一句话:"士不可以不弘毅,任重而道远。"作为一个有雄心抱负,志在教育的人而言,金湖仍然使命重大,教改之路仍然艰辛遥远。教育,国之工程,为讨论课堂教学,可以乐乎其中,更需要一种谦卑的姿态。饱读诗书算学问,待人处世算学问,但教育教学才是教育者最大的学问。校园之路,教育之兴,唯开放才能革新,唯革新才能共生,唯特色才能自救。教育的核心素养,金湖你要好好学学,赶上新时代。

金湖有《新校园工学》即将付梓,看他惶恐中请我作序,我回复了他一个字:好!我为他高兴,不推却。但因为身体原因,我不能多写几行字的,就花了几天工夫,不能叫认真,就是研读了书稿。这本书几乎涵盖了乡村学校做校长者教育教学的全部,有指导,有策略,的确值得校长们闲暇之余,案头读读。

学问深处是性情。金湖的教育是"好(hào)"的心态。席德在《审美教育书简》中说:"只有当人是完整意义上的人时,他才游戏;而只有当人在游戏时,他才是完整的人。"捧读这本书,你会从字里行间读到一位校长完整的人的幸福追求。

2017 年 11 月 19 日

刘树桢,1958 年 2 月出生,汉族,本科学历,中国共产党党员。河北省黄骅人。曾任沧州师范学院校长,教授。河北大学教育硕士生指导教师。政协沧州市第八届委员会委员,沧州市第十二届人大代表,第六批市管专业技术拔尖人才,沧州市语言文学会常务副会长兼秘书长(法人代表),沧州国学研究院首席顾问,河北省社会心理学会常务理事,河北省语言文字工作者协会理事,河北省省级语言文字工作视导员,河北省高等教育学会副理事长,全国修辞学会会员。

长期从事教育教学管理工作,连续六年进行新生"校长第一课"讲座,被河北电视台、新华网、搜狐网、新浪网以及全国几十家媒体等宣传报道,好评如潮。致力于教育教学研究和汉语研究工作。主持完成教育部和省级教育课题 11 项,其中《实施"五精工程"创新地方院校应用型人才培养模式的研究》获河北省第七届教学成果二等奖;主编《四库全书目录新编》专著一部、合编《现代汉语》等教材五部,共计 240 多万字;公开发表《〈中国成语大辞典〉中三字格研究》《学校发展理念的理性研究》等国家和省级学术论文 60 余篇。

目 录

【教育初心】

以爱的名义从师

一

那一年，我登上了讲台，当了教师。

那是一所还算正规的规模一般的学校，高年级的学生有的和我一般大。可我却像一只高傲的披挂金翎的公鸡，到处炫耀自己，除了给自己班的学生上课辅导外，为了过足当教师的瘾，有时就跑到毕业班的教师那儿，要几节晚辅导的课上。一走进教室，问问题的学生从前排到后排兜过来一趟，就有两三个小时。那时刚毕业头脑清知识活，就没感觉到累。我一个劲地灌输给学生：要好好学习，走出家里的庄稼地，做个吃公家饭的人。于是乎，我的工作：一大早起来上早自习，课间辅导学生，午饭后备课，放学后组织辅导小组，自己出题编题，在题海里我从容快乐地徜徉……那时候，心目中教师的形象是这样的：生活中无微不至，课堂上生动活泼，对学生一视同仁；谈心时候俨然一个指引灵魂的牧师，关心时候俨然一位体贴呵护的保姆，批评时候又俨然一名刚正不阿的法官。

参加工作的最初一年，我就这样不遗余力地扮演着好老师的角色，果真取得了不小的成绩，那年全县统考，我班的数学成绩全县第一，单科最高分是个叫李家龙的男生。我的教案让那个生性威严的老校长在全体教师会上表扬了足有四五次。我真感到了"幸福"，连走路的样子都是向上一蹦一蹦的。

工作一年，工作调动，我到了一个偏僻的却有着一个充满生机名字的学校。学校条件虽说很差，但我对这个地方的明天却充满信心。于是，白天我几乎长在教室里，夜晚总能在长明灯下彻夜的备课，总能替值夜班的教师到学生宿舍门前屏息敛气全神贯注地查夜值勤。起先，班上总能有几个学生和我主动地要好，追着我问问题，几个模样好看穿着收拾的干净的女同学嘻嘻地愿和我汇报汇报，但是待到年末的那场考试，我的心，简直就碎了！他们的成绩太让我失望了——我反问自己，为什么我的关怀感动换不来他们为提高成绩去努力积极进取，反而无动于衷呢？为什么我一次次的无悔无怨地教导，他们已不能遵循？为什么我的指引到他们那里腹诽连连甚至嗤之以鼻！在乡教办室召开的有全体教师参加的总结表彰会上——伤心、懊恼、痛苦、冷漠……这些情绪如潮水般淹没了一颗年轻的心，我终于也是第一次发现自己是如此脆弱，不堪一击。有位老师在办公室说的话在耳边一声高过一声地响起："朽木不可雕也！是朽木也只能做朽木，别幻想着在'天安门'上放光彩。"那天夜里，我开始有了"恶"心——这群浪费了我的青春，枉费了我的热情，耗费了我的时间的没良心的家伙们！我恨你们这些不争气的学生！

于是，就在放假那天，那节总结课上，我一股脑儿地全倒出来了我的无能——数落着他们的一件件劣行，诉说着我的疲惫和失望，泪水也随着疾言厉色挡不住地流呀流呀，我简直就成了母亲当年讲过的一个忆苦思甜的老贫农，我愤怒着，更是痛苦着。我的学生们先是呆了！我跑回自己的宿舍，滚滚而下的泪水湿透了枕巾。学生们三四个一群一伙地哭着来了——他们诚恳地道歉。他们说要改过，说要争取，说他们经不住我流泪的样子……

现在，回想起来，那时的我，是多么地脆弱啊！对于教育、对于学生，师者，你付出的是一种怎样的爱啊？

那一场痛哭，只因为我对我的学生们爱的太深，我把爱当作了一场投资，我奢求学生们要学会感恩要报答于我，于是，我的爱愈来愈发沉重，情感脆弱的经不起半点落后，看不得一个不及格的成绩，我只想我的每一个学生都要成为情之负债的门徒，要他们还我的情债。于是，我在课堂上如稍有一个不如意，就是一场狂风暴雨，最使我的学生们可怕的，就是以爱的名义我要表白：

"我辛苦地批改作业，你还不交！你对得起谁?！"

"我每天早起，准备早自习，不吃早饭，你却迟到（不来了），你有没有良心?！"

"我夜夜在钢板上给你们刻卷子，找习题，你就是不做试卷，你的心过得去吗?！"

……

就这样在我的情感投资中，我或者咄咄逼人，或者满面失望，忽儿以施舍者的姿态训诫，忽儿以恩人的身份自居！于是乎，我得到了一群俯首帖耳的学生，他们身上的委屈、愧疚、忏悔，保证全塞进了我的头脑，他们只知道，为我而学习，他们每天惴惴着心，因为我的喜怒而不得安宁！

于是，在这所学校里，我足足收获了一群被我的情场投资教化了的学生。到现在，见了面，他们说得最多的是"对不起""不争气"，可是他们中多得是自己创业发展的能人、强者。再回到夜色灯光下，我的心灵正被自己的过去的作为拷问煎熬着：师者，你的这些手段，不是对爱的一样讽刺吗？

二

因为到了结婚的年龄，我想到了回家。于是我毅然放弃了对那个有好听名字有着美好明天大有发展的地方，两年后，我调到了距老家 10 多里的一所中学教学。年复一年，在这里不觉中就是 18 年。我说，在这个地方我站成了树，还是用心成长的好，我接受这里的每一份阳光、水分，释放氧气，尽力将自己绿化——课堂教学改革势如破竹，已深入开展起来。我否定了自己的过去，我做出了很大的努力，我进步了，我不再总是委屈了，我快乐地工作着，走进课堂，我把爱全当是一种付出。新的理念下，我讲求平等、重视个性、崇尚自由、启迪思想。我已可以理直气壮信心百倍地说："我爱学生，学生也爱我，我爱学生，我要以是他（她）们的老师而自豪，学生们爱我，他们以有我这样的老师而骄傲！"

于是，在教学反思中，我去仔细阅读来自学生的每一份调查，我捧着《给教师的建议》（前苏联·苏霍姆林斯基著）静静思索，时不时联想到自己身上，我开始了大胆地剖析自己（摘几篇工作日记）：

1. 意识到做错了事情，我公开在班上道歉，写了检查，以争取学生们的谅解。当我公开朗读检查时，学生先是一怔，后是笑了，而后，热烈地鼓掌。我知道，我们的感情没有受到任何伤害，倒是更近更深了。下课后，有纸条夹在我的教案里："老师，我们全班都爱您！"看后，我微笑了，很感动地靠在椅背上，闭着眼睛久久不愿动，那一刻，我只想好好地享受这份真情。

2. 是谁，偷了我的 QQ 号？我把自己写检查向学生公开道歉的事情粘贴到网上，说实话还有点沾沾自喜。可是几天后，我的 QQ 里飞进了一份帖子，一开始上面认真地说教师做得对，做得好，后来发过来的也是张检讨书！上面说："老师，当时，是我不能按时完成作业，惹你生气了，因为我没交上作业，你就不继续给我们讲课了。老师，你那节课，我是努力地听着的，头疼的厉害，本想请假的，心想，还是坚持下去吧，一节课下来，我还是一点都没听明白，课上作业，我就……"几天来我一遍遍地读着这个学生的帖子，（我猜得到她是谁），并不停地思索着——是的，我又错了！师者，为一份不能完成的作业，你不分青红皂白地停了班上的一节课！你非要那个不完成作业的学生站出来承认错误，后来寻思到做过了头，就"别出心裁"地做了个"道歉"的圆场！

……我不能怪这个偷了我 QQ 的细心的学生。

3. 我以爱的名义说，我的学生们，我还在为达到"最终制服你们"的目的工作着，如果说以前曾是以泪水感化，那么现在则是用怀柔招安！我并不能真正地同你们做到平等和尊重，师者，为什么那么容易感到自己的尊严被学生冒犯了呢？为什么不能容忍哪怕是一个学生不能遵守你自己订的规则呢？难道说师者的力量非要体现在制服学生上而不成？难道非要学生无条件地接受我们？难道说非要让学生离开校园后才能体会到"老师——学生"间有那么值得大呼感恩的师生关系？校园，你的和善、你的宽容、你的民主，首先应让师者说要以爱的名义——和学生先做益友再做良师。

苏联教育家苏霍姆林斯基说，人类有许多高尚的品德但有一种高尚的品格是人性的顶峰，这就是个人的自尊心。是啊，真正的爱，源自于尊重，我们的学生再幼稚，也有他（她）的个人思想和感情，有属于他（她）独特的思维和心灵。师者，只有摒弃骨子里依然居高临下、内心深处的强烈的主宰意识，放下牧师度人的架子，去倾听心的低语，去触摸思想和律动；师者，你只有敢对自己的"丑陋"的过去进行"格式化"的清醒和反思，历经刮骨的疼痛之后，你获得的才是新生，到那时你才能真正由灵魂深处欣悦而自豪地说：

我以爱的名义从师。

【教育心界】

第一篇

论校长动机、校长精神和校长理念

摘　要： 办好一所学校，重要的是有位办学思想先进和眼光独到的校长，而学校工作的管理无处不体现校长动机、校长精神和校长理念，只有校长形成了健康的思想体系，才能使学校保持稳定科学和谐发展的态势，才会凸现出一所具有鲜明个性特色的一流学校。

关键词： 动机　精神　理念　校长

陶行知先生说："校长是一所学校的灵魂。要想评价一个学校，先要评价他的校长。"一个好校长就是一所好学校。这说明校长在学校的重要位置和作用。校长是教师的教师，是学校的"特级教师"，他的校长动机、校长精神和校长理念直接或间接影响教师和学生，影响学校的发展。因此校长者应该是师德的表率、育人的楷模、管理的专家和教育教学的引领人。

一、校长动机影响师生健康心理品质

校长动机，就是支配欲的形成，反映在心理品质上就是一所学校行政、业务等方面的最高领导权的拥有或说占有，它以支配学校的财、力、物来实现某种心理倾向。一个校长正确的心理倾向或称为健康的心理倾向到底表现在什么地方呢？笔者认为无外乎两个方面：一方面是支配财、力、物能构建起具有向心力又聚汇起良性舆论的校园人文氛围，即把财、力、物用在学校内外部环境的建设发展上，求和谐科学地发展学校，这是做校长的"德"的基石，无"德"什么也免谈。另一方面是将财、力、物点撒在师生的心口上，一个优秀教师一个品学兼优的学生的成长，校长动机是最明显的，否则只能说又多了个合格平庸的校长。所以说校长动机直接决定了学校的育人品质，它的最高境界就是人格力量的形成，这里有四个程度副词，作为基点，可以用简单的四棱锥形来反映出来。

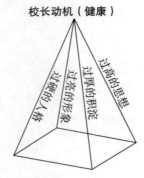

校长动机（健康）

过高的思想
过厚的积淀
过亮的形象
过硬的人格

下面就上图的结构意义，做一阐述。

校长动机应建立在过硬的人格、过亮的形象、过厚的积淀和过高的思想上。只有这样才能支撑起一个健康向上、活力四射、张扬个性的校长动机来。

1. 过硬的人格。"人格就是力量"做校长者必须具有强烈的事业心和责任感，工作兢兢业业。不能只埋头苦干，这种干法现在说起来只能解释为平庸守摊，无了与时俱进的社会意义，要有一种冲劲和闯劲，锐意改革。也可理解为学校发展的变化上，面貌新、师资强、出人才；做人真诚，严于律己，勇于解剖自我，敢于挑责任，以多彩的人格魅力影响师生，激起情感共鸣，才会有良好师风学风和校风的形成。

2. 过亮的形象。形象这里有二，一是公众形象，衣着得体，言行举止符合场合及身份，有自己的个性风度。二是工作形象，以饱满的热情迎接初升太阳般投入一天的工作。当然也不能把校长当形象工程，整天脸上灿烂的阳光，浑身充满激情，遇有烫手棘手的问题、烦恼和困惑也是要写在言行上，尽量少表现在教师和领导层中，要求得理解和支持，不倡导以仪升威，望而生畏的监狱长作风。

3. 过厚的积淀。读名著、读经典、读大家，与大师、专家、学者对话，这是对校长的文化底蕴及内涵形成的要求，校长动机形成前后，都不能抛弃读书学习。吃饭是养身体的，读书是养灵魂的，它可以改变人生的亮度，改变人生的终点，改变一个人的气象。

4. 过高的思想。思想的高度哪来？就是不计个人得失，不追求个人名利，识大体顾大局，清醒自身决不做牢骚满腹、利欲熏心的庸人，做到思想观点先进、与时俱进，为了师生的发展，为了学校的发展，紧合时代脉搏，紧跟时代步伐，做有觉悟有境界的人。

二、校长精神就是一所学校的品牌

一个名牌的背后必须有一种精神。校长精神就是学校的一座丰碑，它不同于上面风怎样吹就怎样飘的旗子，虽说方向是没错了，但全无了气概，没了属于自己的品牌。做丰碑就是集一种信心力量与一体，突兀阳刚的东西在里面。所以校长精神就是要改样子，办特色，出实效，上台阶。有时候也可以理解为：看校长精神就是看他带出了一个什么样的教师队伍，看他培养出了一个什么样的学生群体。当然校长精神的形成应该有一个热情、刚毅、果断、执着等稳定的个性特征，也就是说校长的个性品质直接影响师生，学校的发展，也直接影响学校在社会上的品位，这是个学校要树个什么样的牌子的问题。

下面就校长精神的形成谈谈校长优秀个性品质的培养问题。

1. *血始终是热的*。校长应是一个有血有肉的性情中人。要时时尊重、关心理解教师，一手抓教师的工作，一手抓教师的生活。工作上当严师，生活上做慈父，时刻把教师的冷暖挂在心上，不是学着与教师沟通（被动），而是本来就会沟通（主动），沟通从"心"开始，做老师的知心朋友，要把工作做到教师的心坎上。善于用荣誉激励教师，善于在平庸中捕捉非凡，善于发现教师特长，明白一个价值观，校长的价值就在于发现和培养人才。

2. *佛家以容为大*。教师是一个知识分子的群体，不同的成长经历张扬不同的性格个体，表现在学校管理上校长不能以权欺人，以势压人，不顺耳的话不顺眼的人要容，对有"问题"教师，更不能打击报复，耿耿于怀，要有包容精神，但也不可把容错理解为庇。它也不是某些"自己身边人"的庇护伞，要学会与教师交流对话，求同存异共同协调地发展，有气度地待人，紧紧团结全体教师，使他们能够齐心协力，同心同德地搞好教学工作。

3. *站高忧长，做事乐宽*。学校的发展就是目标不断实现不断迭新的过程。校长一定要比教师站得高，看得远，以执着追求的精神发展学校，用望远镜看远处，忧患筹措从长远的角度思考规划学校的未来。面对学校现存的问题，不能急躁更不能过火，武断处事，要学会调整心态，沉着冷静，学会克制自己，冷处理软着陆，勿感情用事，以宽的心态，驾驭人生事业的航船。

三、校长理念决定学校发展的品位

校长理念就是校长管理学校的风格，它是一门科学、学问，它是艺术管理。校长理念的主线就是不断优化教学环境，第一要打造一支一线上有丰富教学管理经验，兢兢业业教书育人的教师团队。第二要营建一个有良好的学风和利于学生成长的环境。第三要搭积一个多姿多彩的学生理想化的校园文化学习生活平台。

让你的教师在你的校园里无悔地撒下汗水，播植希望，使他们拥有激情飞扬的青春。只求一群活跃而业务精湛的老师——给他们教学课堂，讲优课，做名师；给他们辅导课堂，搞辅导，抓特长；给他们社会课堂，鼓励广泛地接触学生，接触家长，聆听家长的声音；给他们机会的课堂，顺应时代潮流，参与各种活动，开阔眼界。

这个管理应体现科学性、艺术性、规范性、民主性和艺术性，它的宗旨就是使学校在原有基础上"更上一层楼"，在同类同级学校中，"映日荷花别样红"，赢得老师、家长、学生和社会的赞誉，提高学校的办学品位。笔者在工作中深深体会到校长理念的形成要讲究：理论讲深度，工作讲力度，管理讲尺度，教学讲尖度。

1. 理论讲深度。校长要会写文章，用自己的教育理念去支配执行自己的教育行为，从而带出自己预设的教育效果，需要做到让教师们理解并能掌握校长理念，校长就要挤出时间来学习管理学、教育学、心理学和其他相关学科的理论知识，提高自身的含金量，让属于自己的学校有属于自己的精神动力、智力支持和思想保证。

2. 工作讲力度。校长的威信来自创新意识和分析问题的精辟、果断的决策和部署，更来自于工作的雷厉风行和干净利落的执行力度。有了决策，接下来的问题也是个关键的问题，就是善于用人，发挥下属教师的作用，做他们的支持者，要充分、调动下属领导成员工作的积极性、创造性。

3. 管理讲尺度。这就是民主决策，办事透明，制度育人。决策要集中大家的智慧，尊重意见建议，反复比较，决出良策，校园内实施阳光工程，把人情掺到教学评价中只能早早断送学校前程，甚至误送了校长自己的前程，建立激励功能的运行机制，让机制管理人、激励人、成就人，要法治不要人治。

4. 教学讲尖度。教学工作要有"一招先"，要把学校办得有特色，教师有专长、学生有特长。必须培养在教育教学上有个性风格的教师。为此校长必须做到：（1）搞课题研究。（2）强化校本培训。（3）狠抓常规教学。（4）请进来走出去。（5）鼓励教师冒尖。这里重点讲述一下第5个做法，教师的平庸就是未来社会的悲哀，校长理念中要营造让青年教师早日成材的氛围，搭建他们成为教学能手、学科带头人、教育教学专家的平台，创造一切机会，让青年教师提高学历参加进修，舍得投资，以提高专业素养，点拨每一位教师的教育智慧，这样才能真正实效地提高学校办学质量，才能尽可能早的打造出一所鲜活有无限生命力的学校品牌来。

总之，校长动机、校长精神和校长理念的形成和发展就是一个校长生命价值观的形成和发展。校长，因你们对事业的理解执着，我们的学校会一个个走向辉煌，我们的师生会因你们的工作而越来越美丽的，同时你们的生命也必然焕发出别样的光彩。

第二篇

我的教育工作操行书

我一直在争取做一个优秀的领导者，并努力实践着。

我知道我自己在某些方面不比下属强，所以我在寻找并汲取着调动下属积极性的能力。学着人家说的人格的影响，与我的教师们，努力在人格的影响下互相鼓舞、情感沟通。以情感的交流唤醒我爱的教师们内心深处对向好的渴望，以心智的启迪使我爱的教师们的工作充满智慧和艺术，以心灵的交融，并在心灵的交融中让我爱的教师们内心充满阳光。

一、班子形象引领

班子成员的一言一行会影响教师的精神状态。班子形象是好是坏，教师心中自有一杆秤。如果班子成员以权谋私，言行不一，要求教师遵守的，自己首先违反；要求教师做到的，自己总是做不到，他的威信和影响力就会大大降低，他的话就会失去号召力，教师将会表面上服从，而背后却投以鄙夷的眼光。而班子成员以身作则、公道正派、言行一致、爱岗敬业、平易近人，就会得到教师广泛的认可和支持；就能有效地督促教师恪尽职守，完成好各项工作任务。因而班子成员应把自己的品德修养、学识水平、工作能力、个性风格贯穿于处世与待人接物等各项活动之中。这样做将会极大地鼓舞和带动教师的工作热情。我校校级领导 3 人，中层干部 5 人，平均年龄 39 岁。所以我用心血经营着它，保证它精诚团结，通力合作，有开拓创新精神、有争先创优意识，在学校中有较高的威信，是学校教育发展的领军力量。

1. 学习走在前。理论学习和学习创新我会作为常抓不懈的"干部集体学习制度"之工作。

2. 工作干在前。每位领导在完成好常规工作的同时，还要代好一门课、管理好一个年级组、主抓好一个项目和每周值班一天。

3. 作风正在前。一是团结之风，始终坚持和谐团结，保持较强的内聚力；二是进取之风，始终发扬不服输的精神，不断进取；三是求是之风，严格要求，求真务实；四是廉政之风，认真落实校务廉政建设责任制，自觉接受群众师生的监督。做到"四讲",即"大事讲原则,小事讲风格,共事讲团结,办事讲效率。"真正做到了以共同的目标团结人,以自身的行动鼓舞人。我们无法要求教师完全把学校放在心上,但是用班子自身的努力实现对教师的鼓舞,完全可以做到让教师把工作放在心上,把责任担在肩上。

二、教师放在心上

必须坚持先关心人后关心工作的观点。就是要心中有人,眼中有人,尊重人,相信人。而且态度要真诚,要以心换心,以情动情;并要看成把"教师放在心上"这样做,本来就是学校应当做的事情,而不能仅仅是把它当作一种管理的手段和"技术"。

1. 关心教师。关心教师,就是自觉为教师服务。思想帮助到心,生活帮助到家,做到"五到"即"婚到、丧到、产到、病到、难到"。关心他们的学习、工作和生活上的各种实际困难,解除了他们的后顾之忧,让教师们全身心地投入到教育和教学工作中去。人的情感具有两重性:积极的情感可以提高人的活力;消极的情感可以削弱人的活力。古人云"士为知己者死,女为悦己者容","感人心者,莫过于情"。有时领导者一句亲切的问候,一番安慰话语,都可成为激励教师行为的动力。其实,我们要求老师要关心学生,不如我们多去关心教师,因为我们怎样对教师,教师就会怎样对学生。

2. 理解教师。教师们早出晚归,工作内容多、时间长、强度大。有些教师还是家务劳动的主力,要买菜、要接送孩子,要相夫教子孝敬公婆,他们很辛苦。教师是学校发展的根本,但是教师是人,人是需要理解、关怀的,所以,对教师要多一些爱护和理解,多一些人情味,让教师每天带着美好的心情工作。对于教师反常言行,我们想到更多的应是"为什么"。

3. 尊重教师。一个尊重教师的校长,必然会赢得教师的尊重。对教师的尊重,前提是平等,只有教师感觉到你平等地对他了,他才会感到你对他的尊重,他才能敞开心扉,才能把你当作伙伴。当教师把你当作领导时,你说的话他会有戒心,他会把你的话当作要求、诫勉甚至是批评;而把你当作是伙伴时,同样的话他就可能当作是建议、鼓励甚至是表扬。所以,尊重教师一定要把自己摆在与教师平等的位置上,才能真正的做到尊重教师。得到尊重的教师会把自己当作学校的主人,责任心进取心自然地就会表现出来,主动地工作,积极地工作也就会成为学校工作的常态。

三、助教师成功

人的基本需求由低级到高级分为五个层次。即生理的需求、安全的需求、社交的需求、尊重的需求、自我实现的需求。自我实现的需求是人最基本需求的最高层次的需求,这种需求意味着人们希望完成与自身能力相称的工作,使自身的潜在能力能够发挥出来。学校应针对教师的实际情况,安排其具有一定挑战性的工作,唤醒教师内心深处自我实现的需要，并创造条件，帮助他达成自我实现的愿望。深度理解"教师的成功就是教书的'成绩'"这句话。

四、让阳光照亮教师心房

教师的工作无疑是非常辛苦的。能在讲台上站到退休的教师是世界上最值得尊敬的人。我们的教师这么辛苦，如果我们再让他们在压抑、紧张的状态下工作，我想那是不负责任的，也是不人性的。所以、我们要想方设法，为教师创设一个和谐、放松的工作环境，让教师们带着一份好心情工作，带着一份快乐回家，让阳光照亮教师心房。

1. 做送阳光的使者。当有的教师遇到工作中或者是生活中的困难时，我们及时地来到他的身边，把他从遇到的寒流中领出来，走进同事的温暖中，走到团队的阳光下。学校把温暖的阳光送给了老师，老师会以更阳光的心态对待工作。

2. 帮助教师享受阳光。组织教师读书，是帮助教师享受阳光的最好办法。给出个读书时刻，全校师生都拿起书，静静地阅读。在宁静平和的心态中，师生的心灵在润泽中净化，内涵在广识增智中丰厚。那种宁静是一种使人如沐春风、如浴暖阳的宁静，是一种让人兴奋的宁静。学校是需要管理的，但是管理的目的决定着管理的效果和教师的感受。实施激励教育，以"控制"为目的的管理的效果和教师的感受，远不如以"激励""促进"为目的的管理效果好和教师的感受好。

3. 让教师乐于"管理"的精神光芒。以一种操行践行着这块属于你的地方，只要你是阳光，午后的太阳雨对于我爱的教师们也是一样拥有和享受。我忠诚于我的教育操行。所以我有时就有意要求我们团队的负责人在平时就做好工作，要及时地提醒、指导和督促，更是严厉于我爱的老师们做好平时的工作，这样到考核的时候，大家就都能完成任务，得到好的评价，从而有一个好的工作心情。

一位哲人曾经说过这样一句话：一个人不会把生命出卖于你，但会为了一条彩色的绶带把生命奉献于你。

第三篇

用物态文化，浸润师生心灵，建校园品牌

——把校当家经营建设，把这种思想提出来，讲明白，并积极促成。这就是一家之主。

今天，我提一个词，文化性，实际文化性才是学校最根本的特征，只不过人们急功于成绩的突破，难免制约或说是影响了文化的发展，它需要个长长的履历的见证，即只有文化，才能厚重、发展、成就学校。我有了这个思想的建立，自然有鉴于此，给了我机会，我在我的歧口中学就一定在学校文化的个性化追寻之旅上，迈出属于我的步伐。

开篇先讲我对学校文化的理解。我理解的学校文化是教育部门要求下的校园文化建设和学校办学核心的价值观以及学校个性特色建设相融合的三位一体。它是校园自身内的文化传统、学风教风、人际关系、心理氛围等在师生中认同并积极遵循的精神文化的理念。我的思想不深，我被上述论断搞得头大了，咱就实际了我的校园物态文化思想的好，作如下工作准备——践行和融的管理文化。先是校长选择。校长选择的实质就是创新，不同的时期不同的目标都是选择的机遇，稳健不是保守，创新不是随便冒险，要做好校长，就是有点锐意进取的真诚和勇气，在稳中求变，在变中求新。

歧口中学以创建渔区一流初级中学为动力，深入实施管理体制改革，狠抓学校管理的科学化、民主化、细节化和人文化，才能全面、有效、促进、提升办学水平。

1. 分工明，责任清，量化分解，追求管理的民主、科学、人本、细致。在学校，校长是决策层，负责学校重大事务的决策；副校长和中层干部是管理层，负责具体事务的管理；教师是操作层，负责具体工作。只有校园系统组织各司其职，各负其责，组织内部上传下达的都按照组织的层次依次进行，才能保障教学秩序的良好运行，也就实现了真正意义上的"有所为有所不为"，做到上下沟通，互相支持，教师面前保持一致，学校管理中的各项措施在实践中才得以落实。这是制度文化

建设。

2. 精神文化的建设。学校的精神文化表现在校园外部就是大力营造氛围，发挥文化陶冶功能。（1）硬件建设上品位。在每间教室配备多媒体教学设备的基础上，加大学校网络建设，从校园区域网开始，争取办公微机化；（2）办公环境怡养性情。先从办公室开始，要求盆景盈绿，从间间绿意和悠悠草色中力求审美和教育功能的和谐；再从打造新的特色校园环境上下功夫。（3）以活动促教改，打造新的活动品牌。从学校兴趣小组、班级文化建设、工学小组活动、教研组活动、团队活动入手，百家争鸣，花之开放，一葩一枝也是我之所求。学校的精神文化的另一层面，就是育人之路的铺筑。（1）丰富生命体验，要师生快乐学习。丰富教职工的生活，今年，外出学习机会不拦，工会活动支持，集体公益出力，教研活动积极投入，团队和兴趣小组活动设奖，结合"两个景观建设"加深学生与生活以及社会的联系；（2）润泽校园土壤，让教师幸福工作。学校倡导和谐环境，让每个人在各自的岗位上都干得舒心、干得顺心、人人思想进取、事事争一流，形成风正、气顺、心齐的和谐氛围。给教师一周至少一节的自我图书学习时间；影视新视野一周一节的放松时间；一月听一节名人教育思想报告会。

3. 大歧口教育。寒假里，我撰写制定分解量化方案，说实话，信心真的是师生给我的，换句话说，是他们的干劲和优秀的职业素质，给了我信心，要我一如既往地投入工作中。我是不赞成有些学校在量化上抠字眼的，那是对教师、干部的施重和加压，我不想用它，它也不是我追求的办学思想。所以，在这里，我非常有必要和老师们谈谈我的初衷：（1）让干部们快乐工作，快速成长。就是让干部会干工作，让教师看到会干工作的干部，使干部们踏实工作并在不断地创新工作进步发展。（2）让教师们正确评价干部，快乐教书。在年后初九至十一的三天里，我回了学校，一是我来看看年后工作的初三教师，再就是谋篇量化分解的，我边写边思考，一方面是让各职能部门动起来，让干部们执行工作有据有章，职权分明，责任清晰；一方面是让干部的工作得到教师的正确评价，得到教师正确的认可，它不是校园机器，它是校园平等的准则，教师要遵守，干部更应该自觉做到；还有一个思考，我想的是集体荣誉，即大歧口教育，我问自己，什么是大歧口教育？怎样让人们以及社会上爱提起耳目一新的大歧口思想？我认为大歧口教育首先是歧口中学的教育，再就是渔区一流的教育，第三必须是个品牌教育。歧口中学的教育、渔区一流的教育我们基本做到了，今年的九年级，这个八年级就能实现，而品牌教育，就是管理！我在干部预备会上讲，教学成绩是个一，内部管理更是个一，这个 $1+1$，不能全部解释大歧口教育，少一个"1"，就是教师在大歧口教育里感受到幸福快乐的工作，它是个最一。所以，从今天开始，我明确我的大歧口教育思想，就是一个公式：$1+1+1=$大歧口教育，内涵有二，一个表面，即东高头 + 西高头 + 歧口 = 大歧口，另一个内涵是真髓，即教学质量是个一，内部管理是个更一，幸福的生活学习是个最一！

　　所以，有了今天量化分解实施的方案，有了我的物态文化思想，虽然它还很单薄，但它是教改不悔的延续！我在这里感谢歧口中学的教职工们。

第四篇

在理念高度下，搭建文化框架，
点化多彩元素，打造特色校园

我全篇不引用谁的理论，也不用哪家说法佐证，就是一味地思考，像做一张数学试卷上的压轴题，我给出的答案是属于我的唯一，经得住推敲。至少我用心血理解，把生命和教育相抵。

——王金湖

一、在理念高度下

理念先俗后雅，先俗，俗着说叫看法，后雅，雅着讲是思想。看法就是直接的感觉，思想是留在脑子的理性，当一个人把看法和思想统一起来时，人就长大了，活得成熟了，属于他自身的观念就来了。于是，上升到理性高度的观念就成就了理念的生成。简单地说，先有意念，然后正确的意念成为观念，观念再为之追求，就成为了理念。

从事教育几十载，我的理念当然唯有办学的理念。由于是乡土教育，我的理念是区域里办学的出发点，我只能说它有一定的价值观。想想校园，我当了三年的渔村中学的校长，我说办学理念是学校的魂魄，从书本上学过，我也曾经为之努力经营，按按手指头我数数——它包括学校的办学宗旨、办学目标、办学策略，具体体现在校训、校风、校规、校歌、教育理想、建校原则、办学宗旨、育人取向、培养目标、精神偶像、育人途径、学风建设、教师形象、校园文化、工作重心、庄重承诺等方面。每一方面都应当精雕细刻，力求使办学理念在实践中达到完美。先进的办学理念对内是凝聚力、向心力，对外就是核心竞争力和品牌。那，办学理念的高度哪里来？

1. 先说校长，要有底蕴培育理念。理念的形成若种子的成长，离不开校园里的"空气、阳光、水分、土壤、耕作、科学的种田方法"，我说，一个理念的生成至少需要三年，因为你我聘期三年一轮。校长就是田间地头的主人，收获办学理念就是校长基于办怎么样的学校和怎样办好学校的深层次思考的结晶。它要求校长必须找到一个精神支撑，学文的校长就是要找到"文眼"；学理的校长就是要找到理科的"支点"。校长就得俯下身子虚心做学生，深入校园潜心做工匠，积极进取，努力学习，发现和挖掘校园最根本的"文脉"，不断提升自己。有得发展眼光，方得理念雏形。

2. 再说校长，要有魄力立举理念。确立办学理念，要先知学校"井深水暖"。一看学校自身发展，它是一所学校在办学趋同化的大潮中，树立理念，形成或保持自己独有的个性和特色的需要；二是校长个体的行为要"贤明达然"，凸显自觉性和目的性。树立办学理念是校长的职业成长需要。作为校长，应该经常思考：一定时期内的办学目标是什么？确定怎样的办学理念去实现这一办学目标？校长有了这种思考，就有了自我发展、自我完善的动力，而有了这样的自觉的校长，就有可能办出一所好学校，校长也可能在办学实践中成长为教育家。

3. 三说校长，要有恒力抓成理念。办学理念一旦提炼形成，实践，实践、去不断实践就是丰富和提升这一理念的过程。于这里，我想到了一个词，就是践行。践行需要长征精神，我这里背诵一下中学历史课本里毛泽东主席对红军长征这一伟大转移，所作的高度评价："长征是历史记录上的第一次，长征是宣言书，长征是宣传队，长征是播种机。"所以，我在这里有四点提醒（1）跟党走。办学理念一定要意会伟大祖国的教育方针、政策和法规，树立红色教育观，培养信仰过硬的接班人。（2）行正风。就是继承传统与创新，大处讲是核心价值观，其基本内容含有四个层面，第一层面，国家层面：富强民主文明和谐。第二层面，社会层面：自由平等公正法治。第三层面，个人层面：爱国敬业诚信友善。从小处说，就是以学校的优良传统为基础，在继承传统的基础上求发展。（3）取真经。每一个学校都有各自丰富的办学经验和鲜明的办学特色。借鉴其他学校的经验，会开拓人的思路，丰富人的思想，从而充实你我的办学理念，更有直观的可比性和具体的可操作性。（4）时代性。教育的衰败就是社会的落后，一个教育理念就一定体现着一个时代的精神，它是常新不腐的。教育是人学，它以人为本，以诚信为基，它要求我们的校园一定要创设平等、民主、创新、和谐的氛围和环境，想学生成才之所想，急社会需要之所急，为社会输送人才。创办区域名校，构筑区域文化，传播区域文明，当是一任校长的神圣职责。

4. 四说校长，要有能力炼优（提炼、优化）理念。炼优说白了就是细节问题，是精细化管理，理念只有放在平时的细节，平淡的坚持中，才见效果，才会深入校园，影响久远。而在浮躁的当下，我们的校长大都是眼高、手高、嘴皮子高的。眼，谁也不如他看的高；手，谁也不如它挥的高；嘴，谁也不如他说的高；说严重点，这才叫素养不高和品位不高的。所以，我们必须坚持在细节上做精工，以能力炼优理念，以铸就办学的新品牌。什么是炼优的理念？其体现五个特征——第一，导向性。就是在你的校园把你的学生培养成什么人问题。以抓细节管理来指导学校实践，让每一名师生都在其引导下达成这一目标。第二，精神性。就是在你的校园存在怎样的精神内涵问题，具体反映在学校里面，就是让全体师生通过细节之精细管理活动，在思想上把理念要求上升为理性认识，愿意理解并接受这一理念，使其真正起到感化学生、激励教师的作用。第三，独特性。自己的学校要自己的发展，理念里可否考虑学校的地理位置、办学层次、培养对象和自己特色等情况。第四，渗透性。它是我提的炼优理念的一个隐形特性。就像血液，它是需要校长这个"心脏"把它输送到校园每一个角落的，包括每一个细微的"毛细血管"。把办学理念渗透到各种教育教学活动的过程之中，使之去指导教育教学实践，更让它变为"实现这一理念的"的途径和方式。第五，稳定性。办学理念是校长的办学主张，它应该在一个相对长的时期内存在于一个校园的，我做不到一个理念随一所学校的存在而一直不变，但更不能将理念变来变去，随意地"升华"，频繁地花样翻新。我提倡理念扎根！也就是有着幼苗长成大树，大树参天的愿景。

5. 理念是校长提出来的，更是属于本地域的。渔区的地域性理念就得实在、利索、明快、有力度。虽然我们的校园不在"庙堂"，但它也必须有一个稳定的语言表述形式，以标示我们自己学校的个性。注意三点：一是字面表述要包容可读。二叫拒斥正确的废话。三要语言简洁明了。也就是说，一个理念的提出，就必须能精准地表达其丰富的思想和价值观的。

什么样的理念才有高度？以上"四说校长"就可作为判断一种办学理念是否先进、是否有高度的标准。当学校的办学理念一旦得到社会承认或在社会上广为传播，它就会使学校从众多同类学校中脱颖而出，成为独树一帜的品牌学校。从这个意义上来说，办学理念其实是一种"软实力"。它虽然不同于学校中的硬件设施等办学条件，只是一种观念性的办学软件。但正是这种理念却要在将来的学校硬件条件相差无几的竞争中起到决定性的作用，愈来愈发挥它的巨大威力。

附：渔区各校的办学理念：

各位校长，看看你的"理念"能叫理念吗？高度在哪里？

大辛堡中学：一切为了学生的快乐成长，一切为了学生的终身发展

歧口中学：以人为本，德智并倡，提高素质，持续发展

歧口小学：智如海，梦如蓝

季家堡小学：使每个学生全面发展，快乐成长

大辛堡小学：让每一个孩子，每天都能品尝到成功的快乐

唐家堡小学：以和谐敬业之心，成文明诚信之事

东高头小学：以人为本，为孩子幸福的人生奠基

张巨河学校：茁壮每一颗苗，艳丽每一朵花

南排河学校：让学生成人，让老师成功让社会满意

赵家堡小学：孩子健康，教师幸福，家长满意，社会认可

赵家堡中学：强化"家"概念，打造"和"文化，实现"和顺，和美，和乐，和谐"四"和"目标

南排河镇中心园：给幼儿创造快乐的体验，帮幼儿养成健康的身体

李家堡小学：以人为本，面向全体，求实创新，发展个性

二、搭建文化框架

搭架文化框架就是如何搭舞台的问题。什么样的理念就决定着搭啥模样的舞台，当然，理念是校长的，舞台是团队的，这其中的关系很直白，即做啥买卖盖啥样的店！

1. "开篇谋志"。校园文化就是学校个性，它彰显校园的魅力与办学特色，它是学校品味的需要，更是师生在成长过程中获得成就感的需要。首先说指导思想，也就是大思想下的各阶段的小思想。办学理念是纲，各阶段的目标是目，纲举目张就是这个道理。它是校长在实施办学理念前的第一思想准备：什么做统领？什么为导向？哪里为重点？那个为目标？这些都要围绕校长教育思想之办学理念一一确定下来。接下来就是确定领导小组。组长、副组长、成员等人员组织建设呈放射形状，即金字塔结构，越细致越好，不怕人多，浴池里的毛巾——面面俱到的好。第三，实施原则。一时我觉得不太明确，只好看看一些文章的论述：（1）育人性原则：根据学校实际，环境特点和学校布局的需要，发挥校园文化建设的育人功能，使全体师生在校园文化建设中提高思想觉悟、道德修养和良好行为习惯养成的整体素质。（2）整体性原则：校园文化建设符合党和国家的教育方针，围绕学校中心工作，体现时代精神，其功能应服务于一个统一的大环境、大气候整体。（3）特色性原则：它是创新校园文化建设的途径和方法，以丰富校园文化内容的形成，为校园文化注入新的活力。（4）继承与发展性原则：校园文化要坚持继承与发展的原则，精心设计、主题鲜明、内容丰富、形式多样、特色明显，做到硬化、净化、美化、绿化，各个场所布置个性鲜明，符合特点，使用规范字，处处体现浓厚的学校文化底蕴和办学特色。

2. "红色割据"。理念之主义一旦决定下来，校长的团队接下来的任务一个是去哪里发动群众？在整个校园找到最适合"革命"的地方就尤为重要了，就是围绕理念怎样成"可以燎原"之态，也就是小题目说的"红色割据"，哪里最适合点"星星之火"？外墙和室内。外墙以板报橱窗、醒目标语、宣传牌匾及办学思想为主，室内布置坚持统一规划与个性化设计相结合，具体内容只有商讨，我这里列举一些地方，（1）室外环境布置。校门外侧，大门两侧，校门内侧；教学楼外墙，楼

门上方，校园中心区域墙面，办公区悬挂，生活区温馨提示，运动场墙面，教学楼走廊，校园择地安装器材、绿化区。（2）班级环境布置。"三表一简介"（时间表、课程表、值日表、班级简介）张贴，教室门口正上方，黑板正上方、两侧，教室后墙，主墙面。（3）厕所布置。相应的地方写上耐人寻味、意味深长的文字，外墙有明显标志，内墙面有温馨的提示。（4）部室建设。根据各部室工作职能，确立相应的室内标语并张贴相关的规章制度，便于工作，引起重视。（5）文化长廊命名。……

理念之主义一旦决定下来，校长的团队接下来的另一个任务是以怎样的契机传播怎样的思想？就是理念所体现的校园精神。校园精神是校园文化核心，也是最高追求，主要包括校园历史传统和被全体师生员工认同的共同文化观念、价值观念、生活观念等意识形态，是一所学校本质、个性、精神风貌的集中反映。具体内容还是商讨，我这里列举一些地方，不是你想不到，是我想以引荐——（1）国旗下讲话，节庆活动。（2）班队会，晨会和班会，主题班队会。（3）红领巾（团队）广播站，上下课电铃温馨设置，课余时间音乐或歌曲。（4）校刊编辑部。（5）第二课堂，艺术节、科技节和运动会。（6）特色大课间，安全演练、文明礼仪。（7）读书活动，图书角，阅览室，开放式书架。（8）敬业标兵、教坛明星、班务模范等评选。（9）校园明星（10）团队精神打造。（11）校本培训：经验交流、案例分析、课堂研讨、推门指导、走出去、请进来……

3. "整风运动"。这个词，让我想起了延安整风运动。

（背景介绍：延安整风运动它是中国共产党历史上第一次大规模的整风运动。1941 年 5 月，毛泽东同志在延安高级干部会议上作《改造我们的学习》的报告，标志着整风开始；1945 年 4 月 20 日六届七中全会通过《关于若干历史问题的决议》为止。延安整风运动在中国共产党历史上具有深远的历史意义，它是党的建设史上的一个伟大创举。通过延安整风，使全党确立了一条实事求是的辩证唯物主义的思想路线，使干部在思想上大大地提高一步，使党达到了空前的团结。）

其实，校园的办学理念也是一场革命，需要每一名校长逐渐认识到，必须在全校范围开展一次"整风运动"，才能从根本上彻底解决"理念路线"问题。第一，思想动员阶段。校长在开学典礼以及学校的工作会议上，要做报告，全面系统地提出自己的办学理念建设，同时阐明理念的宗旨和方针，就是要求校长做好动员报告。会后，各室都要传达学习校长的报告，并制定学习计划和检查工作计划，普遍和充分地向干部、教师做思想动员；第二，整顿三风树理念阶段。整顿校风、整顿学风、整顿教风。通过整顿，进一步对校长办学理念的目的、要求、方法和步骤做出明确规定，开始以整顿三风，树立办学理念为中心内容的全校整风。第三，总结经验阶段。这一阶段的主要任务是在整顿三风的基础上，对学校的经验、不足或错误进行全面、系统的总结并做出结论。展开热烈的学习和讨论，同时先后还要召开多次座谈会，校长更要做报告，针对干部教师中存在的一些疑惑提出自己的看法，明确办学理念的纲领性。第四，整顿总结。通过整三风，确立办学理念，废掉教条，给自己一个理论成果——校长的办学理念。使其极大推进学校文化建设的进程，对学校发展产生影响。又及：关于实施步骤。办学理念的一个或多个版块在实施步骤的范例很多，篇幅关系，我就不在这里引荐为用——实施步骤大家自己制定最好，怎么好干，怎么干好，就怎么制定。

时代是不断发展的，人们的思想也是不断发展变化的。对于一名校长来说，学习先进思想和改造校园是一辈子都要坚持不懈的事情。正如周恩来说的"活到老，学到老，改造到老"。"开篇谋志""红色割据""整风运动"是共产党人的好传统，好作风。所以，在校园里更要我们继承要我们相传，并不断发扬，使之成为学校理念建设的红法典、传家宝。当然，搭建校园文化框架是一项系统的工程，需要我们实践和思考的问题还很多，只要我们真正做到思想重视、大胆探索、不断实践、及时整改，时刻拥有理念建设之火种，我坚信，我们的校园目标会更加明确！我们的校园条件会更加优越！我们的校园质量更进一步提高！

4. 我谈一下文化。文化用其词的释意来说，文是记录，表达和评述，化是分析、理解和包容。文化的特点是有历史，有内容，有故事。我对它的理解，浅浅的说，可用"书中自有黄金屋"来形容。而将理念用文化搭建，其意义是需要你我好好琢磨，并努力付之于行动的。

文化，你在校园能看到它在何处？它呀是特定的精神环境和文化气氛。我和你比比，你看我看到了哪里？校园建筑、校园景观、绿化美化等这些物化形态的内容；而学校传统、校风、学风、人际关系、集体舆论、心理氛围、规章制度和行为准则等，这是属于意识形态范畴。这里，我不淡如何营造文化氛围。也就是不解答"学校要通过怎样的文艺、体育、军训、理论探讨，学术报告等活动，来营造一种生机勃勃，积极向上的文化氛围？"我只想用文化的作用，从侧面点题。文化的作用：1. 文化是一种氛围是一种精神。在校园，文化是魂、是心、是形象、是文明。它对学生的人生观、价值观有着潜移默化的影响，而这种影响往往是任何课程所无法比拟的。2. 文化是品位。古人说"近朱者赤，近墨者黑"就是这种价值取向，它是一种环境教育力量，对学生的健康成长有影响。3. 文化是实力。文化的力量来自物质、精神和制度，校长的文化也就从这三个方面上树形象。以上三个作用，告诉我们文化的无限影响力，一个好的办学理念首先自身必须有极强的文化性，让校园文化为理念搭台唱戏，让校园文化使办学理念的主题更具凝聚力和创造力，以赋予师生精神、激励、反思、超越的性格。所以，我要大家好好理解"校园文化是办学理念发展的保证"这一命题。

相信：让理念置身于文化环境之中，受之熏陶，久而久之，我们的校园一定会走出一大批有知识、有教养、有进取精神，有良好气质、天天向上的人。

附：这些"校园文化标语"，你校园里有多少？你有还好的吗？

1. 我是学校的主人，我爱我的家。

2. 校园风景线，大家来共建。

3. 您的自觉贡献，才有学校的辉煌。

4. 百尺竿头，更进一步。

5. 改善既改革，改革先革心。

6. 今天的付出，明天的回报。

7. 善战者，求之于势，不责于人，故能择人优势。

8. 改善提高，永无止境。

9. 实施成效要展现，持之以恒是关键。

10. 成功者找方法，失败者找借口。

三、点化多彩元素

点化一词是"教语"。说神仙使用法术点化使物或人成仙。我这里就是想我们的校长能用"自己的学说"启发人，点醒人，使师生从中悟道，学习生活得以启发和开导。古人就有"点化陈腐以为新"的说法。

我教过初中化学，熟记元素是具有相同核电荷数（即核内质子数）的同一类原子的总称。在我国古代哲学中把元素看作是抽象的、原始精神的一种表现形式。行文前，我卖个关子，先提两本古书——

《尚书》："五行：一曰水，二曰火，三曰木，四曰金，五曰土。水曰润下，火曰炎上，木曰曲直，金曰从革，土曰稼穑。"（译文：五行：一是水，二是火，三是木，四是金，五是土。水的性质润物而向下，火的性质燃烧而向上。木的性质可曲可直，金的性质可以熔铸改造，土的性质可以耕种收获。）

《国语》："夫和实生物，同则不继。以他平他谓之和，故能丰长而物生之。若以同稗同，尽乃弃矣。故先王以土与金、木、水、火杂以成百物。"（译文：和谐才是创造事物的原则，同一是不能连续不断永远长有的。把许多不同的东西结合在一起而使它们得到平衡，这叫作和谐，所以能够使物质丰盛而成长起来。如果以相同的东西加合在一起，便会被抛弃了。所以，过去的帝王用土和金、木、水、火相互结合造成万物。）

我此文"点化多彩元素"的想法就是源于此。办学理念需要点化，点化之指落在哪里？就是校园元素，它是多彩的，不妨我们用金、木、水、火、土去渲染我们的校园，建设办学理念吧，通过点化校园里的这五彩元素，来为全体师生营造一个温馨的家的氛围，给师生以精神塑造，使身心协调，文化发扬，给校园以特长，给元素以张扬。这就是我的想法。

1. *土之点化*。每一面墙都是校园文化的宣言。

土，地之吐生物者也。《说文》；百谷草木丽乎土。《易·象传》。所以，我把校园里的土元素，看为校园发展的领地。不妨这里我们切认为它是校园里的"墙"。我将校园里的每一面墙来点化。学校的围墙、外墙要重图画，点主题。一定要表达出校长对办学理念给予的一份热切呼唤。再就是宣告栏、黑板、楼道等一面面对学生的"墙"，都要体现理念真髓里的文化，达到理念所倡导的育人目的。这就是说，理念，从土元素点化，在每一面"墙"上下功夫。

2. 水之点化。每一个人都是校园文化的代言。

成人体内，60%—70% 的质量是水，足可见水对生命的重要意义。

所以，我这里提的水之点化，就是对人的指导和利用，也就是开发人的极大潜能去为校长的办学理念的实施做贡献。就是点化人性，使之自觉养成良好的行为习惯，讲卫生讲文明，与环境和谐相处。让人去引导理念。鼓舞理念，凝聚理念，激励理念。这个水元素的点化就是把生命体变得积极向上，储有满满的正能量。

3. 金之点化。每一个物件都是校园文化的物语。

【小知识：金喻尊贵、贵重、难得、持久、坚固、有光泽等。它虽是一种很柔软的金属，不及铅和锡两种金属。在纯金上用指甲可划出痕迹，这种柔软性使黄金非常易于加工，然而这点对装饰品的制造者来说，又很不理想，因为这样很容易使装饰品蹭伤，使其失去光泽以至影响美观。所以在用黄金制作首饰时，一般都要添加铜和银，以提高其硬度。】

所以说，点化校园里的每一个物件，是不难的，难得是让它怎样为办学理念争的光彩。物件的点化就是炼金的过程，物件随金，只要重新清洗就可以恢复其原来的光泽，还可以随时熔炼制造全新的金饰。也就是要求我们在点化校园金元素时，首先要考虑到校园里每一个物件的自身价值，以及它为理念发展所起的稳定性，物件随时可以替换，但物件内涵的恒久难变的价值是值得你我费心老神的。我就想说，我们把校园里的每一个物件都赋予一样理念的真谛在里面，它就会像黄金那样，我们为理念的打造和诠释，就不存在折旧的问题，它的光辉和价值是长久的。物件太多，像标语。但它是显性的东西，我们都必须用心去点化。譬如在教学楼上，镶嵌校训标语；路边花园草坪立警示牌，伟人像或名人警句在哪里张贴好……

4. 木之点化。每一间房子都是校园文化的交汇地。

木，甲骨文字形象树木形。上为枝叶，下为树根。我这里，把它比若校园里的教室和各功能室，如乔木和灌木，能够次级生长。我对于校园各室的建设见解，就像庄子行于山中，见大木，枝叶盛茂。所以，我对于各室的点化，强调各屋自有各屋的精神，再辅之相应的环境营造。不赞成"千校一面"，各室若没有自己的思想和精神，缺乏了个性，就不能形成自己的特色，从客观上来说，这算不上真正意义的校园文化。

校长的办学理念突出在各室的木元素的点化中，就是要各室的文化多样化，特色化，要对校园文化建设进行大胆的探索。本着理念，去打拼多个强项。让每一个室的功能都一一体现出来：或体育特色、或美术特色、或音乐特色、或实验、或科学、或语言、或德育或社会实践等，就以各室各自不同教育功能，提升学生发展的能力，实现多样化发展的终极目标。

5. 火之点化。每一个活动都代表着一样热情和向往美好的精神。

火是一种发光发热的化学反应，它释放能量、阳性、热性和事物亢进的状态。我把它比若校园里的活动，就是取之为生命的动力。让我们的学生在与诸多"活动"进行反应并放出光和能量。而所放出的光，能让我们看到学生明天的"火焰"。

以活动为载体，最能提高校园文化建设实效，也就最能为校长的办学理念起势添薪。火就是活动，就是兴趣，就是多多参与。举例：敞开各室之门，让学生活动；吸引家长活动；小型公益活动；"小歌手、小画家"才艺展示；红歌会；主题读书教育活动；雏鹰计划等多样主题活动……就是我所提的把活动点化为火，让知识和优良的品质通过活动被学生们热情向往，这就是校园如火的学习生活。

四、打造特色校园

打造是什么？就是制造和创造。校园里打造什么？一是具体的事物，校园环境，如一草一木、建筑物的集体映射等。二是抽象的概念，如精神、文化、品牌等。"打造"一词着力突显人们创造事物的决心、对事物品质的关注以及所采用的制造方式的力度。在校园，就是在办学理念的高度下，创造一个富有文化精神品味和极度有社会营养的新物种，或品种——即特色校园。

今天，我提到的特色校园，就是区别于其他事物的独有特征。再细致的解释，不妨用字典里的说法：特色是一个事物或一种事物显著区别于其他事物的风格和形式，是由事物赖以产生和发展的特定的具体的环境因素所决定的，是其所属事物独有的。

今天，我说的打造特色校园，就是指校园里诸多事物所表现的独特的色彩、风格。如了郁达夫说"青岛的特色之一，是在她的市区的高低不平，与夫树木的青葱。"让人有独创清新的艺术感。

过去，学校的校园文化建设大都从绿化、美化、硬化、量化、校园文化等"五化"入手，硬化路面，修建花坛，改建厕所，布置文化墙，并竖立警示标语。而离现在的校园特色建设要求是远远不够的。我说，校园中图案、景物等物质文化建设是小，注重文化内涵和教育意蕴是大。富有地方特色校园文化的培植、改造地方文化在现代化的校园中会大有潜力，更会发出熠熠光彩的。

我先说具体的几个必须要做的小事，说明特色。

1. 地方文化面临后继无人的尴尬局面。譬如渤海渔村剪纸我们要接过接力棒。其他渔区非物质文化一定要陆续进校园，越快越好。"非遗"进校园，不仅架接了地方文化的传承，渗透校园文化的建设，还丰富了校园文化生活。

2. 书法、绘画、体育、音乐、口语等教学进校园。镇上每年要举办一次文化艺术节活动，形成"活力校园"的发展道路，促进学校办学质量的全面提升。把其办成渔区各校一张靓丽的名片。

3. 双语进幼儿园，将外教文化作为我镇幼儿园教育的首打品牌，其他中小学也要从校园文化环境营造，到课堂教学设计，张扬"双语"特征。

4. 传统特色更丰满。国防教育、海洋教育、海堡人、大歧口、古语韵律操等要树立多个教育基地校园，形成以基地为点，扇状辐射格局，校园文化与地方文化有机结合的良好的教育效果。

下面我说打造问题：

一、校园环境整体要体现办学理念。

校园的表层包含校园形态、校园建筑、教育教学设施设备、环境文化等；校园中层要考虑制度文化、组织管理、课程教材文化、软环境文化等。但表层和中层都必须反映精神文化即校长办学理念的要求，都要为这一目标的实现服务。

（1）学校的自然条件和基础设施折射办学理念。譬如合理校园布局、完美的教学设施、齐备的文化设施和优美的校园环境等方面综合形成的静态文化。

（2）校园要以学生为本。学生除在学校里学习、运动、休息外，更需要交流交往。因此努力营造大环境如景区、集中绿化环境等。有特色优美的校园建筑环境会使学生身心都得到感染并给学子们留下永远美好的记忆。教育家苏霍姆林斯基就有"校园应该像伊甸园一样引人入胜，要让每一面墙壁都会说话。"这些精辟的见解。

二、零星点缀，更能准确表达办学理念。

精心设计小环境。一个警句标牌、一尊雕塑、一片绿地都足以刺激学生的中枢兴奋点，制约并诱导学生的意识和行为；校园环境里的每一棵花草、每一块砖石都能闪烁出理性的光芒和气韵，营造出淡淡的情调和若有若无的熔融氛围。优美的校园环境所体现的青春气息和文化氛围对学生起着熏陶、暗示、感染作用，深刻地影响着师生的思想品质和行为。教育家蒂芬·利考克教授在《我见之牛津》一书中深有感触地说："对大学生真正有价值的东西是他周围的生活与环境，可见生活环境对学生的熏陶要比被动接受教育更深刻。"

"一个新的校园特色建设高潮，呼唤各具特色、有强烈地域味的办学理念的涌出，亟待我们去创造人文化、生态化的校园内外环境。具体地讲，对一个地域性的办学理念的全力经营，就是一所学校建设的可持续发展。"我把这句不落套的话双引起来，是因为它是我的学习体会。

最后，说一个行政的事。搞好校园文化，一是教育行政部门要发展一批有开拓创新眼光的教育人才，鼓励、支持那些敢创新、能创新、创新有实际成效的校长和教师；二要有任人唯贤，提拔想做事、能做事、做得好事的校长和中层管理人员；三是加强师资培训，真正提高教师队伍素质。如了哈佛的校训：一个人的成长不在于经验和知识，更重要的在于他是否有先进的观念和思维方式。校园发展如是。

　　"在理念高度下，搭建文化框架，点化多彩元素，打造特色校园" 这个题目，让我不时会记起温总理的指示：教育家办学。其含义是：1. 自觉探索、遵循教育教学规律；2. 让懂教育的人办教育；3. 学校教育科学发展、和谐发展、持续发展；4. 校长、教师走专业发展道路，努力成为中小学教育专家。

2017 年 1 月 3 日

【教改心略】

第一篇

教育干部的形象提升点在哪里？

思想上的极度认识（必须清醒）

我的回答是坚定的：干部的形象在服务中。我们的干部队伍是 2010 年聘建起来的，应该是为歧口中学的教学发展、致力学生的健康成长和教师队伍的发展为工作目的的。我们应该是因教改成果、师生表彰、教育点上的成功而为师生喝彩的，我们不和教师争的，我们最好站在教育的后台。

我的回答是坦诚的：干部的形象在学习中。学习，是前进的动力。建构学习型组织，是学校文化的核心基础。我们是教育干部，学习尤显重要。我们的 261 节次、15—10—15 高效课堂、周三的校本教研、兴趣小组活动、我们的"工学小组"、我们的课堂"大比武"、我们实施教研组能动性、大辅导小组、优秀生戒尺制度、班级文化建设……所以，在学习中，我们才有进步。

我的回答是直面现实的：干部的形象在于整合团队的氛围和高效能。团结、互助、不凉台、更不允许拆台。干部带班教师值班制度、教师量化制度、责任分工制度、中层干部考核制度等都是对我们集体工作的印证。我们队伍中不喜欢不协调音，谁在懈怠不作为，拿职权当令箭，凌驾于师生之上，就是不想好好来，就意味着水将覆舟。

我的回答是理性的：干部的形象在于创新中。创新是进步的灵魂，是我们改进工作的思想和方法。新课程的新理念首先在教师教育中实现，我们以科学的方法和人文关怀的精神改进教师教育模式，教师教育的方式、方法、手段每天都在发生变化，我们的角色由单纯的指导者变成与老师共同学习、共同进步的合作者，我们的身影在课堂教学第一线，我们从中发现问题，与教师一起研究问题，解决问题。再就是让自己的职责工作精致有突破，自己努力做，师生于目睹，才是发展有前途的干部。

我的回答是面向未来的：干部的形象在于创建渔区一流中学的真作为。2011年，我们学校中考以全镇最高分的成绩排在前列、期末考试七八年级尖子生全镇最多、多科平均分全镇第一；2012 年，尖子生录取 5 人，成绩斐然，社会反映强烈；在学校软硬件建设中教师们也看得到变化，学校环境变化和文化底蕴也在垒起，可以说到现在，我们的成功已实现了我校的第一次跨越式发展。

队伍作风的严肃提醒（意识危机）——教师评议裸稿

今天教师代表对你在岗位上的评价：

工作认真积极，但教条主义过深。

懒散作风永不倒，动嘴大于动手，官僚作风明显，不能很好地协调前后勤关系，工作不够细化。

理论大于实际，遇到事情总以校长做挡箭牌。以压教师作为工作的基石。

"滑"字当头，没有真真切切的融入到教师大家庭，自私自利，脱奸耍滑明显。宁花人民币，也不愿"自立"。铺张浪费严重，账目不够完全透明。

明哲保身，谨小慎微，无胆识，没魄力，有心计，多顾虑，恐得罪领导，校长一句话奉为圣旨，明明有不同意见却不发表，又怕脱离群众而一味讨好，甚至姑息纵容，影响了学校的创造性发展。工作态度生硬，后勤管理混乱，学校财产铺张浪费严重，领导能力明显不足。

枪！

工作杂乱无章，假、大、空，过分注重形式而脱离实际，官僚作风严重，贪图名利，只想在领导面前如何表现，全然不顾老师学生心之所求。

圆滑世故，工作纪律自由散漫，生活作风有待考察，财务账目不公开，不透明。

工作严谨认真，但太谨小慎微会给老师们很大压力。工作形式化，上支下派，没有主见、没有独创。

官架子有些大，后勤没能更好地服务于一线教师。

总的不错。工作上支下派，有些工作环节只是流于形式，没有实际价值。

对学校工作漠不关心，设定各项制度只为讨好奉迎领导，理论大于实际。做官做官，坐着当官。

"老好人"表面嘻嘻哈哈，但"原则性强"，就是爱谁干谁干，反正我不干。

兢兢业业事无巨细勇挑重担

早来晚走建言献策明辨是非

服务教师积极筹划安排合理

严格督导制度周密活动丰富

心系教师账目清楚勤俭节约

工作太杂，太多，不管大事小事都自己干，太累了，琐碎的工作比较多，经常忘记一些事情。

前勤副校长做得很好，说实话所有领导都教着课还管理学校工作，真的挺不容易的，如果我是领导我不能保证我做得更好，只能尽力去做。

后勤副校长做得很好，说实话所有领导都教着课还管理学校工作，真的挺不容易的，如果我是领导我不能保证我做得更好，只能尽力去做。

教务处做得很好，说实话所有领导都教着课还管理学校工作，真的挺不容易的，如果我是领导我不能保证我做得更好，只能尽力去做。

政务处做得很好，说实话所有领导都教着课还管理学校工作，真的挺不容易的，如果我是领导我不能保证我做得更好，只能尽力去做。

总务处做得很好，说实话所有领导都教着课还管理学校工作，真的挺不容易的，如果我是领导我不能保证我做得更好，只能尽力去做。

和校长说几句：

虽然我不了解作为校长具体需要忙什么事情，但我理解会有很多事情要做，也有许多无奈，有时办事情是需要喝酒应酬，这些无可厚非，但我认为身体是自己的，而且无论干什么工作都需要在健康的身体状况下才能进行的，所以我们每个人都应该重视自己的身体，谨记身体是革命的本钱。尽量把工作分配下去，交给有能力的年轻教师，不要害怕有怨言，就算真有也只是一时的，而且大部分教师都会认真办好每件工作，只要分配就都能克服困难完成。

路遥知马力日久见人心　换位思考务实避虚

建议：1. 不能让代课教师当班主任。优秀教师那么多，为什么让代课教师当班主任，再有涉及到班主任费的问题，不合理。选优秀人人争，班主任无人上。2. 教师和教育干部考评要公开，不能只看结果，要看过程，水分太大，应把每人的打分卡公开张榜。

要真民主，不要一言堂，多听听广大教师和学生的心里话，可能有些逆耳，但毕竟是忠言啊！

建议：1. 学校分工不均衡，有人忙死忙活，有人悠闲自在。2. 等级分明、有些制度看似合理但有失公平，如听课制度，成了一个教师一学期听几节，拖拖就是不配合，挂上领导的名，几学期都不讲一节却没人说。3. 学校工作特别是教学工作是大家共同努力的结果，如果只是某某组认真，不会考出特别的成绩吧，看似不太认真成绩不错那才更值得学习，学科性质不同，老师们知道干什么吆喝什么的道理，领导在重复夸奖的同时也会打击其他人的积极性。4. 领导值班要记老师不在岗的时间，还要累计，有时真是工作原因走不开，可扔下学生上岗，却看不到领导……

校长做得很好，说实话所有领导都教着课还管理学校工作，真的挺不容易的，如果我是领导我不能保证我做得更好，只能尽力去做。

以后岗位站位（牢记三点）——

1. 提升个人魅力（思想品行、工作方式）

2. 展现工作风采（工作态度、教学成绩）

3. 提升工作积极性（工作状态、自我勉励）

　　归根一点，提升干部形象的关键点就在于实实在在为师生服务，只有胸中有师生，眼中有师生，"从师生中来，到师生中去"，才能真正提升其形象。才能赢得师生信任和欣赏，才算是个师生论得住的干部。

第二篇

说在期中总结前干部预备会上的话

行为上的极度做法（履职了吗）

回顾期中，有三个表就可以看出我们这阵子做了些什么，是谁做的，做了多少，想得到谁没做什么，还是不该做了什么。

歧口中学 2 月份工作小结

	重点工作	方法措施	取得效果
1	制定并实施歧口中学教师工作量化分解方案	按教务处、政务处、总务处将教师工作量化具体到每位干部岗位上，作为提升校园管理、为建品牌校园准备。干部集体学习；教师会宣传发动；	开学的第二周全面实施。
2	上学期总结表彰校会	奖励优秀班集体、工学小组、学生、团员，表彰优秀教师，公布《教改课堂纪律的补充规定》，教务大事活动及政务大事活动。	效果明显，意义重大。
3	学习课改总结丛书各科室计划发布及量化方案解释教师大会	上学期教改总结，表彰优秀教师，优秀课教师经验交流，宣讲教务、政务、总务计划，教师工作量化分解方案实施说明及校长实施初衷宣讲。	效果明显，意义重大。
4	2012 新学期工作计划	组织本校教学干部积极参与、研讨、通过	圆满完成任务，并在研讨中更新观念，助于我校的进一步的教学改革。

	重点工作	方法措施	取得效果
5	教研组长活动交流会并通过工学第二阶段课堂评价标准（中级）	语文、数学、政史、英语、理化生、音体微各组长活动交流，学习"工学第二阶段课堂评价（中级）标准"	明确今年加大教研活动投入，以督检促师资提高的教研方向。布置后两周教研活动。
6	教育干部新学期第一次集体学习会，校园量化干部职责分工	校长组织学习《稳中求变，变中求新》一文，公布分工安排，并提出干部工作的几点要求	干部工作干劲及思想得到提高
7	体育、收费自查总结、安全自查	以市局中心学校要求	圆满完成任务
8	初三全体教师动员任务会	复习质量、尖子生、复习材料、各科均衡、出去学习、理化体育微机考试早准备	进行中
9	班主任会	学生流失、工学小建设、班级建设、学习要求及严格管理、谈心制度	进行中

歧口中学 3 月份工作小结

	重点工作	方法措施	取得效果
1	学习雷锋精神活动	编辑印制学习雷锋材料《社会呼唤雷锋·祖国需要未来·学生成就明天》，要求教师全体学习，班主任带学生在校学习，学生回家后为家长宣读，团小组利用周六日张贴宣传。各班出雷锋专刊板报。	使学生更充分地了解、认识雷锋，了解当代学习雷锋的榜样，认识到雷锋、雷锋精神就在我们身边。
2	各教研组集体备课汇报活动	各教研组积极开展集体备课，政史组的刘冬梅、数学组的孙国霞、语文组的韩杰、英语组的乔培培、理化组的翟丽娟分别代表本组讲课。	使老师们认识到集体备课活动的意义，个别教研组的集体备课还有待成熟。
3	班级文化建设	政务处专项活动之一，各班主任在政务处组织下，对优秀班级的班级文化进行学习后，提出新一轮的班级文化建设评比活动。	本周评比，掀起新一轮的班级文化建设的高潮。
4	全体教师学习康局长讲话	利用教研日，组织全体教师学习康局长讲话，进一步明确，教学质量对学校建设的重要意义，全体教师在会后写出学习心得。	已完成

	重点工作	方法措施	取得效果
5	社会公益活动	在学校学雷锋活动后，分别在歧口边防派出所及歧口医院组织了师生共同参与的一系列公益活动，培养学生的亲社会意识	社会评价极好，社会反映很好
6	工学小组建设	结合教改，重新学校工学小组建设文件，对工学小组一年来出现的问题，提出建设的意见和建议，并准备继续加大力度，加强工学小组建设	正在进行中
7	新教师上岗培训	对刘娟、乔培培、刘冬梅三位新教师，继续进行新教师培训	

歧口中学 4 月份工作小结

	重点工作	方法措施	取得效果
1	第一次月考及初一、二家长会	组织了月考，召开了家长会，制定了前 30 名学生学习小组制度	使家长更充分地了解、认识自己的学生，了解在校学习生活情况，认识到家长的作用，和协助学校的意义。效果很好。
2	常态督导整改措施汇报	依据常态计划，做到科学办学，不断加强校园建设，把督查工作做到每学期。	使教师干部理解整改的意义，逐步把计划措施落到实处。
3	校本课程（剪纸）成果汇报准备计划与实施	校本成果专项活动之一，各班在政务处组织下的兴趣小组开展活动，落实计划。	进行中
4	3.26 安全活动周、师生胸卡制度	利用一周时间，组织全体教师学习安全活动的要求，开展了安全手抄报、板报、知识竞答活动；春夏季胸卡发放。	已完成
5	新上微机室和班班局域网建设和各办公室上机上网。	争取了 30 台新电脑和电脑桌，各办公室实现上网办公，班班通了局域网。	已完成
6	校园绿化劳动周	重新调整了绿化区域、各办公室盆景绿化	正在进行中
7	中考报名、制定方案和学籍自查、计算机、理化生、体育考试准备	顺利发动宣传了中考报名工作，制定了中考方案，对遗留学籍做了全面清查	前两项已完成，计算机、理化生、体育考试积极准备中

接下来的就是今天的期中总结前的干部准备会。开会通知，上周已发给了各位干部。

听了汇报，我感慨很多。随心编了几句："想进步，当干部，当了干部就停步，自由散漫好轻浮，教师伤心皱眉头；当干部，不服务，嘴边校长推借口，干部发展到了头，反思回首是时候"。

干部工作问题，我不多讲，都听得明白，平时的工作都看的清楚，我这里给我自己连同我们这个班子集体，就说一段话：你有一片为师生服务的心境，师生会给你一个敞亮的胡同，你就会有提升的机会，我也没有理由不给你支持，否则，这就是终点，是你自己给自己吹了终结号。

前面，我们一起轰轰烈烈走过了两个春秋了，取得了一定的成绩，但这些成绩不值得我们去分享，更不是资本，我说，也只能说，我们只是走上了上楼的台阶，到了一个层面了，但侧转身再向上登，下一个层面，才会"更上一层楼"的！而我们就在这个第一个层面上懈怠了！今天，冲着几位班主任和教研组长，我以歧口中学向前发展的硬道理，说说我们的干部——

1. 战斗力。教学上不能含糊，具体表现应该是时间上盯得紧，功夫上比教师深，成绩让师生服；管理上不能各司其事，团队意识差，心里装着自己的小算盘。问，我们的干部的课讲得怎样，教改的课，谁敢上？谁上了？个个廉颇老矣了？前勤干部必须上教改课，下学期，我一定听得，现在，教改的要求更适合复习课，复习课更见真本事，我要听的。思想上要保住势头，不能出泄气的言行，谁说了坏话，不管是有意还是无意，让教师传到了我的耳中，就是不团结，就是不和集体站齐，至少背向我的我不赞成，我会当笑面虎的。

2. 执行力。具体表现就是步调不一致，想法不对头。布置的任务不积极完成，特别是到了他那，就给讲价钱，退回来了，他总有大堆理由，弄得老师不满意，话传到我这里，我怎么想呢？开始，我想是以往的工作习惯，现在看来，是不得力问题，不得力的干部，不配合，不好好干，你要不行，我找别人干，能当干部的教师，现在是又年轻又有能力。也就是说，干部的执行力就是团结一致，共走一盘棋，齐抓共举。再就是工作纪律，现在，私下听得老师们说，（当然，部分教师也有这种情况），干部的假随便请，干部的课随便上，就拿带队值班说，课间看不到干部的影子了，教师的安全岗上没有教师了，校园里，多了"两个景观"，一下课教室门前学生打闹的多，说脏字的女生比男生多。就按量化做，值班教师不在岗算迟到，干部不在岗算迟到翻一番，前面站得住岗，管得住学生的教师、盯得住班的教师、班主任，评出优秀，就得奖励。出满勤的月月清。这就是执行力。谁不赞成，我们上校长会研究。请假，可以考虑一天的工资，其他学校就是这么定的，这么定，也是被逼的。

3. 统一力。这是个新提法，其实就是统一思想的问题，班子的力量在哪？就在思想上，今后两年，甚至下一个聘期，我的思想就是在教学上加大投入，除了福利费用，钱用在师生身上，公用经费的公不是校长，也不是前后勤干部，是也只有是师生！我这里做个检讨，上学期给教师的奖励，我忽略了，不是你们前后勤问题，是我失言于教师们了！怎么办？补发！而且把教学奖惩搞下去，从月考、教师教改大排名、初一初二统考、中考等，只要是利于提高教学质量的教学评比和奖惩，班子会上通过去，就执行，这就是"喜于有为的士兵，鄙于无能的将军"的工作作风。有优秀教师给我们的支持理解，这样的班子才是优秀的班子集体，这样的干部才是好干部，有了优秀骨干教师的干劲，班子集体才能提升形象，干部才有提升空间，这也是肉肥汤自然肥的道理。再就是统一思想勤俭过日子，新一年旧一年缝缝补补又一年，我们的干部要养成爱护公物，洁净室舍的习惯，给师生们带好头，不留浪费和脏乱的话柄。现在，原先个别地方卫生脏差的陋习又显现出来了，这个必须改。还有公物赔偿必须拉下脸子来，大胜（指史义胜老师）砸了玻璃得赔偿，门卫丢了锁得赔偿，班上的公物人为的坏了得赔偿，教师责任内的公物没了得赔偿等等属于自家门前雪的问题都要及时处理，这也属于统一力问题。

4. 创新力。就是干部教师工作中的积极能动性。自己多想点子，现在，我对有作为有干劲的干部许愿，我给跑奖励，跑发展，实际也是应得的。

5. 进谏力。就是做我的监督员，我是块厚实的木板，我给教改做梯子，我接受中肯的建议甚至批评。我们这一届经得起捶打磨砺，就是下一个聘期，我也有信心。

我最后谈谈教改和月考成绩。预习课预习效率并不高，有些学生是应付，有些学生都是抄的只有少数独立完成的。想办法，怎么让学生能认真对待。预习课，老师们不是扎堆就是没了人影，有的纯粹是去应付一下，你看那些小课的成绩不就明白了吗？及格的都不多。数学组成绩好她们和学生在一起时间多，班主任教的学科成绩好，也是在一起的时间多。所以，教改必须要求教师贴近学生，这是任何教改都必须做的，怎么办？一个好灵的办法，就是奖惩！教务处和政务处以及总务处都严格以量化分解办事，干部懈怠要谈话，教师懈怠就打棍子，班主任教研组长懈怠就给落后。按功论赏，天经地义。

注：

1. 干部预备会带值班手册和值班教师值班记录。

2. 带开学后的干部工作日志上交。

3. 带干部开会通知中应备的汇报材料。

4. 要求班主任和教研组长列席。（校长准假）

第三篇

谈教改先期的困惑和对策

意识上的极度统一（必须指引）

从教改的先期到第一次月考结束，这一阶段是需要每一位教师干部坐下来冷静反思的，是必须做的，"革命尚未成功"。辛亥革命热热闹闹只是割掉了封建帝位和长辫子，共产党人专利成功的法宝就两个字——认真！教改当然更离不开认真。我想了一周有余，思绪就延续到了家里，不讨得家人喜欢，隔周，和几位干部交流了思想，布置了几项工作，想说的明了些，要"同志仍需努力"的。所以，有了此文。

一、教改先期的困惑

1. 预习课的效果在哪里？出现的问题很简单，都知道，教师的能动性不给力，学生做作业没错，他们不会学，教师们怎么了？学校想法子必须办，还得必须办的彻底！

2. 预习学案、课堂测试两个软件能印到多久？15∶10∶15 课堂结构是不是有人在任性了它？教师们做的如何坚定？干部们怎么了？谁也不能动它，高压线的，我是电老虎！

3. 纪律保障出了差错，都在抱怨班级纪律越来越乱了！很好，这就是教改中的核心问题，纪律是革命队伍的命脉，值班领导迟到了怎去要求教师？教师迟到了怎去要求学生？好办，迟到了，违纪了，海港（指张海港老师）做得好，打扫卫生半天，跑圈！我说，师生一样！

4. 不作为的好好人现象，班主任在批学生，教师不会批了吗？班级日记，歌舞升平，好好好；预习课，教师你去了几回？等了几时？自习课不是数学组的阵地，夺回来，你得有信心呀！不要自习课，你就是逃兵，永远没有胜仗！值班教师，课间，人哪去了？进班抓过几回学生，值班记录了几人？长此下去，谁还在乎你的教师尊严？谁抱怨，就有谁的一分责任和失职在的！问，有没有你的责任呢？谁又能替代属于你的责任呢？

二、教改中干部的因素

这里，我谈谈自己的看法。不是干部多教了几节课，就该油了，就责任少了，就可以松懈了，可以发牢骚了。错了，你要是让教师再多几节课再挂你的职，我信，他们的积极性比你现在的干部强！你忘不掉做干部的风光，我也是，这是最大的人性，也是一种强烈的民生。毛泽东同志说过，"政治路线确定之后，干部就是决定的因素。"也就是说，教改的成败在管理，管理的成败在人。一年下来了，可以说，好好好的，我们共荣了一程，校长好，副校长也好，主任们任干。今天，我是准备先拉下脸，再做自我批评的。

（一）我先举几个正在消极的结果：

1. 队伍整体积极，但对我的工作个性还处于观望期，不全部顶我，是基本看得出消极的，最大的表现，就是不支不转。

2. 班子分工及任课颇有微词，认为照顾不周，工作量不能与一般教师同类而语。

3. 个别人干劲不足，工作怕阻力，心有浮萍之态，任由水波动，我自向下流。自己的活，干不利索，嘴上的事说的不少，出邪劲，不和谐。

4. 管理残缺，自己分内的事情，还有大的漏洞，教师们不赞成。

5. 我的管理工作务必在"细致、规范、起前"上下功夫，现在，欠魄力，少严厉，要不，管理无望，工作无望，教改失败，教师们不需要我这样的校长的。

（二）我再说干部队伍自勉的事：

学校要发展，干部要管理，管人先管心，管心必须先知心。套句俗语，金杯银杯不如师生的口碑。学校发展就如一部赛车，主动力在干部队伍，是油是气，班主任是驱动轴，教师是轮胎，只有心往一处想，劲往一处使，我们的成绩就是赛道上的跑车，就会得到组织的认可，观众的欢呼，最终交上一份百姓满意的答卷的。就借他山之石，要求我们的教育干部做到"四件事"——

1. 想干事，是一种状态，一种激情。有了这种状态，干事创业就有了基础，有了这种激情，推进干事创业就有了动力。凡事想干了，才会有希望；不想，则一事无成。想是愿望所致，想是职责使然，想是事业心责任感的表现。对我们干部来说，就是对照自己的岗位职责，去思虑，出点子，不松散属于自己的工作范畴，心态决定状态，想干事，就须有好的状态，有对学校、对大歧口子民高度负责的精神。

2. 能干事，是一种能力，一种胆识。想不想干事是态度问题，能不能干事是水平问题、能力问题、胆识问题。干事，是一个过程。干事前，须搞好调研，抓好谋划，明确干事的目标、措施和要求。干事中，须把握事物发展的内在规律，抓好组织协调，明确工作重点，把握重要环节，须善于发现新情况、新问题，及时提出新对策、新办法。干事后，须有评价反馈，听一听师生的反映，看一看办事的效果，及时总结经验教训。通过不断学习、不断实践，展现个人的能力水平，做善于学习的有心人，做师生信服的心上人。

3. 干成事，是一种追求，一种效益。干成事，是想干事与能干事的综合反映。想干事、能成事须把干成事作为追求目标，想干事而不去干、坐而论道不行；能干事而干不成、没效果也不行。我们所说的干成事，是干成符合学校发展的事，是干成师生满意的事。为谋求学校的发展，必须有属于自己的工作业绩，典型事例。

4. 不出事，是一条底线，一种坚守。不出事与想干事、能干事、干成事相辅相成。不出事是干部的底线、必须坚守。恪守纪律规章，大局为重，不求私事，不做偷成的、小心眼子的事，要加强道德修养，提升素质；要增强制度意识，自觉地在制度约束下行事，把不出事作为想干事、会干事、干成事的保障，在不出事中实实在在地想事、干事、干成事。

三、教改的施力之常性

良好的职业道德和工作习惯的形成过程体现在管理上，用一句话就可以形象的点到要害，即"抓而不实等于不抓，抓而不严等于白抓，抓而不细等于瞎抓"。我们的问题就出在这里，我们队伍的精神感染和可信力在变淡变弱，使我们需要开个"三湾改编""古田会议"的时候了，我们必须在管理上发挥集体舆论导向作用了，投入工作，动真心，使真劲，出真果，以干部带动班主任，以班主任带动教师，以组织思想熏陶、教育、激励并发展我们的"革命队伍"，使之不断壮大。当然，在工作中，我们的干部要谨记"路遥知马力，日久见人心"和"真的假不了，假的真不了"思想戒训，切勿该管的事不认真管，该干的事不主动干，该负的责任不自觉负，该完成的任务不自觉完成。怎么才使我们的工作有常性、施力得法、效果明显呢？

1. 抓实。工作布置之后，落实没有，不过问，结果如何，不去管，后来的问题就是工作中的症结，甚至会年年出现一样的失误。所以，事无论大小，人无论职务高低，有任务，有要求，就必须抓落实，这是起码的要求，更是最难做到的，也就是人们常说的，天天把简单的事情做好最难。

2. 抓严。我们定下来的工作不是没要求，没有条件落实，是因为我们缺乏责任意识，分内的事用心思还是不用心思，鼓实劲还是使虚劲了，一看效果就心知肚明的。所以干部不仅自己工作认真负责，对下属干部教师也要严格要求，做到一丝不苟。不是校长给不给你权利的问题，是你自己使不使职权的问题，一级抓一级，层层严格要求。这个"严"最忌好人主义。怕得罪人，不敢管理，不做批评，也应该算失职的。

3. 抓细。局里提精细化管理，我们更应该把工作抓细。这几天听了新教师的课，细表现在教改中，就是课堂测试卷上的一道题几分要写明，答案投到银幕上，小组出成绩名次，15 分钟必须完成！都这样做了，我们的管理就会少出不良影响，就会没有负面效果。人云天下大事必作于细，教改算是大事，必须做细。

四、教改的对策

这是月考进行的时候，我的思考：准备三个会。我想是不"会"多了？但党的"会"没有了，会还有党吗？还会有今天的泱泱大国的繁荣吗？遵义会议不能不开，六中全会不能不要，哦，明白了，只有统一思想了，才能大干快上的。

1. 围绕教改这个中心，月考后，这样做才是对的事——

（1）奖励制度。要奖励前面的学生，要奖励学习小组，还要奖励弱势班级。不但给物质奖励，还要给精神奖励。还要有和差科教师的谈话。

（2）戒尺制度。每班一二级的学生开家长会，年级教师参加，年级领导参加，校长也要积极参加，给家长签订《戒尺协议》。

（3）学生作业家长签名制度。书面作业要签，背诵作业也要有检查，做记录，目前的情况，只要求一二级学生就行。

（4）教务处的本阶段各项工作的总结。多说陋之歧口中学（预习课的检查、科目成绩存在的不足等），少扬优异，戒谈后进。

（5）自我批评书一。全体教师，包括教育干部，在教学教改工作中，上交一份实实在在说实话的自我批评书。

（6）给家长的一封信，在感恩会上发了，在家长会上还要发，写明学校、班主任、任课教师的手机号，分管领导的要写，校长的也要写，就是说明我们的诚意，表明我们做点事的诚心，让家长管管子女。

（7）常规教学检查不能丢，校本教研、集体备课不能扔。

（8）教改课堂等次评定活动要早点布置，和新教师培养没有冲突。

（9）班上也要有学生自我批评的主题班会，工学小组长要写，副组长要写，典型学生更要写。

2. 围绕两个景观建设，月考后，这样做才是对的事——

（1）两个景观建设先进个人全员大评比活动。各班给出候选人，搞一个月，还可以更长，全员投票，大作声势，宣传跟得上。这就是活动促教改的好办法。

（2）班容班貌环境大评比。班是学生的家，班主任要当好家，班级文化建设不能停滞不前，班主任不能忽视班级文化教育，纪律教育的后面就是文化思想，我们搞感恩活动的初衷也是于此。

（3）班主任与家长联系制度册制度的实施。

（4）校园杜绝零食突击大检查、无追逐打闹日、文明用语日活动。

（5）政务处的本阶段各项工作的总结。多说陋之歧口中学（自习课的检查、班级量化、班级日志中存在的不足等），少扬优异，戒谈后进。

（6）自我批评书二。全体教师，包括教育干部，门卫、伙房也要给个口信，在两个景观建设中，上交一份实实在在说实话的自我批评书

（7）团队也要搞自我批评的主题团队日活动。

3. 干部集体学习活动。我已准备好"管理关键，关键在人"的集体学习材料。

布置并有效完成"结合本职，谈谈工作中存在的那些抓而不实的现象，说说今后努力的方向"的自我批评书。做好归纳。

五、我的心事

1. 责任重大。校长不是风光无限，实质责任重大。我来不得半点懈怠和颓废。

2. 率先垂范。我来学校是来做点事的，从渔民子弟，到父母养大，从我读书，到有了工作，做了校长，我不是来镀金的，我想发展，对上级的安排我是服从，对我自己，我是责任。

3. 容忍之心。工作中的疏漏，我经得起责问，没有委屈，只有心和，但做事原则，旗帜鲜明。

4. 素志求全。校长要会得教书，懂得育人，能游刃之大小气候环境，我争取学校大事小事都在行，弄清理明每一块，别唬弄我，至少我不允许污境存在。

5. 独特管理。我从没有停止过对本校教师队伍建设和学校发展层次的思考，在逐渐确立自己的管理思想，我在我的位置上，祈求并努力实践着用思想激发思想，用思想引发行动，用行动推动发展，做到自警、自省、自励、自强，当好明天"清风正气、奋争岁月"的歧口中学的带头大哥。

校长更需要支持！

王金湖

2011 年 10 月 19 日

第四篇

我的一学年工作后的检讨及新学年工作思路

相信老师们们还记得我在 2010 年 8 月 25 日写的《2010—2011 学年歧口中学工作思路（提纲）》的，我今天是有必要让自己认真重新读它，而且读得很是用心，回首过往，今天还得从办学定位、存在问题、采取措施、摆正位置，振奋精神做起，欣慰属于过去，真诚一如既往，我是真的收获了一份检讨在的，就在这个学期末之际，我与我的老师们好好交代——

前附：2010—2011 学年歧口中学工作思路（提纲）

办学定位：

初级中学作为九年义务教育的终极阶段，其发展的的方向应定为在优质教学和逐步巩固和提高办学条件上。有了准确定位就找到了办学方向，自然我们就能明确了目标，所有的教学活动就都能做到有的放矢，学校的发展才是健康的，才会取得骄人的成绩，才有资格谈到打造品牌学校。所以，今年我们的教育思路就是：用协调均衡的优秀师资，靠和谐科学的队伍管理，培养有正气爱学习团结向上的学生，出教师为荣学生自豪家长叫好社会满意的中考成绩。

有了合理的定位，有了勤恳的办学，有了科学的方针，就有了我们办好初级教育的信念——将歧口中学办成渔区的一流教育、全市上游的中学。

存在问题：

一个是师资问题，一个是学生问题。

我们的师资问题主要表现在：一是教师的业务水平参差不齐，部分学科力量薄弱。二是部分教师职业道德和敬业精神需要加强。

学生问题主要表现在：一是部分成绩好的学生外流，影响了我们生源的总体质量。二是学生良莠不齐，学生受社会的不良影响以及渔村家庭教育氛围淡漠，甚至说根本没有，使我们的部分学生的世界观人生观审美观存在严重的偏差，增加了我们管理的压力，从而会影响到好的学生安心学习，校园管理一阵子去补东墙一阵子又去补西墙，最后导致我们经不住学生家长的信任。

以上两点，就足能影响了学校的形象，最终也必然让学校的教育质量一波一波的，成绩不能直线上升，破坏了学校自身的健康发展之路。

采取措施：

针对上述两个问题，措施有三。

一是优化教师队伍。（1）对教学人员进行考核评价，为岗位安排和教学指导提供依据。（2）强化教研活动及教师之间的团结协作，通过听课，评课对教师的业务能力进行指导提高。坚持集体备课制度，将教研活动的形式，内容和效果落实到实处，形成以教研组长为核心的教研体制。（3）领导听课抓教研。校长副校长必须参与教研，是教学的灵魂，当引路人，做常抓不懈的责任人。（4）师德建设重行动。第一强化教师考勤，通过教代会，定制度，着力解决个别突出的问题。第二激发教师的工作热情，使真干事出成绩的教师有舞台，有回报，学校争取支持多的进修渠道。第三在校园内营建和谐融洽的同事关系，做到明说事，杜绝暗评理。

二是学生问题。学生问题就是学生管理问题，管理学生我们要形成以年级为核心的学校管理体制。也就是初一、初二、初三的三个板块。

（1）我们强调一个"严"字。主抓精神面貌，行为习惯和学习态度。对于违纪学生必须采取以制度办事，做到对事不对人，不徇私情。（2）我们还要突出一个"情"字。要与学生建立师生情，走进学生的内心世界，使学生亲其师而信其道。对学生多鼓励，增强学生的自信，激发学生的学习热情。（3）我们提倡一个"合"字。学生管理不只是班主任的事，任课教师的责任也不轻。试想一个平时不管理学生的教师，他的教学威信是可怜的。所以，我们强调教师"育人"就是管学生，要全体教师大胆管理学生，出了问题，有领导班子，有校长。也就是说学生管理中任课教师要及时积极地沟通班主任，同时班主任要及时善意地转达学生对任课教师的反映。教师之间的合力有了，学生管理就成功了一半，下面接下来就是教师与学生的合力的形成。教师怎做，我不多述——严字当头，爱子当心；以身作则，为人师表；严谨治学，刻苦上进。

三是班级特色文化建设。班级文化的建设实际也是一个学生管理问题，这里单独提出来，是它的重要性，一个班级做到了师师和谐，师生同心，优秀的班集体就是最成功的学生管理，所以，班级文化建设我们要从环境、精神到制度等方面建设鲜明而健康、富有时代性，富有其独特魅力的班级文化。

摆正位置，振奋精神

要对市局和歧口父老对我们的要求有充分的意识，努力科学的发展学校，不辜负领导的信任，对得起民心，更对得起良心。

我们每一位学校领导要做到卧薪尝胆、韬光养晦、绝不自以为是、高高在上。现在要低调、自律、勤奋、求新，要深入教学一线调研，问计于职工，要开拓创新，做到有新举措、有新变化、有新气象。

不经历破茧而出的艰辛，哪能享受彩蝶飞舞的荣耀？我们全校上下精诚团结、负重奋进、努力做到有思路、有韧性、有激情、有创意、有贡献，争取精神面貌和教学成绩不断完善和提高，让歧口中学的教育土壤更肥沃，使每一个歧口中学的学生身上都有一段美好成长的记忆，受益于歧口中学，爱我歧口中学，荣我歧口中学！

歧口中学　王金湖

2010 年 8 月 25 日

我是又一次通读了它的。

这一年，我是收获的不少，却有种被它提醒的感觉在，且是往事历历，更是诚悟勉勉。

办学定位：

教学成绩是属于辛劳的老师们的。年底期末的佳绩，尖子生的提前批录取，校园学习气氛的浓厚，教师队伍的正气，干部队伍的齐心，使我们看到了学校的前景，鼓舞人心。

但是，我的检讨一：我们的校园教育离打造品牌学校不是还很远吗？我们只是迈开了一步坚实的步子，家长说得过去，社会基本叫好，而我们自己了解的学生的学习及学习道德的培养是不让我们满意的，至少大多数教师不认可，我们每一位教师还必须重新合理的定位自己，校园各职能机构还必须勤恳地办学，校长还必须树立可持续发展的办学指向，坚定办好初级教育的信念——将歧口中学办成渔区的一流教育、全市上游的中学，我们下一步的办学定位是：执意教改，协调均衡出优秀师资，和谐科学出强势队伍，培养正气、学习、团结的学生，继续朝着出教师为荣学生自豪家长叫好社会满意的中考成绩努力。办学条件的提高，教师的文化活动和福利变化是有所体现，但是，办公硬件还是止步不前。我的检讨二：我们要上条件，就必须舍得投入，当好家，处理好消费，办教师看得见，大伙都满意的学校。

存在问题：

我和我的前任一样，仍在收获着歧口中学教师的职业道德和敬业精神。一年来，我通过课堂教改，努力提高着教师们的业务素质和授课水平，收获不少，看到了进步，成效不小。有人曾对我说，教师们的懈怠心态，我从不认可，相反，我把难得的行为，当是进谏了。现在，我认为态度决定师资力量的 80%，甚至还高，所以在加强教师培训的同时，教师对教改的投入程度就是个"无限大"问题，这也是我的检讨三，给教师出去学习进修的足够时间和还我一个精神饱满的工作热情，值得！

留不住成绩好的学生，好学生外流，会影响教师工作的积极性；再就是学生良莠不齐、渔村家庭教育氛围淡漠，网吧严重的偏差了部分学生的世界观人生观审美观，学生根本不学习，学校管理压力大。我的检讨四：就是继续严肃管理，严字当头，对于问题学生的处理，不退步，不徇私，给老师撑腰，给力于执行干部。但是，处理的方法有值得商榷的地方，出现的问题也引起了教师和家长的关注。我们确实要思考对于问题生的教育方法之策略性有效性的工作效果。

采取措施：

教改的硬性措施：一是课堂节次改革；二是教师课堂评价的新规定；三是教师考勤的严要求。

我的检讨五：师德建设重考勤，继续通过教代会，定适合教改的新制度，着力解决个别突出的问题，加大奖惩力度，要真有冲击力。

我的检讨六：继续干部队伍的分工制度，做到谁的事谁负责，先讲奉献和原则，再给职权做领导，必须强化服务意识，才能赢得尊重和支持。

我的检讨七：管理学生我们要形成以年级为核心的学校管理体制。也就是初一、初二、初三的三个板块。我没有形成班级领导负责制，那个年级的事那个年级组领导集体具体负责，其实，这是个好办法。新学期我们要做。（1）"严"字。抓师生的精神面貌，行为习惯和学习态度。对于违纪问题坚决以制度办事，对事不对人，不徇私情。（2）"情"字。师生情，兄弟姊妹情，多鼓励，增强师生的自持力，激发师生的工作学习热情。（3）"合"字。"育人"就是管学生，大胆管理学生，出了问题，有包年级的领导班子，有校长。提倡任课教师及时积极地沟通班主任，我要教师之间的合力，合力有了，学生管理就成功了一半。

我的检讨八：班主任是政治局，主稳定，班级管理要做到教务和政务都服务班主任，班级管理的内涵要扩大，给班主任较大的工作权限。

坚实第一步，从容第二步：

要把教改做踏实，做出效果，并转化成教学效益，就必须要关注细节，关注过程使教改更加有效。我的第九检讨：第一，忽略了集体备课。教研组每周利用一节时间召开一次集体备课会，给的要求不具体，流于形式了，我们要补上这节课，让教师愿意并力行去分析工学教改中存在的问题，讨论新工学案，交流课堂教学的体会。第二，轻视了学生座谈会，没有主动广泛听取学生的意见和建议，不但要让优生接受新的教学内容和形式，还要让绝大部分学生能用、愿用、喜欢用。第三，淡化了研讨课。学科带头教师要一定上好研讨课，到目前为止上了50多节教改课，下学期就要开展课堂教学竞赛。通过在课堂教学中使用工学案，反思工学案，寻求使用预习案和课堂检测的最佳途径和方式。这些公开课不仅向全校公开，还向社会开放。2011—2012学年，我校要面向全镇举办"工学引领，预习检测"教学研究周活动，干部教师参加活动，广泛听取意见。第四，没有给力的阶段性小结。上学期的两次小结会，我们取得了初步成果，也交流教改的心得和体会，探讨了教改中遇到主要的主要困难及解决方法，也想到了如何布置下一个阶段的教改任务，但是，我们给教改先进的奖励较少，是教改不能取得向纵深发展的一个人为失误，我们要加大奖惩，致力教改，绝不能含糊。

我的检讨支持来源：

经过半年多的教改实践的历练，我们的教师的教育教学观念有了实质性的转变，教科研意识和能力有了进一步增强，坚定了教改信念，提升了教学能力。现在，课堂状况有了明显的变化，"满堂灌"的课堂少见了。对于工学案的设计（编写）和使用的原则、方法已有了更深的认识。经过半年的研究和探索，我们已经总结出了"一个课堂模式、两个课上软件、三级工学指导"的教改教学框架。多数教改带头人初步形成了自己工学案的系列和特色。今年暑假我们将组织全体教师开展一轮工学案及课堂节次改革的培训，确保下学期教改全面铺开。虽然工学还很稚嫩，但它是原创，是老师们心血的结晶，是我们在教改道路上迈出的坚实的一步。

教改中的困惑和思考：

教改之路，任重道远，我们勇敢地迈出了第一步，现在我们要做的重点工作是，在继续完善工学案的同时如何使用工学服务我们的教改，让学生真正自主学起来，这一步至关重要，存在的问题和困难会更多。我留下空白想我的教师们思考后补充：

1.

2.

3.

4.

5.

6.

7.

8.

9.

……

新学期，教改进入攻坚克难从容前行的关键的第二步，这第二步，我们不缺理念，也不缺经验，我们需要的是坚持的勇气，我们需要的是把每一个措施落实到位，我们需要的是关注每一个细节，我们需要的是团队精神，我们需要的是责任心，我们需要的是教学的艺术，我们需要的是致力建设渔区一流教育、全市上游的歧口中学……

王金湖

2011 年 6 月 20 日

第五篇

重学杜郎口，再谈歧口中学教改

一、不学杜郎口。

1. 我不赞成"课堂是舞台，学生是演员，老师是导演。"的提法。课堂应真正的还给学生，杜郎口中学的课堂里、走廊上、操场上，是处处溢漾着生命的活力，比、帮、赶、超无处不在。但我们做不到的。教改一开始，工学小组自主学习成果预习课上不明显、预习学案时时给人以压力。我们现在怎么办? 反思工作! 海港有句话：别生气，兄弟们都支持你! 我信"人的潜力是无穷的"，在不断地探索与改进中，我们要实现着自我的超越，能力的提升，质量的跨越，进而促进着学校的发展。理想或许遥远，但我们脚下的路坚实! 我提倡杜郎口经验——让大多数讲课的是学生，给学生解答题的也是学生，老师只是起到了组织和点拨的作用。这样学生的学习积极性就被充分地调动起来，其学习的潜力也会被充分地挖掘出来。学生在课堂上是快乐的，就会激发学生在学习上的积极性，提高学生的学习兴趣，真正实现"要我学"为"我要学"。营造真正"工学"的课堂：动脑（预习阶段）、动手（展示阶段）、动口（交流阶段）。

2. 课堂是要讲的，不讲不成课。杜郎口中学"10 + 35"的教学模式，使学生成了课堂学习的主人。我们的 15:10:15 也科学。教室里没有了讲桌，课桌摆放由原来的"插秧式"改变为学生桌对桌，面对面，我要求我们的教师完全融入到学生当中，成为学生学习活动的参与者、引导者、帮助者。学生是学习活动的主体，他们工学小组要做到"上线下线，共赢使力"，必须充分发挥"1 传 2、2 传 4"的功能，在交流与合作中，使优生吃饱，后进生吃了，达到"小组共赢"的最佳效果。课堂的本质在"学"而不在"讲"，学的方式应多种多样，尤其应探究主动学和自己学的方式。要把充足的时间留给学生学。教师的讲也是学的一种方式，但不能成为几乎唯一的方式，要求教师做到 10 分钟的讲，有名堂!

3. 充分相信学生的能力。杜郎口中学的课堂没有图、文、声并茂的多媒体课件辅助，有的只是学生多感官、多形式的肢体语言的展示。有人说这种以学生为主体的课堂完全将任务放给了学生，将时间交给了学生，将自由还给了学生；任学生思维在课堂上驰骋，任教材文本在学生中演绎，任集体智慧在课堂上迸发，任学生个性在课堂上张扬，任师生笑脸在课堂上绽放。这只是个文言修辞，我不赞成学生"活而不乱，动则有序"、学生"演而不散，说则有度"、学生"错而不卑，纠则必改"的提法，"超市课堂"能"形散而神不散"吗？他们的容量在哪里？所以，我要求教师必须用多媒体，还要向两节预习课要成效。向自习课要质量，再就是我们的优秀生的戒尺制度就是一个保障，管不出乱来。

4. 课堂的备课是至关重要的。教改，老师的备课量应该是加大了，老师更应在备课上下功夫，一方面在准备教材的难度、深度方面需要老师考虑周全，另一方面备学生的难度加大了，老师在备课过程中，要充分预见学生在讲解过程中可能会出现的问题，一定要把握住教材的深浅，学生如果在讲解过程中出现了大大超出教材难度本身的话，应当策略地给其纠正，如果重点不清、概括性不强的地方，老师应当适时地进行归纳补充。另外原先课堂的时间主要是按照老师的讲课来定的，但是现有的模式更需要多考虑学生在讲解过程中所需要的时间，要求学生讲解要简练、明了，更要求老师教给学生方法，收放要得当，逐步养成好的习惯。学案要放开要求，功夫用在预习课上，检测可以用全优考评、作业留量、好学生多留，理科重考练，文科重背评。

二、要学杜郎口

一是落实到位，二是相信学生，三是严格纪律。

1. "落实到位"：他们每节课的第一个环节都是五花八门的检测，而且要以书面的形式展现出来。在杜郎口中学的课堂上，他们所采用的小组互动和所实施的"让任务驱动学生"是调动学生积极性的关键因素。特别在检查学生对学习任务的掌握情况时，老师以试卷、纸条的形式发给每个小组，明确任务，落实到人、组，而学生在课堂上自由说、谈、演、写，"兵教兵""兵练兵""兵强兵"。学生主体作用得到充分发挥，集体智慧得到充分展示。在一系列的活动中，每个学生自始至终感觉到自己既是活动的参与者，也是活动的主持者，甚至是小老师（练习都是学生自己讲解）。我认为这样的教学模式让学生有干劲、很充实、更有成就感。在这种课堂氛围中，学生自然会兴趣浓厚的。我觉得他们的检测持之以恒的坚持下来的精神值得我好好学习。我非常清楚"落实"的重要性，但缺乏持之以恒的精神。我们的工学小组能坚持多久？就是落实，班主任当主角，任课教师唱戏。做出我们自己的样子来。

2. "相信学生"：就是把课堂还给学生，多让学生自学，让学生合作学习等。这一观点我也非常赞同，但就是不太敢放手。我们的老师的注意力在课堂的教上，而杜郎口中学的教师的精力用在了课堂教学的导上，备课存在区别，我们教师的备课不够深入，浅层次的，而杜郎口的备课是在备学生的学，杜郎口的教学有其自身的原生状态的特点，学生在校时间长。这不符合我校的实际，学生不住校，都是走读生。结合我校的教学，如何提高学生的学习能力、思考问题的能力呢？也就是如何在我校的课堂上做好自学指导呢？小组合作，老师敢放开吗？学校的指导方针是关键，学校的管理细节是促成这一工作落实的根本。教务处想想。

3. "严格纪律"：杜郎口的纪律是不松口的，我们的纪律也不松口。害群之马不可要！一个中心教改的成功，两个景观更是关键，政务处想想。

三、教改新思考

1. 教改的最大障碍是什么？是老师，不是学生。与其说老师的认识上不去，不如说老师的担心更多：担心学生能不能学得会？杜郎口的教学活动的确实令人感到是一种在新的教学理念下的教学模式，不过我们要想的事，我们的教学三部曲能够有充足的时间保障吗？预习学案——教师讲解——课堂检测，一节课的知识安排心里有底吗？

2. 教改中首先要解决的问题是什么？一是学生的积极性，二是学生纪律。学生为主体的课堂，首先要调动学生的积极性，初期也会存在学生不愿回答或不敢在老师和学生面前回答等问题，可采用评比、下达回答问题次数等方式解决。初期的讨论也会有个别学生混水摸鱼的现象，可通过老师、班主任的教育，年级、学校检查评比、通报批评等方式规范。奖励小组就是一个新法。

3. 进行教改的最佳突破口是什么课型？习题课和讲评课。是因为这种课型是在学生具有一定知识基础的前提下，相对好开展，容易调动学生的积极性，然后逐渐推展到各种课型。

开放有度的"261"课程结构和高效 15：10：15 的教学模式，要充分锻炼学生的综合素质，使学生主动学习，感到学习是自己的事。无论是组里小环境，还是学校大环境，都要鼓励学生们相互帮助，公平竞争，相互鼓励，共同进步。

通过反思我们的教改，我们的教师要解放思想，要真实地"相信"学生，多让学生自学，在教学中，要给学生一个足够的空间，给学生表现和展示的机会，从而体现他们的主体地位。我们教师在日常教学中，要充分挖掘学生的潜力，就要把课堂让给学生，让他们在学习中获得成功的快乐。进一步激发求知的欲望，从而提高学习效率。我们学习杜郎口，不是改变了我们原有的形式，而是要改变我们的思想，改变我们已有的教育教学观念，和学生一起快乐的学习，学习杜郎口，不是分分学习小组就行，不是学生乱起来就行，我们要探索的还有很多很多，我们要走的路还很长。在今后的教学中我可以尝试做的是预习这部分，我们要在预习的内容、形式、格式及时间等几方面要深入思考，摸索出适合我校学生特点的模式，相信经过我们大家的共同的努力，一定会让教改种子在歧口中学开花结果。

第六篇

月考后的教育反思活动·我的一份与共性问题

在教改教学中我的自我批评	在这次月考中,所教学科成绩只能说还过得去,但存在问题不少:1. 与学生的思想教育较少,这是我在学校组织的优秀生评教师课堂活动中名次落后的主要原因。2. 作业和辅导不及时、次数少,这是我不能专心教学,忙于其他工作的"好理由"。3. 班上优秀生不能成群、人数太少,需我加大督学力度的。4. 我到预习课和自习课去的次数很少,是自己不律、观念不强造成。
在两个景观建设中我的自我批评	两个景观建设就是管理与责任的问题。1. 表现在带班时,自己有时疏于在岗的责任,同时对值班教师要求低,没有较高要求;2. 对自己眼皮底下的学生违纪行为只是说教、缺乏严惩;3. 景观建设具体在"细""实"的落实上,对干部、教师督导的少,批评的浅。
职责岗位上我的自我批评	1. 欠魄力;2. 少严厉;3. 要不得的"图于功利";4. 徇不得私情,滋不得浮气。
今后努力的方向	教学就得俯下身子,一定要求自己和学生在一起的时间多,自习课、预习课、辅导跟得上;优秀生成群建设,做到思想教育和督学跟得上;从管理执行上严格要求师生,更是严于律己,真正做到抓实、抓细、抓严。
在教改教学中共性的自我批评	虽然有教改模式,但教改贯彻的不彻底,学案内容较多,没有时间进行小测,还是放不开,讲的过多,而且并没有每节课都按教改课进行。预习课利用不充分,成了单纯的检查预习学案,自习课上班辅导的次数少、时间短。
在两个景观建中共性的自我批评	值班时能注意学生的言行,也有简单的教育和制止,但没有反映到值班记录本上。平时对学生的言行教育较少,严肃批评更少,对有些违纪现象不去作为。
干部职责岗位上共性的自我批评	1. 思想到位,行动不到位;2. 到岗督检力度有惰性;3. 各职能科室的协调不及时;4. 干部的教改课堂让人说道;5. 好人主义与多管闲事是遗留;6. 干部教学成绩需争气。

今后努力的共性方向	在教学中继续坚持上好教改课，合理安排课上时间，不但严格按照15:10:15的时间进行，还要从细节处多琢磨；要相信学生，多让学生自主学习，利用预习课检查学生预习情况，提高预习效率。自习课多和学生交流并加强辅导；不仅在值班时注意学生的言行，平时也应多注意，只要遇到有学生违反"两个景观建设"，就及时教育制止，严重的违纪行为要记录在册，政务处并做好处理跟踪。

第七篇

解读给教师对学生实施有效的教学管理行为

现在谈学生管理合法化，是不能避讳教师在校园内对学生实施管理的执行意愿的。现在的校园管理，在学生心理上的表现是：校领导管我，是管闲事；班主任管我，还行；教师管我，得看我听不听。在教师的心理表现是：我上我的课，管理找政教，学生扰我课，班主任那里我打闹。呵呵，现在的教师管学生，多数教师认为是一个九年义务，就打掉了千年戒规，他们对学生实施管理的执行意愿是被动的，管理教育学生就如黄面书生有气无力。所以，作为校长很有必要解读给教师对学生实施有效教学管理的行为，使教师的教学管理管的有信心，多增师者尊严，少减良心行事，真正做的管的起，说着听，在理合情，心里舒服，立竿见影。

一、学生难管，原由大气候，也怪小自由

当代初中生，由于小学教育的"灿烂阳光"和中学教育功能的"衰弱"，造成部分同学思想散漫，不愿受校规校纪约束，而大部分初级学校的办学缺乏深厚的文化积淀，校园文化缺乏根基，这样的校园文化无法给刚入校园的小学生思想和精神上的振奋，造成大部分学生延续了孩提时代的自由、更是散漫，这部分同学数量不少，在学生中产生的不良影响就更大，他们有极强的感染力，在校园的市场不小。

具体说法一：思想活跃但生活散漫，组织纪律观念极差。

我们的中学生在校学习期间接受理想与目标教育机会较少，接受的信息良莠不分，大量未经筛选的消极的信息在学生中流传，给学生一种病态思想：学习与不学习都一样，反正都能毕业，所学的课本知识将来是用不上的，"考大学不稀罕"的观念大有市场。再就是市场经济下，以自我为中心，过分计较个人得失，违背了社会的需要，斤斤计较自己的感受，班级、团体的目标与共同理想，和他没关系，集体的育人功能无法在他那里得到充分发挥。

具体说法二：缺乏理想与目标，个人目标不明，正义感下降，集体荣誉只是心血来潮。

以上两条是缘由大气候的。小自由就是：1. 承认学习重要，但缺乏学习动力。

这些学生认为学习重要，所以老师在教育说理时，他们都能理解，表示赞同，但涉及到个人努力时，这些同学觉得自己基础差，以往学习不够，凭个人现在开始努力已是不可能的，甚至家长也存有这种心态。2. 意志薄弱，缺乏个性，随波逐流，每天混日挨时候。3. 个别学生存在着心理障碍，无视校规校纪，缺少是非观念，对处分无动于衷，抱无所谓的态度，校规校纪对其作用不大，处分后仍我行我素。

二、学生在管，原由合法，也要得势

《中华人民共和国义务教育法》第二十七条规定，对违反学校管理制度的学生，学校应当予以批评教育，不得开除。教育部印发的《中小学班主任工作规定》第十六条规定，班主任在日常教育教学管理中，有采取适当方式对学生进行批评教育的权利。

而目前校园存在的学生难管，教师怯管的现象，究其原因有几，家庭和社会把"花朵们"当"宝儿"了，法定未成人要保护，佛曰不可管不可管，一管就是错，联合国说保护儿童受教育的权利。总之是现在的学生得势了，校园成了弱势，教育的惩戒性成了一碗凉面，软的黏的连最后一点精神也快没有了。校园教育者们，哪怕对学生有一点的"貔虎"，社会家庭也不会对其有丝毫原谅的。学了吴开华教授的《学生管理的法律限度》，我对校园管理的理解和实施是有必要和我的教师们谈谈的，斟酌了二三，就有了这个文题——《解读给教师对学生实施有效的管理行为》。

面对学生思想上出现的种种现象，要想使得校园学生思政工作得势，我给同仁们支招：

第一，给教师正身定位。

目前任课教师在全校教学管理中处于弱势地位，各项不利因素都指向教师，造成有的科任教师自己不会组织教学，难以完成教学任务，反而把责任完全推在学生难管上，个别老师明明是自己的学生出现问题，反向班主任说你的学生怎样怎样，这种舆论向学校管理者一边倒的局面将严重阻碍学校的持续发展，所以我认为必须直接明确教师工作的职责，教师必须管理学生，不管理学生就是师德不合格。让每一位教师把学生思政工作作为一项紧迫的不得不做的校园行为。

第二，心理课上课表。

为教师和学生提供学习、交流的机会。实施谈心教学，对教师加强辅导，就如何开展工作，工作中应注意那些问题，出了问题该怎样处理，心理教育与引导方面的问题进行学习，还要借鉴成功的经验。努力提高教师的思政工作水平与能力。

第三，从班委会到团委会到工学小组，扩大先进的培养面。

传统单一的谈心教育，受教育者的比例小，难以形成合力去影响他人，反而容易被普通同学所同化，所以在增加班级思政工作力量的同时注重班委会团队工学小组的集体活动，以增加先进的覆盖面，在同学中形成正确的舆论导向，带动学校正气的发展。

第四，建立教师挂钩学生的制度，促进学校风气的进一步好转。

让每位教师都有自己的德育挂钩对象，把转化学生作为教师德育能力的一个指标给以落实，保证德育任务的实现。普通教师在所任课学生中挂钩1—3名学生，党员、干部除联系团队班级积极分子外，应挂钩3—5名普通同学。再给每个班级都配备一名兼职心理辅导员，这样就形成了以班主任为主，心理辅导员为辅，上至校领导，下至科任教师全员参与的多层次的育人环境。

三、教师有效教学管理行为的实施

学习以后，虚心接受。体会不少，讲讲是好。

学生管理，合法化是大道理，关键是教师对学生具体的教育管理行为（指批评教育的方式和处理权限），要讲原则，要明确要求，严格限定管理尺度，做到严不过火，温不临凉。

1. 目的正当。只要以教育为目的的教育方法，且不得为情绪性或恶意性的管教就是教育的目的性的理由。也就是说，教师不得以惩罚为目的或以学生抄课文、字词、站立、跑步等的教育行为就是正当的教育行为。那种以暴还暴的劣行和非善意的管教，我们的教师是一点都不要沾喜的。校长对教师的管教行为，作为者至少60%的支持底线，非作为者坚决抵触。

2. 手段必要。教师或学校对于学生的管教（或惩戒）应是基于维持教育教学秩序而采取的必要措施，多样的能达成目的的措施应选择对学生或监护人权益损害最小的手段。不可武断也不可随意，处理方式恰似柔性命令，思圆行方，柔中带刚，实施手段做的即是必然又彰显与时。

3. 依据充分。法律法规要学校按章程对学生自主管理，有对学生进行奖励和处分的权利。校规班规则是学校内部规则。法规是方向，校规是实施，它对学生才有法定的约束力，当然，学校应该让学生及其家长在学生入学第一天知悉规则，且规则必须明确，必要时与学生和家长签订入学协议。

4. 程序正当。在学校或教师对学生实施管理行为时，教育管理的行为一定要符合（合情不一定合法）的程序，也就是我们所说的对学生违规行为处理的顺序、步骤、时限要合情理，不能有莽撞之事。其基本要求就是让学生先知，再做处理——通知违纪的学生（或小团体）——说明理由——提供证据——听取申辩——家长意见——处理决定的最后执行。

5. 惩戒有度。学校和教师对学生的管理惩戒，表现在常态教学中以轻重程度主要有以下几种行为：即时批评教育、曝光学生的违纪行为（处分）、停课、搜身（搜查）、隔离、罚站（隔离）、没收学生财务等。

即时批评教育，是指教师在学生违纪现场采取的短时教育，一般多言辞教育，学生的违纪行为也多是临时性且情节轻微的，教师做的立即制止和当场教育就可。这类教育行为虽说是随意性强，影响不小，但在我认为却是意义非小，甚是巨大的。

我们的教师就是忽略了发生在自己眼前的学生"小违纪"行为，不去管理，当是小事一桩，不想正是丧失师者的了"大尊严"，学生就自然再也不会买你的账了。所以，我积极支持我的教师的管理就从自己的眼皮子底下开始，做到主动作为，齐抓共管，这里特别提醒老师们注意的是千万别再盛怒之下对学生"体罚"，以暴还暴的不得法，要等到冷静或克制自己的情绪，恢复到平静后再实施教育，引导教育才是上策，坚持这样，校园内自然就减少了诸多"头疼"的事发生了。这就是把简单的事做好，就等于做了不简单的事。

曝光学生的违纪行为，这里有个尊重学生隐私权的问题，这类问题主要体现在公告或通报上，掌握好一个原则就犯不大错，即只公布事实，不披露细节。要家长和师生知道在班集体或学校范围内教育批评学生，公布学生成绩，公告学生处分，属于正当的教学管理行为。当然，当事人不愿不便不想公布的违纪行为，学校教师要从伤害程度和当事人的接受能力上多加斟酌，教师不得为情绪性或恶意性之管教的。

停课，是管理的措施而非纪律处分，是对学生受教育权的合理限制而非剥夺。这里十分必要强调学校工作的主动性，它要求学校依照规章制度对实施停课的主体、情形、时间做出明确的规定，必须取得监护人的同意和签字，也就是学校做出停课决定后，应及时与监护人取得联系，通知家长必须到校，接受对其子女的处理决定。

搜身（搜查），是对学生不作为或说谎行为的一种极端的管理行为。由于它涉及或影响当事人的声誉和人身安全，所以，学校教师或工作人员要尽量通过耐心教育，让学生自愿接受检查，学校没必要对自己的学生"侵权"的，当然执行过程中，一定要注意程序、范围及方法的，必要时报告有权搜身的国家特定机关，学校切忌动武，这就是"动之以情，晓之以理"的妙用之处。

罚站（隔离），是只限于严重扰乱课堂秩序，妨碍其他同学学习的学生使用的，教师在实施这样的惩罚时，一定要符合前面提到的"目的正当"和"手段必要"的要求的。

没收学生财务，主要有两种方式，一是代管，主要指影响教育活动进行的物品，这个教育行为的执行一定要给把执行通知书送达当事人的监护人的，由监护人签字后同物品一起存档，情节态度严重者执行期可延长到当事人毕业后领取；一是收缴，是指法律上违禁品，这个教育行为的执行，是带有强制性的，情节严重者送交特定机关。

总之，建立尊重学生权利的学校管理制度，要教师善意的引导和规范学生在校行为，以维护学校秩序，达成教育目标的同时师生的教育和被教育权利还要得以保障，作为学校管理者是很有必要为之思考并积极做好思想准备的。在这里隐存着一个教师执行管理力中个体素质的问题，也就是我想了许久的"贯彻校园政治力，教师的政治性在哪里"的思考，腹稿已定，有时间成稿。

王金湖

2011 年 11 月 1 日

第八篇

2012 年新学期工作的几点思想准备

写在文前的话：

记得 2011 年 6 月 20 日，我写了《我的一学年工作后的检讨及新学年工作新思路》，教改也开始了一个学期了，可以回忆一下过来的路：教改的第三阶段——教改课走进每一个教室。

自 2011 年 8 月中旬，学校组织全体教师学习了教改材料的合订本。9 月开学后的第二周，教改模式全面展开，261 节次、15：10：15 课堂模式、工学小组全部运行，到 2011 年 12 月底。（第三阶段细节：（1）暑期干部教师集中洗脑。2011 年 8 月 12 日—8 月 15 日，教育干部到校编撰《对歧口中学教改的具体指导意见（合订本）》，为新学期全面教改制定'纲领性文献'；2011 年 8 月 21 日—23 日，有各中层干部分领学习材料，组织全体教师学习，完成两篇心得作业《如何在教改中提高管理的能力》和《如何使自己的教学行为更符合教改的要求》。（2）9 月开学后的第二周，教改模式全面展开，261 节次、15：10：15 课堂模式、工学小组全部运行，到 2011 年 12 月底。其间活动：各班工学小组的建立和组长培训（教务处）——教改中和工学中的班主任培训（政务处）——两个景观建设的宣传和发动（政务处）——教改开始服务前勤的教学物资支持（总务处）——教改带头人教学观摩课（教务处）——教师教改课全员等次评定（教务处）——教改两个软件一体机服务（政务处）——教改 U 盘补给（总务处）——教改校长解惑《谈教改先期的困惑与对策》——教改教师支持曹艳杰的《工学路上，我们风雨兼程》，张海港的《把爱留住，把学放开》——《月考后的教育反思活动·我的一份与共性问题》——校长的教改鼓舞《歧口中学教师宿舍门前的红荆条》——家乡支持：我们的大歧口牌一体机！——正准备的教改课等次评定奖励——教改课优秀经验总结）

这学期，班子考核前，我组织了两位副校长和 5 位中层干部于全体教师眼前述职，并发了《歧口中学 2011—2012 学年第一学期学校职能机构工作校长征求意见表》和《对校长工作的建议》，22 份意见表，反馈回来的 16 分，占 72.72%，也算合法，那 6 份虽不和我的"法"，我也就不追究了，但我始终等着并会在乎那 6 份意见的。我用了两个晚上整理了大部分教师们的意见，其中又有 5 份是一点意见都没有的，（想的：让老师们提意见是没有多大作用的了，一是他们会回避，二是他们根本不会做深入的思考也就提不出什么有意义的意见的），于是呀，我意识到了校长的作用是大了，做想干事的校长，呵呵，还得靠自己。

我这就依了一个教师的意见，多听民声，让老师们开个发泄会，主要意见列举如下：

教务处：不够深入教学，教研气象不浓；教师请假课程安排欠缺；对年轻教师的传授活动没有；空堂课的检查不到位；月考教研月刊没有；听评课有些走形式。

政务处：兴趣小组没活动；政务月刊没有；对学生管理力度不够；教师课上监管没有；外站处罚学生不当；胸卡制度监管不力。

总务处：给教师的服务不够及时；态度不够积极；学校公共财物损失严重；工具管理混乱；浪费太多；有把自己工作推给班主任的倾向。

前勤副校长：决策态度不硬；对学生学习的管理需要加强；对教改缺少统领；对教师教学过问少。

后勤副校长：服务态度不够端正；应积极服务于前勤；财物管理混乱浪费多；与教师沟通不足。

其他工作：教师的工作量不均。

对校长工作的意见建议：对门卫需严格管理，管不住门；迟疑教改的预期目的；对工作不积极的教师少戒谈；班主任的专题会少；教师管理对消极者要加大管理力度；加强教师自身素质教育，避免出派系。

我思考了很长时间，时间不短，至少一周了，2011 年末到 2012 年首，也算是两年啦，于是，有了现在我的 2012 年新学期工作的几点思想准备：

这个学期是我校最忙碌的一个学期，教师们基本都在赶课，没有复习时间。但是通过大家齐心协力的努力，我们的工作完成得还比较好。教师们都在用"心"去工作，这就是一种工作责任感、对学校的一种使命感的表现。一年半来，学校的发展都是苦干、实干出来的，不全身心投入，不尽心尽意去做，许多事情今天都不会是现实，都不会有今天的局面。按部就班，平平庸庸，我当校长也就是个失职的了，我是做了许多我的职位并不一定要去做的许多工作，把许多的不可能变成了现实。成功经验有三点，一是工作努力点，二是朋友多一点，三是抓住机遇，学校虽然没有取得骄人的成功，但是说起来，我们还是做了点事了。

依据我的思想和规划，结合学校工作，对新学期的工作我有如下思想准备：

一、加大管理力度，以量化对绩效。新的教育班子工作一年多，我深深知道一个新的教学规范、教学水平、教学理念、教学态度、教学风格的形成有一个过程，不是容易之事，我和班子队伍时刻注重管理。一年多以来，通过教改，发现了学校教学工作和学校管理方面的许多问题。比如预习课、自习课带来的负面效应，学生、教师以及管理者的不良表现，教学工作中暴露出的某些教师责任感不强、不规范课堂纪律、缺勤等毛病，个别人离一个教师的要求还很远。如果不深刻认识到这些，急起直追，做一天和尚撞一天钟的日子是会把我们自己晃垮的，我们的好日子也不会长久的。现在是要我们踏踏实实地、富有成效地做的时候了，现在也到了关键时候了。选择严格管理，以量化对绩效作为突破口，就是我们班子的集体抉择，这个决策是很对的，一是干部队伍的自律；二教务处政务处总务处的量化管理；三全体教师详尽工作的量化绩效。这里我提几个建议：①干部的低调做人和高度责任；②各科室的全力配合，工作要投入要同心，共同制定好详尽的量化制度。追求全面。勿疏漏；③工作讲量化，对照绩效，做君子，不做小人。我们保证我们的任何一个记录检查都是真实的，都是实事求是的；④要搞好宣讲工作，把教师上岗前的培训搞好，对事不对人，如果出现不愉快的，我坚决唱白脸，我会采取非常严肃的方式处理当事教师的。

二、我要提出"奋发、自强、务实、创新"的校训。也许有的教师以为这还是一些官样文章，表面文章，但一年多来，我们的工作确实是在点点滴滴地实践这些理念，让它们变成一种现实。学校重视理念，重视规章制度建设，重视氛围的营建，氛围是最好的老师，重视领导的身体力行，以身作则，不谋私利，我追求人心凝聚，是非分明，奖勤罚懒，老实人不吃亏，有章可循，发展目标明确，一步一个脚印的很富有希望的歧口中学。所以我提的第一点要求，就是我们要更加务实，更加投入。飘飘浮浮，是学校工作中的大忌。不交不投入工作，又不同心的教师，不要习惯于站在岸上指手划脚的干部，否则，学校还怎能向前发展？我一直强调学校就像一个家的理念，我们现在是 30 个教师 400 名学生的学校，如果有几个人不投入，不务实，工作不负责任，就妨碍了大家的利益，就是在破坏家庭。2012 的新学期，学校评价教师的最重要的、置于第一位的就是看他的工作实绩和敬业精神，看他工作完成的出色否？以后我们班子集体怎么朝这方面做，我这里请老师们以后大家看的。第二点要求，继续强调同心协力的问题，学校尊重个性，提倡个性，但有个性并不是事事搞别扭，个性是体现在知识分子的独立人格上，做人的良心上，崇高的思想情操上。美国是一个讲独立人格的国家，但又是一个凝聚力强的民族和国家，讲奉献精神的民族和国家。我尊重不同意见，但我更在乎强调全校工作一盘棋的理念，强调令行禁止。第三点要求是专门对教师说的，就是要重视教改。教改搞了半年了，有的老师还没一点动静。尤其是青年教师，不能坐得住，沉得住气，不花功夫来思考问题，搞教改，就是落后的。谁努力，谁就会有突破，就会在它的课堂有发言权。

2012 年的教改之路，走得好不好，关键是要下决心，下力气去做。学校加大教研组的教改支持的力度，我会争取社会资助的，培养骨干、支持教改的钱我愿意花。

我这个校长愿当人梯，愿当铺路石，我希望有很多教师登梯，有很多教师驾车，不要自己搞得没感觉，让我也感觉不爽。

老师们，众志成城，搞好 2012 新学期工作，让教改促学校的工作再上一个新的台阶！

2012 年 1 月 5 日

第九篇

谈工学小组建设策略，提高课堂教改的有效性

工学小组已是我校学生课堂学习的主要学习形式，是落实我校"预习展示（15分钟）——重难点突破（10分钟）——当堂检测（15分钟）"课堂结构模式的重要手段。所以，工学小组学习的有效性直接关系到课堂教学的有效性，关系到课堂教学改革的有效性。

一、转变教师的评价观念

让教师由对学生个体的评价转变为对工学学习小组的评价。工学小组学习是学生在小组或团体中为了完成共同的任务，有明确的"工学链"式的责任分工的互动性学习。讲究的是不同等级间的双赢，大家一起赢，利人又利己，小组成员间应积极互赖，同舟共济、荣辱与共。工学小组学习能改变传统班级教学中以个人成绩为标准，以学生个人为奖励对象的做法，以小组明确的目标达成为标准，能够积极促进学生的有效学习和才能的发展，更有助于培养不同等价间的学生合作的精神、团队的意识和集体的观念，从而产生更大的成功、更积极的关系和更好的心理调节。所以，要求教师在课堂教学中，加重对工学小组的评价，一定要体现小组的作用，要充分调动小组的积极性。

但现在我们的大部分教师在实际教学中，还是存在注重欣赏学生个人水平，个人的能力，针对学生个体来进行评价，淡化了小组的作用，影响了工学小组合作学习的有效性，就谈不上照顾弱势学生，培养学生的工学技能，那么这样的工学小组合作学习就一定是假合作、虚工学。

必须要求教师切实做到向工学学习小组评价的转变。在评价内容上，除了将工学小组合作学习的具体情况纳入评价范围外，还将小组成员展示的内容必须是小组共同完成的结果纳入评价范围，在展示时要有"我们小组讨论的结果是……""我们小组认为……""我们小组不赞成他们小组的观点""我们小组认为该这样做"等话语。在评价语言上，要多一些像"这一小组的同学真团结，合作学习后很快就弄懂了""这小组的同学真不错，全都能顺利通过""这小组非常爱动脑筋，解法相当

新颖"一类有利于增强学生的团结协作精神和集体荣誉感的评价小组的语言。每节课教师除了给各学习小组打上评价分数外，还要注重评价的人文性，给学习稍差的工学小组提出建议或希望。

二、加强学生在工学小组学习中的等级意识

教师在对学生工学小组合作学习参与过程的评价时，一要注意小组成员个人层层责任的落实情况，尤其是上一级对下级弱势学生责任的落实情况；二要注意工学小组内团结协作、互帮互助情况；三要注意工学小组合作学习的结果和工学小组合作学习的技能、技巧。要求教师积极参与到工学小组学习中，去指导工学小组的合作学习。为了达到工学的有效性，要求教师，特别是班主任和教改骨干教师要有以下训练内容：

1. 工学组长要求本组课前准备充分，物品放置齐整，安静等待上课。

2. 预习课：训练学生，有一级对二级，二级对三级的主动、认真、投入地完成预习要求的内容，并保持组内安静。

3. 组内分工明确：落实课代表、计分员和报分员制度。

4. 展示：参与积极主动，一周内组内各成员至少应有一次展示；板演规范清楚，讲述或发言响亮、清晰，条理清楚，见解或方法独特、有新意；展示形式多样。

5. 组内各成员尊重他人发言，善于倾听，在倾听中思考，在倾听后评价他人发言，及时补充自己的想法。

6. 善于思考，能主动发现和提出问题，并有条理地表达思考过程。

7. 组内"工学"结队明确，成员间互相帮助，主动为学习有困难的组员解惑答疑，达到共同进步。

8. 每次课堂检测后，建立错题为第一作业制度，自习课上教师要对工学小组测评成绩指导评改。

9. 组长认真组织安排组内学习活动，组内成员服从组长和教师的指导，听从组长和教师的指挥。

10. 做到入室即静，进入教室，不管上课还是下课，学习风气浓厚，无追打、乱扯、闲聊等不良现象。

这里有必要，谈谈对工学小组培训的几点想法：

1. 组长培训。小组长的培训非常重要，建议采取以下措施：（1）明确小组长的职责和作用。提高小组长在学习小组中有关在小组管理、指导、组织、协调、检查、评价等方面的能力。（2）定期召开学习组长会议，洞悉他们在思想、学习和管理中遇到的困难并及时予以解决。（3）让小组长享有一定的权利。教师应力所能及地为小组长创设更好的学习环境，提供更好的学习条件和学习资源。（4）对小组长的工作要适时地给予肯定、表扬或激励。让小组长领导一个小组得到应有的尊重，更好地体现其自我价值实现。这是激发他们对小组更加尽心尽力工作的力量源泉。

2. 组员培训。（1）在全体学生中树立"帮助别人就是提高自己"的合作学习观念。（2）关注学困生的表现。在学习态度、学习基础、学习能力等方面给予针对性的培训指导，树立"展示者无错"的观念，促进学困生积极参与课堂学习、交流、展示等活动。优点放大，缩小缺点，对待学困生的展示，多关注过程，少关注问题结果的对与错，为组员营造安全的心理环境，目的是让他们敢于发言，积极参与课堂。（3）采取捆绑式评价。由过去关注学生个体的评价转为关注小组整体性评价。在学习和常规管理的每个环节，都以小组为单位进行评价，个人的成绩通常放在组内评价，旨在强化学生的团队合作意识，督促学生在小组内开展互助，提高小组整体水平。（4）在班级和学校范围内，大力开展集体主义教育和团队精神教育，优秀学习小组的评选可以扩展到全校范围，为班级工作营造更大的舆论空间。

三、让教师多样的评价丰富精彩课堂内外

要想增强工学小组学习的有效性，要求教师对小组的评价不能只停留在课堂上，还要延伸到课外；不只对工学小组合作学习的情况进行评价，还应对工学小组成员、整个工学小组的学习习惯、风采进行评价；不只关注工学小组合作学习的情况，也要关注工学小组学业成绩的发展。教师要以自己的热情和亲情，去积极主动的将对工学小组的评价内容要多元化，丰富评价内容，多开展小组自评、组间互评、教师评价、学校评价活动。

这里也有必要，谈谈对工学小组评价的几点想法：

1. 小组综合性评价。小组综合性评价是高效课堂上学生评价的主体性内容。从评价时间上来讲，可以体现堂堂评、日日评、周周评、月月评；从评价对象上来讲，可以体现对组员的评价、对小组的评价，当然也可以评价教师；从评价内容上来讲，可以评价课堂上的每一个环节，每一个专项。从评价的主体来讲，可以是教师评价，可以是学生自评，可以是生生互评。这些评价最终要产生价值，可以据此评选出最佳小组长、最佳组员、最佳记录员、最佳协调员、最佳评价员、最佳监督员、质疑之星、展示之星、自学之星、对子帮扶之星、合作之星等等。

值得说明的是，课堂评价具有阶段性、针对性、层次性、灵活性等特征。不同阶段，评价的重心应有所不同，有所侧重。教师在借鉴使用类似这些表格时，应做到心中有数。

2. 激励性评价。教师要善于运用激励性评价来激发学生学习的内驱力。但同时也要避免虚情假意、流于形式的"满堂夸"。教师在课堂上的作用，很大程度上表现为激发学生的学习动机，点燃学生的学习热情。而激励性评价显然起着不可替代的重要作用。

3. 即时性评价。即时性评价具有评价及时、方式灵活、操作简练、针对性强、形式多样等特点。在高效课堂上，即时性评价可以是教师评价，也可以体现在生生互评上。即时性评价贯穿于整个课堂，随时起到导向性、激励性的作用；课堂即时性评价更为关注学生的学习过程和学习情感，巧用即时性评价对学生学习能力的提高和学习情感的需要具有重要作用。

当然评价不能是为了评价而评价，评价就是要唤醒学生的主体意识、主动意识、创造意识，使每一位学生实现全面发展、自由发展、个性发展。我们可以看出，评价已经贯穿了学生学习的全过程，而且更多地以质性评价的方式出现，以评价小组和个人结合的形式出现，以自我评价和生生互评、教师评价形式出现，以多元的丰富的富有创造性的评价方式出现。

四、建立工学小组建设的长效机制

建立学校、班级小组评价管理机制。在学校管理层面，成立工学小组具体负责小组，明确各成员的具体职责；在班级层面，建立以班主任为组长，骨干教师为副组长，各科任教师为成员的领导机构。在具体操作上，建立长效机制：

1. 积极开展小组评价工作。要注重小组评价过程的有效性，要建立小组评价材料的记录和收集工作，每月进行总结，每月将各小组的评价结果进行总结表彰，每学期将年级小组评价资料交教务处。教务处每学期收取分析年级组小组评价资料，并进行总结表彰。

2. 各班要建立工学小组课堂学习评价统计表，指定专人进行统计，每节课要请上课教师填写小组评价情况。上课教师要本着公正、公平的态度，认真填写各班小组评价记载表。

3. 补充小组学生风采或行为习惯评价。在班上建立工学小组行为习惯和学生风采表扬台，制定违规日常行为记载表和好人好事记载表，指派专人（团组织）进行记载，及时进行违纪扣分或好人好事加分。

4. 小组学业成绩评价，每月月考成绩出来后，进行一次成绩评定。采用增量评价（计算发展分）的方法进行动态评价。

5. 每月小组间评比、可以按"学习表现""行为习惯"和"学业成绩"三项所得，将三方面所得分按比例折算加起来，就是该小组的评价得分。此项奖励重奖。

6. 除了评出2－3个优秀工学小组进行表彰外，还可评出单项优秀进行表彰。如，发言最积极的小组、自学能力最强的小组、预习学案书写最认真的小组、作业完成质量最高的小组、最遵守纪律的小组、最乐于助人的小组、学习进步最大的小组、合作的最好的小组、小组风貌最强的小组等。

第十篇

细化课堂教学，规范工学学习

我对工学小组建设中的教学要求就是细化教学。

我们的细化教学就是指把课堂教学过程中所发生的细小的环节或情节，通过教师的钻研和突破，将师生的教与学活动规范化，让课堂上的工学学习中学生和教师的一句话、一个眼神、一次动作、一个表情都能体现教学过程的变化、灵动和创造。

下午，我丢掉了所有的细腻想法，今夜只回忆起了粗略的教学细化要求。细致的论述我永远补不回来。（我失去了什么？）

一、追寻前 15 分钟预习检查的细节

1. 关注工学小组在课堂上的细节。细化小组活动，宏观几项要求。小组组员分类——小组长的发言——小组的集体活动安排（共性）——个别组员的学习需求（个体）——教师重点讲解。

2. 关注一二级工学生态度上的细节，强调小组长的身体力行。积极回答——真实有效——信心支持。

3. 关注课代表的学习能动细节，重视他们的参与次数和作用。评价和激励——预习布置的新要求。

4. 关注其他组员的学习情况，保证他们的学习质疑环节。让学困生参与活动。

二、探究中 10 分钟课堂讲解的细节设计

1. 教学预设——精心准备合乎教材——强调体例。

2. 启发式教学——讲解的技巧——习题的渐进。

3. 小组纵向比较评比——分组参与度的教学提问——评价小组的整体接受学习效果。

4. 教师魅力实力语言教学——教师内外在的自身素质。

三、细致后 15 分钟的课堂检测。关注组员的活动或发言，强化教学的井然有序

1. 检测试卷发放——。

2. 出示答案——。

3. 学生阅卷——。

4. 小组交换阅卷——。

5. 分数计算——。

6. 成绩发言——。

7. 教师评定——。

8. 小组动态成绩评定——。

9. 课堂小结——。

10. 第一、二作业布置。

四、课改课的中级评价标准打分

（见教务处低中级标准折分表）

五、教学反思

作为大比武的考核基数30%，写出课堂汇报（300字左右）包括：教学亮点5%——教学障碍5%——在工学建设中的课堂引领分析20%。

结束语：当个称职的教师——学生爱——学校亲——有思想——出成绩。

第十一篇

细化工学小组建设之细解"15—10—15"中后 15 分钟的课堂检测要求

细致后 15 分钟的课堂检测。关注组员的活动或发言，强化教学的井然有序。

1. 检测试卷发放——（1）测试卷要规范，每道题每个空都要细致到有简明的分值，便于学生安静的判阅打分；（2）检测卷课前必须给每组的课代表，便于及时发卷，秩序不混乱；

2. 出示答案——（1）教师利用多媒体打出答案；（2）答案要字迹大而清晰；（3）教师小组间巡视，发现共性问题并个别指导；（4）教师根据做题效果，发出到时口令；

3. 小组交换阅卷——（1）各小组间固定或轮着交换，这个课前必须有训练，不能出现无秩序学生乱换现象；（2）到时间后组长负责收卷、报分给登统员再换回；

4. 学生阅卷——（1）要求学生安静阅卷，有问题举手问老师，不得大喊乱叫；（2）小组人多的可以留一个学生不阅卷，负责登统。

5. 分数计算——（1）每小组有专门的登统员；（2）教师评价表现优秀小组，特指纪律等；

6. 成绩发言——（1）每小组有专门的成绩发言人；（2）成绩发言人必须按举手先后顺序由教师指定后报成绩；

7. 教师评定——（1）教师评价优秀小组，特指阅卷速度和质量；

8. 小组动态成绩评定——教师的综合分析（1）满分、最高分表扬；（2）工学小组名次排定；（3）一周或几次成绩汇总动态表彰；（4）各科必须有自己的动态成绩电子表格；

9. 课堂小结——（1）可以是成绩小结；（2）课堂知识小结；（3）重难点强调；（4）形式可以多样；

10. 第一、二作业布置——（1）第一作业为课堂检测中的错题，在作业本上必须体现；（2）第二作业是拓展作业，可以是章节后习题也可以是练习册习题等。

第十二篇

述 2012—2013 学年第一学期工作思路

写在前面的话

第三学年，责任与义务并重，成绩与无为自有了归属，别再去考虑如何发展，因为能否继续发展的道理就在过去的你我曾做过的三年里。两年前，教师曾拥戴你我试水，领导曾给你我热心鼓舞，我们也曾信心百倍。过了这一年，水还是水，方向还在前方，但你我这个领导集体，在这一年里，犹如毛泽东主席说过的，只是万里长征的第一步，我们输不起。你我只有戒骄戒躁，敢于否定自我，谦虚中懂得修正，劳心中理解使命，继续协力，共同撑船，才能对得起歧口的教育，不负上级和民众的期望。所以，也就有了今天，我站在歧口河口，望穿2012秋季的展望。

第一篇：咬定教改不放松，追求精品不含糊，走出误区不软手

歧口中学的教改，一学年下来，有了名，树了影。第三年，犹如弓已弯就，弦已绷紧，这教改之箭只有出击，而且要有力，保证准，还得必须叫个满堂彩！思考加慎虑，就有了第一篇的主题：咬定教改不放松，追求精品别含糊，走出误区不软手。

【先说咬定教改——不放松】

工学思想一定要植入师生心里。新学期开始，班班必须有工学小组，班主任必须建工学档案，骨干教师必须当教改先锋，教师教学从授课到辅导必须体现工学精神。

（1）七年级，继续是工学的广泛阶段，均学均传兼办辅导大班。教务处要弄出详实的工学要求，培训班主任，激励骨干教师，努力培养出先进典型。开学初，三个思想需要灌输，一是军训活动强纪律，一是大歧口思想聚精神，一是工学教育出风气。记得在上学期的期末班子会上，我作了检讨，我说，我把七年级搁置久了，看着他们的期末成绩，我心里自问的成分多；在假后前三天的大辅导班补课课上，我仔细分析了我们的考试成绩，最后我对学生们说，我们比人家落后了，你们有信

心夺回第一吗？学生们给了我强有力的回答，也给了我至今还响在耳畔的掌声！所以，学生没错，错在领导。我们要分均班；定好校服；实施班主任工作与教育干部的责任挂钩；班级文化建设走在学生入学前；两个景观建设与兴趣小组建设探讨相互制约性；把"15—10—15"中的"10"放在教学中期；我向七年级要教师的课堂十分钟功力。

（2）八年级，工学的巩固发展阶段，强化一二级工学且将着力点转移在辅导大班教育上。开学初就将后半学期的分班思想讲清楚说明白，甚至说在第一次家长会上。在七年级的时候，我搁置了他们很长，所以，我要从每一位教师的课堂听起，从每一次考试后与学生的谈话着手，我用一个有心计的班主任的办法，我要把眼线放在班上。于是，我下决心，把教改的精细化放在八年级课堂上，新学期就进行"15—10—15"的高效课堂的第二步，最后一个"15"上学期，我们搞的很成功，效果也不错，这学期不能丢。那么第一个"15"怎么办？即预习辅导在课堂的精细化的要求，必须重步骤，强化环节，从培训入手，树典型。教务处要组织好还要把辅导大班的跟踪听课和两周一测组织好，及时开展不同教研组的竞赛，记得考试是法宝这个公理。政务处把团队工作搞出亮点来，学校给出固定的团队活动时间，给教室，给经费，多搞些大活动，在学校搞，到社会在搞，都是好的教育手段，就怕没动静。我向八年级教师们要回信心。我信年轻的班主任。我要把工学小组建设的重任放在他们肩上。

【再说追求精品——不含糊】

（1）九年级，就是我们这一届班子集体的最后答卷，要面子更是还能干不能干的问题。工学要集中在教师传一级学生和待优的二级学生身上。上一届毕业班做的就不错，我们出了1个明珠生和4个实验生的尖子生竞赛的骄人成绩，我为什么今天提到了黄中精品教育，对了，这就是李拥军校长给我的启发，我们的王蕊考进了全市前十名，这是什么？这意味着在乡镇中学中我们离精品教育最近！上学期期末成绩，三中的第一名610分，我们的最高分603，排在他们的第四，他们的数学成绩不过110分，而我们110分的学生大有人在。所以，我提我们的歧口中学精品教育不是空穴来风，我们搞自己的精品教育也就是做好大歧口的品牌教育，我信我的老师们，我更喜欢这届学生。附和了中心学校于淑君副校长的那篇文《我思故我在》！追求精品就从毕业班的经验入手，玉来树东广艳金镇都有发言权，我不多提。我提家长和学校的配合问题，开优秀学生家长会，办优秀学生的家长学校，早动手，造气势，早结课，多演练，抢时间，一招先，用的心机去想如何办，下的功夫就出实在效果，出了成绩，我去给教师们请功。当然，我想到了教师的素质再提高问题，对中考题的把握问题，我会想办法的。

（2）职中班问题更不能含糊。已有教师、干部向我反映了，我也看到了问题。上学期期末，我有两周没有去上课，就觉得不放心了，结果就出了期末考试监考监不住的现象，领导有责任，班主任有过错，任课教师也站不到干地上。这30号学生不是坏学生，管理还是能让他们为自己争荣的。开学前，我们坐下来好好思虑思虑，基本课程要精上，校本课要多上，职业教育必须跟得上，学生思想管理时刻记得勤说勤上，谁动了糊弄的心思，就是在破坏大歧口教育，我们不但保证要上足职业班，甚至另两班也给出指标，出大歧口精品教育，就得动真格的。

【三说走出误区——不软手】

（1）干部讲课怕丑？干部任课虚设？优秀教师不是班主任？不怕，成绩有了，再丑的瑕疵也是美丽的反衬！干部讲教改课就从新学期讲公开课开始；关于任课，就是个心虚问题，不上课就当校长吧，挂起来最好办。我要在干部中树立专家型教育干部，我们的干部的教学能力，我是信的并为之与人前炫耀过的。我们的干部都从教师走过来，不任课会让教师反对的，教师反对了，干部就当不牢靠了，这更是个公理。教务处安排好，政务处检查好，这是对校长负责，也是对自己负责。

（2）上学期期末，谁的成绩排在了后几位？体育、实验、微机出了一位数，这就是不合格毕业生，全市排在了后面，那科成绩没考好，玉来要给我一个分析，毕业班，不让考差的教师写检讨，但必须写个新学期建议；七年级、八年级列出个表来，谁排在最后了，校长谈心。前面，我有文，说了奖惩问题，这个一定兑现，包括学校教学之外的其他工作的成绩。

（3）做好教师最简单的作业就是最不简单！我建议把最简单的作业制成牌子就挂在警卫室墙上，这也是监督，是师生看得见的监督，这招灵。

第二篇：深抓"两个景观"——细纪律，重施"教师值班"——治面貌。

关于学校纪律，使我又想到一句套话，"一个问题的家长前面会有一个问题学生，一个优秀的学生背后一定站着一个优秀的家长"，这里，我套一句话，觉得也很有道理，"一个松散的教师前面会有一群守不住纪律的学生，一群优秀的学生背后一定站着一个优秀的教师集体"。两个景观建设搞了一个学期了，校园内追逐打闹的现象还是'屡见不鲜'，学生不文明语言还是'口无遮拦'，哪里出错了？制度是好制度，是我们的教师在执行力上出错了！不客气地讲，这一年来，有的教师真的就没有被触动过，也谈不上思想上进步，至少主动积极作为的教书与育人行为没有。所以，新学期，我强调三点：

（1）纪律严明培出学生形象。要深入细致的抓两个景观建设，就从课下十分钟抓起，深到学生的一言一行，从不结伴拉扯着行走要求，力求做到四个凡是，即凡是有追逐现象按违纪登记处理；凡是有打闹倾向的按严重违纪处理；凡是追逐或打闹的，不论室外室内还是课上课下，停课处理，进心理教育室诚勉谈话；凡是打闹有伤害或打架行为发生的，立即强行通知责任学生家长到校，后果有责任学生家长承担并同时停课一天，回家教育处理，第二天返校，必须带有家长签字的保证书，两周内累计三次，劝其转学。就是告诉学生，歧口校园内纪律严！这就是教师在育人上的态度问题，谁不执行或是执行不力，优秀晋级免谈，我不喜欢不作为的教师。

（2）积极作为彰显教师德范。有重施到治理的教师值班制度，就从教师提前到岗治理，值班教师考勤化，反映到考勤机上，这个问题，考勤机管得住。教师的执行力问题，我想了，教师不在岗，属于安全范畴，后勤副校长就主抓教师值班，值班教师和带班领导有事都要和主管领导请假。也就是说，教师不上课，前勤副校长要管的住，教师不值班，后勤副校长更要管得住。请假要扣工资，不上课算缺勤，不值班也算缺勤，与经济挂钩，绩效里算清楚。两位副校长要把自己主管的这两件事情给教师们弄张明白纸，还是那句话，大歧口，重形象，严于律己，这是革命成功的法宝。

（3）干部责任系在班上，安全责任记在天上。中层干部当班主任有些地方提倡，有些校长坚持过，我这里就是提提中层干部干不了班主任，解释得通吗？所以，就有了我把干部责任系在班上，安全责任记在天上的提法。给干班主任能力弱的教师配一名教育干部，学习纪律都有他的份，主要是带出一个好班主任来，带不出好班主任，没办法，班主任自己干。值班也是一样，带班领导，那天有学生问题，自己去解决，对不作为教师先记在本上，算账在班子会上。所以。我也有了解放两位副校长值班的想法，但是前勤有事要让师生找得到你，后勤有事，师生们也得叫得应你。这样带班的干部就不用攀谁了，但副校长的早来晚回就是职内的事了。中层干部要主的硬自己之内的事，教务主教学、政务主纪律，总务主后勤，工作上有想法及时沟通，定的事坚决落实，思想上先服务师生，进步发展重评议。

第三篇：校园文化植深校园才雨露大歧口思想，家长学校教育了家长才滋润红荆条精神

歧口中学的校园文化是什么？就是大歧口思想。也就是 1＋1＋1。围绕教学质量这个1做强教学管理这个1，以人为本，调动每一位教师的工作积极性，引导正面向善的集体意识，努力做优教师幸福的工作生活这个1。歧口中学的红荆条精神体现在哪里？就是教师的教学付出。我这里，给老师们加一条，就是让红荆条精神感动了每一位学生家长，我们的教育才真正是做到"家"了！我们的教学质量这条生命线才会溢彩纷呈，才真会福祉大歧口的乡亲父老了！这就是论点之一：校园文化植深校园才雨露大歧口思想。

（1）大歧口思想在校园里有 5 个表现。一表现是校园环境建设，突出人文，从自己的地域中挖掘，突出整洁，从扫一屋而行天下；一表现是班级文化建设，突出班级个性，从工学小组抓起，让两个景观建设树人；一表现是 15—10—15 的高效课堂，突出课堂的两个软件，抓住教师的讲课提高，瞄准中考，出精品学生；一表现是团结空前，无坚不摧和无往不胜的狼性图腾之精神。这虽是个大地域文化，但可

以考虑狭隘的'爱己主义'教育，表现在歧口中学课堂上就是属于我们自己的校本课程《大歧口》要走精装版、《走进剪纸艺术》要提升教师素养，走金牌剪纸之路、《职业教育》要求朴实求感染，发动与鼓舞相结合、书法和读书课要教师到人，成绩到位；一表现是生生爱校校爱生生的朴素思想和勤奋奋进进取的师生座右铭教育，兴趣小组要出学生明星，学习小组要出集体典型，团队要出有事业价值观的先进个人。

（2）最体现校园红荆条精神的是核心利益教育需要合力。今天，我在校园提核心教育，是我的一个创举，也是个学习的延伸。问教师，教书为了谁？答：学生。问家长，挣钱为了谁？答：孩子。看这两个问题，校园的核心教育利益就很自然说出来了，所以，也就有了我本篇的一个论点：家长学校教育了家长才滋润红荆条精神。教育难教，中学教育更难教。问题出在哪？出在了我们乡村家庭这里。父母溺爱、隔辈顺爱、网络危害、学生在家时间教育真空的失败、家庭教育变成可怜的作业沦陷（一个个的问题，有兴趣可以一个个讲讲的）等，所以，我想到了家长学校的建设，也就是我假前提到的一份作业——最复杂的作业。让老师们根据自己在教学中出现的问题，写一份讲义，讲给学生们听，再讲给家长们听，方法可以借鉴，譬如，专家讲座、校级家长课、班级家长课、优生家长会、待优生家长会、家长学校委员会、教师培训、联系卡、课堂开放日等等，但我就想到了初级办法，一学期，分年级，让有实力的教师或分教研组或分教育干部给家长们讲讲我留的那份复杂作业，就是这个论点的初级授课，教师与家长混个脸熟，我们的教育就能起个事半功倍的作用，对吧？我的有着红荆条精神（顽强、蓬勃、坚守、朴素、奉献）的歧口中学！

最后——写在文后话（我留给我的干部和教师们，还可以是有触动的家长和挚爱教育的人士们。）

第十三篇

还清晰记得的歧口中学教改路

回顾教改，第一阶段，教改的实施阶段，自 2011 年 2 月开学初开始。主要经历了——教改思想之信心的产生——教改方案的制定——教改软环境建设之教研专刊的学习发动——教改实验班的商定——新型教学组织形式之工学的建立——教改带头人的确定——教改课的实验——教改课堂模式与工学方法的建议——教改之各科预习学案的研究开发——教改课的汇报调研等 10 个环节。以上诸环节取得了预期的效果，同时也折腾的团队腹饥背疲，但我和我的教师们没有一个言退，反力则是教改的信念更入心脾——对于教改，我们不选择失败，因为我们时刻准备为成功付出。

第二阶段即教改之课堂教师的表现阶段。2011 年 5 月起，目标是人人都讲教改课；标准是一个课堂模式（15∶10∶15）和两个课上软件（预习学案，课堂检测）以及三级工学指导；具体措施是（1）教改带头人每人每周必讲一节公开课，具体时间安排每周一报教务处。（2）教改班级的其他教师每两周必讲一节教改公开课，具体时间安排隔周一报教务处。（3）非教改班级教师三周必讲一节教改公开课，具体时间报教务处，不能重复使用其他教师的课件。（4）讲课教师备课形成的预习学案、课件、练习题、测试题等，讲课后当天拷贝到校长室电脑上。（5）遇到教研日有公开课，全校干部教师集体大评课。学校周二第五节开放卫星接收室，放优秀教师讲课影像。听课记录记入教师考评。（6）学校周四第五节开放读书活动室，有教育干部轮流组织朗读学习魏书生工作漫谈。学习记录记入教师考评。（7）本周内必须出台各教研组的预习学案蓝本。（8）校长听课，当日每堂课后在校长室集中评课，并定调子，评排优质课。（9）利用教研日开展听课、评课、说课、教学论文、写教学札记比赛。这阶段我们出台了教改课的初级评价标准并评出了教师教改课的等级。

教改的第三阶段：教改课走进每一个教室。自 2011 年 8 月中旬，学校组织全体教师学习了教改材料的合订本。9 月开学后的第二周，教改模式全面展开，261 节次、15∶10∶15 课堂模式、工学小组全部运行，到 2011 年 12 月底。（第三阶段细节：

（1）暑期干部教师集中洗脑。2011年8月12日—8月15日，教育干部到校编撰《对歧口中学教改的具体指导意见（合订本）》，为新学期全面教改制定'纲领性文献'；2011年8月21日—23日，有各中层干部分领学习材料，组织全体教师学习，完成两篇心得作业《如何在教改中提高管理的能力》和《如何使自己的教学行为更符合教改的要求》。（2）9月开学后的第二周，教改模式全面展开，261节次、15：10：15课堂模式、工学小组全部运行，到2011年12月底。其间活动：各班工学小组的建立和组长培训（教务处）——教改中和工学中的班主任培训（政务处）——两个景观建设的宣传和发动（政务处）——教改开始服务前勤的教学物资支持（总务处）——教改带头人教学观摩课（教务处）——教师教改课全员等次评定（教务处）——教改两个软件一体机服务（政务处）——教改U盘补给（总务处）——教改校长解惑《谈教改先期的困惑和对策》——教改教师支持曹艳杰的《工学路上，我们风雨兼程》，张海港的《把爱留住，把学放开》——《月考后的教育反思活动·我的一份与共性问题》——校长的教改鼓舞《歧口中学教师宿舍门前的红荆条》——家乡支持：我们的大歧口牌一体机！——正准备的教改课等次评定奖励——教改课优秀经验总结）我们收获了《歧口中学·课改总结丛书》第一辑，其中有领导的教改总结，也有骨干教师的教改感受，同时我们也评出了教师的教改课等级。

教改的第四阶段：写在教改第四阶段前的话——做睿智的老师，而不是仅有知识的老师。不是要照本宣科，而是要思考，带动学生去思考。学校在发展过程中能不断迈上新台阶，教育教学质量能不断创造新辉煌，就必须有一支优秀的教师队伍。进入2012学年，学校教改进入第四阶段，即加大教研活动投入，以督检促师资提高。目标一：规范教研组工作，通过组织系列以校为本的多种培训以及督检方式，提高教师专业化水平。目标二：加强"教改带头人队伍"建设，发挥骨干的专业引领与示范辐射作用，不断壮大骨干教师队伍。通过加强对中青年教师的培养，提升教师的整体素质。目标三：加强青年教师的培养力度，针对35岁以下教师，加强培养，制定丰富有效的教研组活动计划，在教育教学上给以更多的关心、指导和投入，使教师都能进步，都能胜任工作岗位。主要集中开展了教研组集体备课推荐汇报课活动和全校性的"一课二案"的教学研究活动以及各教研组组织的有效地丰富多彩的学生比赛和大中小型活动；工学小组的班级文化建设试点班建设；各班多媒体联网；建立《教研》和《月考》电子文档；建立班级课堂测试活性电子文档；严格要求了《师生谈心手册》，"三强重奖"——学生单科成绩、总分进入全镇前三名，重奖任课教师，镇统测排名前二的年级的依次奖励；建立七八年级大辅导班基金制度；细解了15—10—15后15分钟的课堂检测要求，并在各个班级建立实施起来，效果明显。

歧口中学的教改——两年下来，主要三条线：第一条线是教学上的班级工学小组建设到 15—10—15 的高效课堂要求；第二条线是管理上的校爱生生生生为校的两个景观建设到教师工作量化分解到各职能室的实施；第三条线意识形态上的区域图腾文化的大歧口思想的形成到勤奋奋进进取的师生的红荆条精神；为此工作的使命感和投入性，有了这个暑期的教师共同行为——《2112—2013 学年歧口中学教学工作新秩序册》——1. 干部集体学习《上任第三年》《谈教育干部的形象提升点》；干部任课意见和职责调整责任状及责任到班思想的统一；（25 日下午）2. 全体教师集体学习《述 2012—2013 学年第一学期工作思路》并完成文后话；（26 日上午）3. 全体教师集体学习《思想自觉·岗位意识·步调一致·总结积累》（26 日下午）、《最简单作业与最复杂作业》完成验收和"我对新学期××学科的教学建议"；（26 日下午）4. 分教研组和年级组具体安排并具体到教师负责整理预习学案、课堂检测的系统化、电子化、并整理成内部资料，争取版权与发行；（27 日—30 日）5. 教师量化结果的汇总与期末师生各项奖惩发布；（28 日）6. 班级文化布置及班主任培训建设与干部责任挂钩的具体方案、工学小组建设、班级文化布置、干部责任到班的责任状签订；（29 日—30 日）7. 教务处：15—10—15 中八年级前 15 和七年级中 10 的高效课堂细则与培训策划以及九年级的精品教育与职业教育的早部署，大辅导班辅导效果跟踪办法；政务处：细纪律和治面貌的重措施实施办法和班主任与干部责任挂钩的培训以及新生入学教育活动；总务处：财务一支笔与财务管理月报的严格统一和新学期的各项后勤准备到位以及校服征订。（30 日—31 日）在开学后的 2012 年的 9 月 4 日，我们全体干部教师集体学习《2012—2013 学年教学新秩序执行册》也就是教务处、政务处和总务处的新学期工作布置会。干部职责调整及与干部签订责任状——中层干部与班主任签订责任状——上学期几个教学误区分析（玉来）——毕业班精品教育计划（玉来）——《预习学案》电子档建设要求（玉来）——"15—10—15 高效课堂"中 10 课堂讲解的教学要求（重深度，看教师功力）（树东）——七八年级大辅导班辅导效果跟踪办法（刘树东）——"15—10—15 高效课堂"前 15 预习辅导的教学要求（重程序，认学生活动）（广艳）——班级工学小组建设（广艳）——校本课程、预习学案再上新台阶办法（广艳）——班级文化布置（金镇）——两个景观建设之细纪律和治面貌重奖惩实施办法（金镇）——班主任上学习课制度（金镇）——心理咨询室制度——职业教育在中学制度（国峰）——兴趣小组、团队建设再上新台阶办法（国峰）——教师值班制度再说明（白骏）——歧口中学各室安全卫生管理责任表（白骏）——新生统一校服要求（宋云江）——水、电、通讯、电子办公、公物保管维修等责任要求（宋云江）上学期教师量化结果的汇总与期末师生各项奖惩发布（各职能室负责人）。所以，今天，这学期（从 2012 年的 10 月开始）进入教改的第五阶段，本学期，学校教改开始实施第五阶段——即教改之干部、教研组长、骨干教师的教改课汇报和全员教师的教改课、非教改课课堂教学评定阶段。

一、目标与标准

总体目标：实现课堂教学的一个课堂模式（15：10：15）、两个课上软件（预习学案，课堂检测）和三级工学指导。

具体标准：八年级的前 15 的预习辅导细化评定；七年级中 10 课堂十分钟讲解功力；"工学"课堂的评价标准（高级）；工学小组建设班级评比；

二、措施步骤

1. 教改骨干教师教改展示课。

2. 教育干部的教改理解课。

3. 教研组长的教改汇报课。

4. 七、八年级高效课堂的细化标准的学习和评比。

5. 全员教师的教改课、非教改课的评定。

6. 歧口中学"15—10—15"高效课堂模式的形成。

7. 预习学案、课堂检测的电子档案库建设及工学小组成果汇报。

三、评价

1. 对教改课中成绩优秀的干部、教研组长、骨干教师教师、教师设立"校长特别奖"。（一定形式的奖励）

2. 教务处牵头组织优秀干部教师外出学习机会。

3. 经常不参加活动，不及时完成学校布置的工作，造成影响的干部教师，校长对其诫勉谈话。

四、以上方案的执行由教务处具体安排时间。

第十四篇

寓红荆条精神于办学理念和发展规划之中

歧口中学的特色办学——就特色学校建设，我在两年前抛出的"红荆条精神"想法，前两天被中心学校领导提醒，我立即眼前一亮，就把它定为我校的特色办学。红荆条精神的提法，不是一时心血来潮，在这之前我也思考过。我校前面一段时间将特色学校建设定为"剪纸教育"，这个不是特色，是一门校本课程，对于校园来讲，它没有深厚的积淀，显得单薄。我认为歧口中学一所有四百多学生的较具规模的中学，学校的德育、教学、社会活动等方方面面的工作都要在学校特色理念的引领下，开创新的局面。而剪纸教育作为特色理念显然无法统领学校的各项工作。我想到学校两年来常提到的红荆条精神的理念，在我校有了一定的基础。这个"红荆条精神"词汇，让人想到顽强、蓬勃、朴素、坚守、奉献等美好的东西，把红荆条精神提炼出来作为教育理念一定可以从中派生出很多的东西。我网上查过几所学校的特色"口号"——重庆某小学以国际象棋为特色项目起步建设特色学校，逐渐发展，提炼出"走好每一步"这一特色理念；重庆红岩小学依托红色文化，提炼出"红梅花儿开，朵朵放光彩"的特色学校理念；广东肇庆百花园小学提出"赏花之韵，学花之品"的特色学校建设理念；桃源小学的特色理念是"快乐种子教育"……所有比较好的特色学校理念是应该具有较强的包容性的，能涵盖学校的方方面面的工作，能随着学校发展，不断往里面增添新的内涵。在我抛出红荆条精神观点，引起了比较积极的反响。后来一个学期的时间里，好像师生们比较认可。要搞教育，要想提出一个别人从来没有提及，纯粹的原创而且能叫得响理念（口号），这理念又得符合教育的规律，实在是一件很难的事情，或许"理念本天成，妙手偶得之"，我认为"红荆条精神"就是几代歧口中学教育人磨砺出来的，现在把它提炼出来就是最佳机缘。特色的定义是人无我有。但要独树一帜，要创新，一所学校的特色建设理念，不是非得挖空心思去"琢磨"出一个与众不同的玩意，而是要看学校在办学中真正秉承的理念，主要以这所学校的灵魂——校长的办学思想，在同样的大的理念框架下，给自己的学校一样可以具体地有创新的做法，形成自己的教育思想。今天歧口中学的红荆条精神的办学思想，就总结了全体教职工共同的愿景、理想，原创出来的一个特色理念，这样的理念是很坚韧的。

我们的红荆条精神的特色，符合了时代发展和大歧口思想特点的办学思想和目标，我们踏踏实实地去做这样的教育，能让学校获得实实在在的发展，能让学生取得好的学习成绩，为大歧口的教育明天争得浓重的一抹亮彩，就算是功德无量了。

创建"红荆条精神"特色学校活动方案

"各校要办出自己的特色"，是《中国教育改革和发展纲要》提出的明确要求，"特色学校"是增强学校核心竞争力的重要途径。创建特色学校是基础教育改革的一个基本要求，是一所学校的立身之本。学校只有根据自己所处的环境、发展的历史、办学的方式来进行办学，才会有生机，才会培养出有个性的创新人才。特色学校是学校长期文化积淀的一种外在表现，是一所学校办学水平的重要标志。为推进课程改革，深化素质教育，实现学校教育教学的可持续的发展，学校必须走特色之路。

一、指导思想

认真贯彻落实《中国教育改革和发展纲要》和国家"三级"课程指示精神，以国家及地方制定的课程纲要的基本精神为指导，依据学校自身的性质、特点、条件以及可利用和开发的资源，由学校教师自主、独立或与校外团体或个人合作开展的，旨在满足本校所有学生学习需求的一切形式的课程，是一个持续和动态的课程。校本课程在实施国家课程、地方课程的前提下，在明晰了学校自己的办学宗旨、育人目标情况下，通过对本校学生的需求进行科学评估，并充分利用地域和学校的课程资源进行开发的、多样性的、可供学生选择的课程，针对地区、学校、教师、学生差异性，着眼于尽量满足学生的个性发展需要，也有利于满足教师自身的专业发展需要，能与国家课程、地方课程整合起补充的课程。为此，我校针对学生实际，面向全体学生，挖掘潜能，培育个性，发展特长，激励创新。为培养学生终身受益、良好的生活技能奠基，为创办人民满意学校特制定此方案。

二、总体目标

建设符合渔区发展的特色学校，创办人民满意学校。我们将分为"特色项目、学校特色、特色学校"三步推进。

1. 所谓特色项目，是指学校形成的单项性特色，这是特色建设的初级阶段。

2. 所谓学校特色，是指学校经过单项特色的拓展，形成鲜明的办学风格，这是特色建设的中级阶段。

3. 所谓特色学校，是指在学校形成鲜明的办学风格、学生学有特长的基础上，将其拓展成学校的办学个性，成为全面深化教育改革，提高教育质量的有效载体，这是特色建设的高级阶段。

　　创建特色学校的过程，是对现代教育理论的实践过程，也是对学校自我再认识、再提高的过程。我们时时要求自己，根据学校自身的实际情况，从学校传统的积淀中定位特色建设的新起点，寻求适合本校发展的新优势。

　　三、活动内容

　　本着"校校有特色，人人有特长"的教育理念，着眼于社会的需求，挖掘本校的潜力与特长，重视学生的"个性""灵性""人性""人格"。立足"以生为本"，优化学校整体育人功能，突出创新、力争做到教师教书育人有特点、学生全面发展有特长。结合学生的"才、情、趣"和学校实际，教师资源的开发，进行学校特色的有效开发。歧口中学开展以符合渔区教育特点的"红荆条精神"建设为主题，打造特色学校。

　　（一）学生剪纸技能教育：依托《走进剪纸艺术》校本课程，开展渤海渔区剪纸教学，进一步研究和发掘渤海渔区剪纸艺术的历史传承、文化内涵及衍生价值，发扬壮大渤海渔区剪纸艺术。创建浪花剪纸室。

　　（二）"乡土文化"教育：依托《大歧口》校本课程，开展大歧口人文教学，积蓄地方文化底蕴，弘扬朴素实在的渔区人品格。组建教师渔鼓文艺队。

　　（三）创办校本艺术小组：体育活动小组、象棋、书法、绘画小组等。

　　（四）红荆条精神校园文化建设：1. 红荆条精神学习文选（经过多少潮起潮落看过多少日落日出，在这离海最近的地方，用奈卤的性格装扮荒芜。没有花的味道，没有树的魁梧，原来其貌不扬也可将大海征服。一到夏天它们就学着浪花，在盐碱滩地起舞，熟悉它的我知道，它们在以超越荒凉的境界，对抗这贫瘠盐碱的地方的孤独，总是用古老的歌谣，唱尽这数不尽的沉浮。红荆条呵！大海正用独有的热情，将你的精神颂读。就是喜欢和盐碱作伴，也曾做过规劝还是执意自己的追求，说是在盐碱能找到生命的浩瀚，是不忍盐碱的荒凉，再添绿色的画面，还是怕自己的芬芳，影响了四季的浪漫？你总是微笑不答，把头伸向蔚蓝。这倔强的性格啊，多少年都没有改变，就是秋天的回归，也走在最后的视线。那最后的粉红，不就是它吗？这无私奉献咋还羞红了脸？）（用瘦骨嶙峋的身躯，托起绿色的希望，面对着风大雨急，雾浓雪狂，心中是一个永不改变的信念，无论发生什么变故，不认输，这就是冀北常见的植物，红荆条。用绿色的信念，挑战盐碱荒滩，用不屈的生命力，在黄土地上蔓延，趁着凛冽的寒风，是它，昭示着春天。）（细想起来，我爱红荆条的根本原因在于它生长在了我所热爱的那片土地上，它生长在了我所爱的那群父老乡亲之中，也是因为在我孕育感情享受亲情时它参与了太多太多的缘故吧。不管怎么说，它就是我所热爱的故乡的标志物。我觉得它就像故乡父老乡亲的品格——朴实无华、默默奉献，在人们需要时献身、燃烧。我有好几个网名，最喜欢的就是"红荆条"。有这样一段说明：点缀着渤海边的风景，描绘着大洼的风采，故乡的赤子，不倦的乡魂；虽不金贵但却顽强蓬勃，无人赞颂却也铮铮铁骨，在阳光雨露中那一片粉红色的霞光也温温地透着无尽的柔肠！借物喻人吧，虽然对它描述得过于简单了，但熟悉它的人尽会感知它那平凡而坚实的品格。我不奢望做雄鹰冲入云霄，也不敢比青松让人人景仰，我只希望如它一样做一个普普通通且不失气节情义的人。红荆条的生长是静静的，它的生存要求是那么朴素和简单，只要有片土，不管是肥沃还是贫瘠，它都会茁壮地成长，默默地奉献。不管是风吹雨打，牛啃人摧，它总是执着地奉献着美丽，贡献着财富。不管是出门在外还是留守故乡的父老兄弟，都是这块土地上具有着黄骅人特有的真挚侠义和具有红荆条品格的汉子，只不过我们被"移植了"，而故乡的父老兄弟们——是他们仍坚守着这块我们祖祖辈辈繁衍生息的故土，为我们这些漂泊异乡的游子守护建设着我们这个共同的家园。我祝福你红荆条：祝你永远蓬勃秀美，替我永远陪伴报答我敬爱的父老乡亲们。） 2. 彰显特色校园文化：在创建特色的过程中，我校将注重建设一种能体现学校特色目标的校园文化环境。做到学校的校训、校牌、墙饰、雕塑、花池等体现特色，宣传橱窗、校报、校园网络等宣传特色，多样化地烘托学校特色，教育教学各个环节渗透特色，着力营造一种浓郁、厚实、内涵丰富的育人特色氛围。

四、学校特色建设的措施

（一）切实加强学校特色建设的领导

学校将把特色建设提到重要议事日程，列入学校年工作计划，建立校长总负责，具体工作落实到人的"双目标"管理体制，并在人力、物力上给予充分保证，逐步形成一套能保障学校特色建设顺利、深入、持久有效管理机制。此外，要做好特色发展的宣传工作，让师生、家长及社会各界了解学校特色建设的领域和意义，促使他们关心、支持参与学校特色建设，不断扩大特色建设的影响力和覆盖面，形成合力兴特色、全员办特色的良好氛围。

1. 措施：

（1）建立健全领导小组。

（2）校长亲自挂帅，靠前指挥；明确分工，把责任落实到人头。

（3）由各年级组有目的、有计划、有组织地通过多种活动项目和活动方式，开展多种活动内容的课程；强调学生通过实践活动，发展综合运用知识的能力，增进学校与社会的密切联系，培养学生的社会责任感。使学生生动、活泼、主动地得到全面和谐的发展。

（4）完善活动评价体系：制定相应的评估细则。

（5）开展符合学生年龄特点、切合学生实际的各种比武、竞赛等活动并及时表彰奖励。

（6）认真总结，形成特色材料。

2. 步骤

第一阶段：2012 年 10 月至 2012 年 12 月，以红荆条精神特色项目的开发和选择为重点，发动教师、学生学习文选，与此同时进行特色项目尝试，开展几样文化活动。编写特色教育教案。

第二阶段：2013 年 1 月至 2013 年 2 月，在巩固提高红荆条精神特色项目的基础上转为以学校特色建设为重点，同时认真总结形成经验材料。

第三阶段：2013 年 4 月至 2013 年 5 月，在巩固提高特色项目、学校特色的基础上，逐步摸索创建特色学校建设新途径，深化素质教育，走出符合渔区实际发展教育的路子。

第四阶段：2013 年 6 月至 7 月，总结、表彰、撰写经验、形成特色学校、经验交流、相互学习相互借鉴，达到资源共享共同发展。

（二）建立特色建设的师资培训体系

1. 理论培训。思想是行动的先导，而特色建设是一个创新、实践、积淀、循环往复的发展过程，因为，师资队伍的建设事关特色发展的内涵，因此，首先，我们要加强对全体教师的理论学习，学校将通过报刊、网络等途径，指导教师学习有关特色建设的理论，用于指导工作实践，通过特色建设，外树形象，内聚人心。

2. 技能培训。学校要办出特色，师资队伍是关键。我们将以先进、独特的办学思想为目标，以特色建设为指向，着手建立一个行之有效的校本培训体系，通过校本培训提高所有教师的素质，借助社会力量（校园剪纸、大歧口文化、渤海渔鼓）弥补特色建设师资不足的问题。通过一年的专业培训，强化教师对特色建设的理论、技能的认识，促使教师落实特色建设的具体行动，从而培养和造就一支观念新、素质高、有个性、能创新的特色建设发展的师资队伍。

3. 加强科研。特色兴校，科研领先。我们将在教师中广泛宣传科研对学校特色建设的重要性，促使人人为创建特色学校献计献策；健全科研网络，把加强学校特色建设作为学校科研工作核心动力，使每位教师都为特色建设尽职尽责；加大科研力度；建立以特色建设为主题的科研制度；深入研究学校的历史传统、现实状况、发展前景、社会需要及特色建设的具体对策；尤其加强在心理素质方面、学生的非智力能力、意志品质的锻炼和培养上进行有效性研究，从而让学生通过参加多种有效活动的锻炼，提高学生身体素质和心理素质。

五、经费保障

特色建设是我校教育再发展的需要，我们将加大经费投入。1. 校园文化建设的投入；2. 实施特色发展科研奖励。对创建特色中成绩突出的教师给予精神和物质的双重奖励；3. 对相关教师的奖励。对培养并输送特色生重奖。

六、有关提示

在创建特色学校过程中，处理好规范与特色的关系、稳定与创新的关系，要在精心策划、运用资源、建设队伍，创出特色等环节上，根据自身特点进行论证。创建特色学校是教育系统一项整体性的发展战略，实现学校的特色创建是对学校教育教学整体改革的优化设计，具有长期性和系统性。通过此项工程，我们要在学校内部创设有利于学生个性多样化发展的教育环境，实现学生的特色化发展，形成自己独特的、与众不同的办学风格与学校个性。

第十五篇

和老师们谈学优生的培养

和大家谈对学优生培养的认识，心里确有些惶恐也有些遗憾，我实在没多少优秀的学生可以夸口的，说有几个，那也是自身综合素质很全面，有天分的。我们校园中就有很多比我有经验的老师。就目前教学环境，我和我的有志的想作为的青年教师们谈谈对学优生培养的措施及方法。

一、发现挖掘学优生，建立学优生学习成长跟踪档案

在聪明的学生中发现"好苗子"。一定要发现苗子，并暗下决心好好关注和培养这几个不错的"好苗子"。想他们能考全镇第一、全市第几。初一到初三，每次考试后对学优生，均要进行每科总体情况的分析，特别进入初三，每次月考调考后，针对其在班级质量分析会上作重点专题分析，各科老师共商培养策略，制定目标计划。同时，对学优生成长中遇到的挫折进行必要的挫折教育。等他们稍稍平静之后，叫到办公室，谈很多对他们挫折的教育，告诉其人必须经历各种失败的考验，学会在失败中吸取教训，找到改进的方法，磨炼意志，最终才能获得更大的成功。事实证明这次考试中的挫折教育对以后的各种考试，包括大考都起到了极大的正面作用。

二、注重对学优生加强日常行为、学习的管理，以成功教育为动力，立足方法为主导的工作

优等生在日常学习和生活中相对有优越感，有时自以为是、飘飘然，容不得别人超越自己，听不得反对意见。有的学生不可避免也表现出这样一些苗头，一开始我们就不要因为其成绩好而忽视对其的思想、行为教育。对学习中的不良现象我们都要及时进行批评和说服教育，甚至可以借机采取了特别的"惩罚"，并配合软硬兼施的措施，使其对老师的批评意见最终能诚恳接受，这就是"亲其师，信其道"的。

在思想上，应让学优生树立远大的志向，明确方向，根据不同时期制定不同的目标，使他们一步一个台阶、脚踏实地、不骄不躁、高标准要求自己，奋斗不止。根据射箭原理，初三后，教师就要在教室后制定一张表格，记录着每名学生每次考试目标、结果情况。要不论考试的结果好坏制定目标都是班上前列，最终实现中考目标。正是这种坚定的目标和信念支撑着我们的学优生克服一次次的困难，最终走向胜利。

在学习方法和能力培养方面。学习习惯和方法能力的养成，还是和老师指导密不可分的。如集错的习惯，告诉他们集错的好处：可集累很多模型，熟能生巧；培养举一反三的能力，更是将来初三复习最好的资料。让他们慢慢体会到集错的好处，初一到初三，集累几大本典型题，各科的错题集成了初三复习的"法宝"之一，通过集错，夯实他们各科的基础。我想，这也是学优生解题快又准的诀窍。另外，在老师的指导下，每次考试不管完成如何，都要抽时间检查的习惯。花约 10 分钟时间进行检查，确保会做的题几乎 100% 的得分率，这种能力也许是学优生考取高分的又一"法宝"。另外每次重要考试之后，引导学优生进行思想小结，反思或写小论文的形式，我觉得他们的心态、应考技巧、策略、下一步的目标、改进的措施和方法，也会起到重要作用的。既培养了他们自我管理、自我调节，也进一步激发了学习的原动力。好学生的过硬的心理素质，沉着应考的特点，就是得益于这种长期反思小结的结果。

三、充分利用教育资源，开展个性化辅导，扩大知识面

后期针对学优生的培优工作，也有好多的收获。在这点上，我觉得包班干部的蹲点包班，要花很多心血，特别在学优生的培养上，干部要想办法。后期冲刺阶段，班主任结合包班干部要安排部分老师对学优生进行培优辅导，使他们有机会接触很多我们的敬业的教师，这些优秀教师的集体智慧，集大家之所长，就能开拓他们视野，丰富他们知识，才会有我们学优生的最后成功！

四、创设相对宽松、竞争的环境，建立互帮互助的学习氛围

有意识尝试安排学优生聚群学习，培养造就一个小尖子生群体，形成优生优培的良好氛围，形成比学赶超的学习圈。如甲同学某物理好，让乙同学从他身上学习到很多物理思维的方法；丙同学特别勤奋，安排与丁同学同桌，让丁同学始终体验到一种竞争的氛围；诸如此法，就是让学优生们从不同的学生身上学习了很多从老师那学习不到的对不同学科的好方法，好思维，从而进一步夯实自己的基础，提升各科的学习能力。另外，后期对作业的处理上，各科老师可以采取灵活宽松的策略，让学优生自己根据情况灵活处理，同时根据他们的需要提供单独的作业或资料、信息卷等并作单独辅导。这对学优生的复习备考起着很大的作用。

五、发挥以班主任为核心的教育团队功能

班主任要协调好各科老师，做到齐心协力、齐抓共管，重点跟踪学优生，与之谈心辅导。使他们从不同年龄、不同性格老师身上收获对学习、生活、思想上的认识，更进一步调节、激发提升他们各科学习动力。特别是备考后期，各科老师针对学优生各自的学科特点，强调重细节、重过程的意识；纠正其不良的审题读题习惯；

解决粗心大意出错的问题；提高书写质量和规范，注意解题速度，学会分配做题时间；培养其冷静思考，沉着应考的良好心理素质，遇到容易题不大意，遇到难题不紧张的心理等注意事项。这对他们中考中近乎零失误的发挥起到重要的作用。

六、努力做好对学优生的后期思想、学习、生活等服务工作

学优生品学兼优，不一定心理健康，学生反而更容易情绪压抑。在考前冲刺关键时刻，家庭或某事件都会影响学优生的学习，我们要始终保持和学优生家庭的通讯联络，做到一周至少通话一次，密切关注他们这段时间学习、生活、思想的变化。同时，冲刺的这段时间，我们更要十分注重对学优生的减压工作，特别是后来4.5月份，有些学优生会出现疲劳现象，连续几次调考也不十分尽人意。面对这种情况，我们要及时调整策略，必须对他们减压谈话，通过减压使他们调整心态，认识自己只要认真备考，积极准备就行，相信机会总给有准备的人。另外，在生活上，我们也要适时通知家长给他们提供营养丰富的早餐和晚餐，意在注意他们后期的营养和身体。这一做法，也没必要过多地对尖子生特别的照顾，那样无疑会增加他们的心理负担。另外后期，我们还要经常鼓励他们参加体育锻炼，可以在操场上跑步。这除了增强学生的体质，更重要的一点，体育锻炼对学优生也是一种很好的自我调节、发泄的方式。

七、特别关注中考中对学优生的生活、思想服务工作

考前注重睡眠休息的指导。每年中考有很多学生因为改变作息睡眠环境而失眠，造成第二天考试中发挥失利。我们要多对他们强调和往常作息时间差不多就行，不要太早入睡。中考那几天，要保持睡眠很好，第二天精神状况甚至比以往还好，这也能使我们的学优生在中考中正常发挥的又一原因。

另外，考试过程中密切私下关注学优生的考试状况。第一天考完后，不要直接问他们考试情况，对自己感觉考得不太好学优生，用几句开心的或吉利的话，确保不影响他们第二天的考试发挥就行。

今年，我们的毕业班，是见证教改成效的，没有好的嘴替我们说赞美的话，竞赛出好成绩，中考多出几个黄中生就是小喇叭！

为歧口中学争得荣誉，就是我和你们多方面努力的结果！

老师，感激你们！你们是歧口中学的英雄！

第十六篇

精致做工，实在为学，处处提升学校声誉

明媚五一后，身心欣然投，不浮不躁，戒骄戒躁，精致做工，实在为学，除了酒气，舍了烟愁，健康生活学习工作质量一天天！

——题记

2011 年五一节，我们通过教改和各项努力，学校发生了巨大变化。老师们说，歧口中学的新时代到来了；我说，我的教学思路的又一个转折点也终于来了，就是教改要细节于培训师生的教与学，如何加强工学小组的实效性，在课堂、预习课、自习课，以及辅导上如何教如何训练学生。我理解的衡水中学的功夫，就在于强化训练学生和提高教师素质。

一、下重力，加大学校管理奖惩力度

学校的面貌，一是求的样子新了，二是求师生的精神状态新了。二者兼顾，我对后者是一向积极推崇的，所以，我早有了新的谋划。1. 校园面貌新（白骏、宋云江）。2. 学生风气新（谢金镇、王国峰）。3. 教师状态新（吴玉来）。4. 干部管理新（王金湖）。5. 261 节次和 123 高效课堂继续求新（刘树东、张广艳）。

二、细规范，严明学校各个角落的制度

师生的思想只有达到了"学校纪律，我要更加严格要求自己"才是创建一所名校的精神基础。目前情况，就是严肃教风和学风，我想到了几点：1. 学生纪律细中严（政务处）。2. 两个景观细中严（政务处）。3. 财务管理细中严（总务处）4. 教师职业行为细中严（教务处）。

三、用物态文化，浸润师生心灵，建校园品牌

我理解的学校文化是教育部门要求下的校园文化建设和学校办学核心的价值观以及学校个性特色建设相融合的三位一体。它是校园自身内的文化传统、学风教风、人际关系、心理氛围等在师生中认同并积极遵循的精神文化的理念。我的思想不深，

咱就实际了我的校园物态文化思想的好，做如下工作准备——践行和融的管理文化。歧口中学以创建渔区一流初级中学为动力，深入实施管理体制改革，狠抓学校管理的科学化、民主化、细节化和人文化，才能全面、有效、促进、提升办学水平。

1. 分工明，责任清，量化分解，追求管理的民主、科学、人本、细致。在学校，校长是决策层，负责学校重大事务的决策；副校长和中层干部是管理层，负责具体事务的管理；教师是操作层，负责具体工作。只有校园系统组织各司其职，各负其责，组织内部上传下达的都按照组织的层次依次进行，才能保障教学秩序的良好运行，也就实现了真正意义上的"有所为有所不为"，做到上下沟通，互相支持，教师面前保持一致，学校管理中的各项措施在实践中才得以落实。这是制度文化建设。

2. 精神文化的建设。学校的精神文化表现在校园外部就是大力营造氛围，发挥文化陶冶功能。（1）硬件建设上品位。在每间教室配备多媒体教学设备的基础上，加大学校网络建设，从校园区域网开始，争取办公微机化；（2）办公环境怡养性情。先从办公室开始，要求盆景盈绿，从间间绿意和悠悠草色中力求审美和教育功能的和谐；再从打造新的特色校园环境上下功夫。（3）以活动促教改，打造新的活动品牌。从学校兴趣小组、班级文化建设、工学小组活动、教研组活动、团队活动入手，百家争鸣，花之开放，一芭一枝也是我之所求。学校的精神文化的另一层面就是育人之路的铺筑。（1）丰富生命体验，要师生快乐学习。丰富教职工的生活，今年，外出学习机会不拦，工会活动支持，集体公益出力，教研活动积极投入，团队和兴趣小组活动设奖，结合"两个景观建设"加深学生与生活以及社会的联系；（2）润泽校园土壤，让教师幸福工作。学校倡导和谐环境，让每个人在各自的岗位上都干得舒心、干的顺心、人人思想进取、事事争一流，形成风正、气顺、心齐的和谐氛围。

3. 大歧口教育。说实话，信心真的是师生给我的，换句话说，是他们的干劲和优秀的职业素质，给我了信心，要我一如既往地投入工作中。我是反对某些中学的量化的，那是对教师、干部的施重和加压，我不想用它，它也不是我追求的办学思想。所以，在这里，我非常有必要和老师们谈谈我的初衷：（1）让干部们快乐工作，快速成长。就是让干部会干工作，让教师看到会干工作的干部，使干部们踏实工作并在不断地创新工作进步发展。（2）让教师们正确评价干部，快乐教书。一方面是让各职能部门动起来，让干部们执行工作有据有章，职权分明，责任清晰；一方面是让干部的工作得到教师的正确评价，得到教师正确的认可，它不是校园机器，它是校园平等的准则，教师要遵守，干部更应该自觉做到；还有一个思考，我想的是集体荣誉，即大歧口教育，我问自己，什么是大歧口教育？怎样让人们以及社会上爱提起耳目一新的大歧口思想？我认为大歧口教育首先是歧口中学的教育，再就是渔区一流的教育，第三必须是个品牌教育。歧口中学的教育、渔区一流的教育我们基本做到了，今年的九年级就是品牌教育的机会！我给干部们讲，教学成绩是个一，内部管理更是个一，这个 1 + 1，不能全部解释大歧口教育，少一个"1"，就是教师在大歧口教育里感受到幸福快乐的工作，它是个最一。所以，从今天开始，我明确我的大歧口教育思想，就是一个公式：1 + 1 + 1 = 大歧口教育，内涵有二，一个表面，即东高头 + 西高头 + 歧口 = 大歧口，另一个内涵是真髓，即教学质量是个一，内部管理是个更一，幸福的生活学习是个最一！

四、寓红荆条精神于办学理念和发展规划之中

红荆条精神的提法，不是一时心血来潮，在这之前我也思考过。我校前面一段时间将特色学校建设定为"剪纸教育"，这个不是特色，是一门校本课程，对于校园来讲，它没有深厚的积淀，显得单薄。我认为歧口中学作为一所有四百多学生的较有规模的中学，学校的德育、教学、社会活动等方方面面的工作都要在学校特色理念的引领下，开创新的局面。而剪纸教育作为特色理念显然无法统领学校的各项工作。我想到学校两年来常提到的红荆条精神的理念，在我校有了一定的基础。这个"红荆条精神"词汇，让人想到顽强、蓬勃、朴素、坚守、奉献等美好的东西，把红荆条精神提炼出来作为教育理念一定可以从中派生出很多的东西。我认为"红荆条精神"就是几代歧口中学教育人磨砺出来的，现在把它提炼出来就是最佳机缘。特色的定义是人无我有。但要独树一帜，要创新，一所学校的特色建设理念，不是非得挖空心思去"琢磨"出一个与众不同的玩意，而是要看学校在办学中真正秉承的理念，主要以这所学校的灵魂——校长的办学思想，在同样的大的理念框架下，给自己的学校一样可以具体地有创新的做法，形成自己的教育思想。今天歧口中学的红荆条精神的办学思想，就总结了全体教职工共同的愿景、理想，原创出来的一个特色理念，这样的理念是很坚韧的。我们的红荆条精神的特色，符合了时代发展和大歧口思想特点的办学思想和目标，我们踏踏实实地去做这样的教育，能让学校获得实实在在的发展，能让学生取得好的学习成绩，为大歧口的教育明天争得浓重的一抹亮彩，就算是功德无量了！

附文：

下重力，加大学校管理奖惩力度
细规范，严明学校各个角落的制度

学生纪律 55 条（结合学生量化管理制度，严肃实施）

一、课堂纪律

1. 预备铃响，有序进教室就座，做好上课的一切准备。不迟到、不早退、不旷课，值日生要擦好黑板和讲台。

2. 上课铃响，值周生喊起立后，迅速起立向老师问好表示敬意，待老师还礼后方能坐下。

3. 上课铃响后进教室要先向老师喊"报告"，经老师允许后才能进入教室。

4. 上课要做到：认真听讲，认真记笔记，认真思考，认真回答问题，认真做好课堂练习。不搞小动作，不看与上课无关的书籍。

5. 坐姿端正，不下座位，不东倒西歪，不伏在桌子上，不打瞌睡。

6. 保持课堂整洁，讲究文明礼貌。上课时不准吃东西，不乱丢果皮、纸屑等杂物，更不能向窗外扔。不准赤脚、赤膊、穿拖鞋和背心、短裤衩上课，不准私自动用教室里的电脑及视频设备。

7. 课堂上若有偶发事件，应服从老师处理。不准借故起哄取闹，顶撞老师，影响正常教学秩序。

8. 下课铃响，老师宣布下课后，值周生再次喊起立向老师表示敬意，待老师还礼后，走出教室，学生方能离开座位走动。

9. 自习课要保持安静，不准随便走动，不准妨碍别人，不做与学习无关的事。

二、卫生纪律

10. 坚决服从卫生委员和值日学生干部的管理。

11. 按时清扫、整理卫生区。

12. 卫生值日，不准在室外跑动，不准在室内串动，更不准说粗痞话，保持安静。

13. 轮流值日，搞好班级及管理区卫生。每天安排组打扫、整理，保持整洁，不准吃零食，乱放乱弃等生活用具，不乱丢脏物，不乱倒污水，严惩口香糖乱吐行为。

14. 教室定时落锁，落锁时间不准入内，教室内不得留宿外人，节假日按学校要求离校。

15. 注意安全，严防事故，防雨防风，节约公物。

三、仪表纪律

16. 仪表基本要求：朴素、大方、得体、符合中学生身份。

17. 男女生均不许将头发染成除黑色以外的其他颜色。

18. 女生头发不披肩、前额上方不戴花卡。男生不许留长发。（后脑头发不过领口，两侧头发不盖耳朵）

19. 女生不化妆，不戴耳环、耳钉、项链、手镯，男女生均不戴护身符。

20. 衣着符合中学生身份，提倡穿校服。夏天女生不穿无袖上衣和露腰的短上衣，不许穿超短裙。男生不许穿背心。

21. 腰间皮带上不许有饰品（绳结、画片等），不带手机入校。

22. 女生不穿高跟鞋、松糕鞋，男女生提倡穿运动鞋，不许穿拖鞋入校。

四、做操纪律

23. 每天都要按时参加课间操、眼保健操和课外体育活动。

24. 出操整队要迅速，列队要整齐，精神要振作，动作要准确，口号要洪亮。

25. 出操时服装要整齐，不打赤脚，不穿拖鞋。

五、放学纪律

26. 放学前，值日生要把教室和卫生区打扫干净，离校前关好门窗，做好交接工作。

27. 出入门口不得拥挤，严防事故，放学后及时回家，不得在外逗留超20分钟。

28. 在放学回家路上要遵守交通秩序，注意安全，靠马路右边行走，不追跑玩耍，不搂抱横行、阻塞交通。

29. 在公共场所，要自学维护公共秩序，遵纪守法，尊老爱幼，助人为乐，见义勇为，敢于同不良风气、坏人坏事作斗争。

六、集会纪律

30. 按时整队，集体进会场，按指定地点就座。

31. 遵守会场纪律，不迟到早退，不交头接耳，不看书报，不搞小动作，专心听讲。

32. 重要报告，要认真记笔记。

33. 会议期间因故离开会场时，要请假。

34. 散会时，依次离场。不要把废纸等弃物丢在会场。

七、其他纪律

35. 严禁打牌赌博钱、不假外出。

36. 严禁公开顶撞老师，扰乱课堂教学秩序。

37. 严禁学生打架斗殴，带刀具、敲诈勒索、偷摸扒窃。

38. 严禁吸烟，谈情说爱，考试舞弊。

39. 严禁乱丢乱扔，污染环境；不准院内骑车。

40. 严禁染发、留怪发，严禁戴耳环，穿奇装异服、背心、拖鞋等进教室上课。

41. 凡上课学生，未经请假，不准与外面人联系；严禁爬墙外出或冲撞门卫外出。

42. 禁止在校内使用手机和MP3。

八、两个景观建设部分

（一）礼貌要求

43. 坐、立、行走、读书、写字姿势要端正。

44. 言行举止文明，不说脏话、粗话，不说别人短处，不起、不叫别人绰号，不打架斗殴，不赌博。

45. 不看不健康的书刊、录像，不听、不唱不健康的歌曲，不上网查阅不健康的资料。

46. 使用礼貌用语，讲话注意场合，态度和蔼；校内遇到师长或客人，应主动上前打招呼（问好），须帮助的应热情予以帮助；回答师长问话要起立，要态度谦虚；接受递送物品时要起立并用双手；给老师提意见要态度诚恳。

47. 同学之间要团结互助，正常交往，不逞强，不欺侮同学，发生矛盾应多作自我批评，学会容忍，懂得沟通。

48. 未经允许不进入别的班级，不动用他人物品，不拆看他人信件，不使用他人物品。

49. 不随意打断别人讲话，不打扰他人学习、工作和休息、妨碍别人要道歉。

50. 要尊重师长的教导，应服从管理；对长辈有意见或受误解，应礼貌提出，不闹脾气、不顶撞。

（二）下课纪律

51. 自觉遵守班级管理制度，服从值班教师和学生会团队执勤学生的管理。

52. 适时大小便，不得在教室门前逗留、喊叫，不准上（下）午三次以上进厕所。

53. 下课自觉在户外活动，安静行走，不能小跑，不准三人排走，更不许拥挤在一起。

54. 爱护公物，整洁卫生，必须在规定时间倒垃圾于指定的地点。

55. 尊敬老师，礼貌待客。有活动要服从指挥，不准随便活动，见到教师和客人要问好，不准顶撞，更不得无理取闹。

九、财物纪律部分10条

第一、设立班级维修基金

自2013年下学期开始，设立班级维修基金：每学期每班100元，由班主任管理使用，作为班级正常维修费用。学校每学期初、末组织专人对各班财务进行清查，并把清查情况及时予以公示。

第二、班级财务管理制度

（一）桌凳管理

1. 严禁在桌凳上乱刻乱画，严禁故意破坏桌凳，一经发现有上述现象，根据刻画深浅、面积大小、破坏程度，经检查人员认定，学校分管领导批准，酌情从维修基金中扣除。

2. 丢失一套课桌凳扣130元（桌105元，凳25元）。

3. 桌凳如有正常损坏，报请总务处安排专人维修或更换。

（二）玻璃、墙壁的管理

4. 门窗、玻璃完好无损，如有不可预见的外力损坏，从班级维修基金扣除。

5. 严禁在墙壁上乱写乱画，如有发现，酌情扣款。

（三）教学设施管理

6. 加强班内贵重物品的管理。如多媒体设备、投影幕布、饮水器具、班级文化展牌等。应规范操作，妥善保存，严防丢失和人为损坏。如有丢失或损坏，均扣除班级维修基金，并酌情扣班级量化分。

7. 加强对低值易耗品的管理。各班使用的卫生工具、门锁、粉笔等物品应提倡勤俭节约的原则，坚决杜绝浪费。物品确实不能再继续使用时，应以旧换新，丢失或损坏，照价从维修基金中扣除。

8. 对日光灯、空调、电风扇的管理。各班需维护好班内用电设备，及时关闭电器电源，严禁长明灯，室内无人开空调、电风扇等现象，一经发现，酌情扣班级维修基金。

（四）门窗管理

9. 各班需自行管理好各自的门窗，午、晚放学时，随时关闭门窗，出现违规现象酌情扣班级维修基金。

第三、学校基本设施管理制度

10. 要爱护学校体育、电用、通讯、花草、宣传栏等财物设施，有故意损坏者，按人次酌情扣除班级维修基金。

说明：

1. 班级维修基金每学期 100 元，扣完为止，剩余部分发给班主任。

2. 以上条款，各科室、办公室参照执行。

十、教师形象建设 28 条要求

良好的职业道德和工作纪律是完成教育教学任务、提高教育教学质量的重要保证。我们每一名教师的工作态度、道德品质、个人修养等方面均体现在工作纪律上。望每位教师严格遵守学校纪律，摒弃不良习惯，在言行上真正做到为人师表。

（一）职业道德规范

1. 依法执教。全面贯彻国家教育方针，认真学习《教师法》《义务教育法》《未成年人保护法》等法律法规，在教育教学中同党和国家的方针政策保持一致，不得有违背党和国家方针政策的言行。

2. 爱岗敬业。热爱教育、热爱学校、尽职尽责、教书育人，注意培养学生具有良好的思想品德。认真备课上课，认真批改作业，不敷衍塞责，不传播有害学生身心健康的思想。

3. 热爱学生。关心爱护全体学生，尊重学生的人格，平等、公正对待学生。对学生严格要求，耐心教导，不讽刺、挖苦、歧视学生，不体罚或变相体罚学生，保护学生合法权益，促进学生全面、主动、健康发展。

4. 严谨治学。树立优良学风，刻苦钻研业务，不断学习新知识，探索教育教学规律，改进教育教学方法，提高教育、教学和科研水平。

5. 团结协作。谦虚谨慎、尊重同志，相互学习、相互帮助，维护其他教师在学生中的威信。关心集体，维护学校荣誉，共创文明校风。

6. 尊重家长。主动与学生家长联系，认真听取意见和建议，取得支持与配合。积极宣传科学的教育思想和方法，不训斥、指责学生家长。

7. 廉洁从教。紧守高尚情操，发扬奉献精神，自觉抵制社会不良风气影响。不利用职责之便谋取私利。

8. 为人师表。模范遵守社会公德，衣着整洁得体，语言规范健康，举止文明礼貌，严于律己，作风正派，以身作则，注重身教。

（二）工作纪律

1. 按要求时间到校，有事要请假，请假要经主要领导批准。一天以内由分管领导批准；一天以上由主要领导批准；因特殊情况未能来校请假，要严格履行补假手续，返校后找主要领导说明情况，根据情况决定是否可以按请假论，否则一律按旷工论。

2. 不迟到、不早退、不旷工，更不得旷课。要坚守岗位无事不要外出。并做好签到、任何人不得代他人签到。

3. 每个教职工切实做好各自的本职工作。到校后，班主任老师要到教室巡视，并按时上好晨读和午读。其他老师要回到办公室做好课前准备工作。

4. 上班期间不能随意离开岗位，不做与正常工作无关的其他事情。办公时间不闲谈他人是非、不得私自离校外出，不看与教育教学无关的书籍，闲谈莫论人非，积极维护学校及其他教师的形象。严禁搬弄是非、挑拨离间，说不利于团结的话，做不利于团结的事和无理取闹。除上课外一般在办公室内办公，不得随意到他人办公室逗留、聊天，影响他人。

5. 衣着要整洁，举止要端庄，语言要文明。待人要有礼貌，要照顾他人的困难，要尊重他人的行为习惯。

6. 下班前，各室人员要认真检查办公室的门窗、电源是否关闭。班主任要到教室巡视一次，看是否有学生还在教室、在校内逗留，门窗、电源是否关闭，检查后方可离校。

7. 坚持值班制度，值班教师必须准时到岗。负责学生入校礼仪检查及各班自行车的摆放和校园安全巡视，对各教室的学生自习状况进行督促检查，发现隐患要及时处理上报。放学时班主任把学生送出校门，学生静校后，值班教师方可离校。

8. 学期初，教师要在了解教材的编写意图及在学段中的地位与作用、分析所任班级学生情况的基础上，确保新学期学科教学在知识与技能、过程与方法、情感态度与价值观等方面所达到的基本要求，按校历拟订学期教学计划。

9. 每位教师深入研究教材，创造性的理解使用教材，充分利用现代信息技术开展教学活动。所有学科都要写教案，书写要工整，具体实用，且有创意有个性。教师上课前要备好课设计好教学方案，上课要带教案进课堂。

10. 教师要努力营造宽松和谐、积极向上的教学氛围，激发学生的学习兴趣和信心，还给学生主动学习的时空。教师要加强教学反思，随时写好质疑问题，每节课后填好教学反思与评价。

11. 任课教师实行候课制，上课铃响前教师走进教室，不许迟到，不许提前做下课的准备，更不许拖堂影响下节课。中途不得随意离开课堂。眼操前一节课的教师待学生做完眼健操方可离开教室。严禁上班穿拖鞋、超短裤、背心上课。

12. 中午不饮酒，上课不吸烟，面对学生不准吸烟，在课堂上不说不做与课堂教学无关的事情，不得在学生中散布有损于学生健康发展的消极言论。上课期间要严格要求学生，课堂秩序有条不紊。

13. 微机课、实验课、操作课、体育课、实践课等课堂要严格按规定要求操作，避免意外发生，要重视特殊体质的学生。

14. 教师之间不得随意调课，不准挤占考查课，不得随意停课。严格按课表上课，要重视对学生心理健康教育的谈话和记录。

15. 关心每位学生的身心健康，尊重学生的个性，严禁体罚或变相体罚学生，做到既教书又教人，即教书育人，为人师表。上课时间不准接打手机，严禁乱收费乱征订。

16. 要布置科学、适量的作业，布置作业时要考虑到学生的身心发展及兴趣，侧重布置具有创新、拓展学生能力的作业，检测学习内容，及时反馈矫正。不布置惩罚性的作业，不布置重复的作业。严格遵守作业批改要求，按时批阅，考试卷要在规定时间批阅反馈，不能影响正常教学工作和教学质量。

17. 每一位教师要热爱学校、热爱学校的一草一木，认真维护每一台电脑。教师要严格遵守操作规程，不能乱拆计算机各类端口线，爱护单位电脑及网络设备，发现问题及时向相关人员上报。每台电脑都要保持清洁。

18. 鼓励教师使用多媒体教室上课，鼓励教师进修、掌握并运用现代信息技术，积极参加各级各类信息技能竞赛，中心学校的教师从本学期开始建立个人资料库。不准利用计电脑进行与教学无关的活动。不准浏览境外敌对势力、民族分裂势力、宗教极端势力、邪教等组织和色情暴力等网站和论坛。不准安装使用与教学无关的软件，如各类游戏软件、股票软件及其他娱乐性软件，不得在上班时间玩游戏。

19. 服从领导，听从安排。一切离校活动需经主要领导同意方可，小事讲风格，大事讲原则。

20. 按时参加升降旗仪式、课间操、例会等学校要求参加的集体活动或学校组织的各种有益活动。努力学习、认真读书，做好并养好会议记录和教师日志的习惯，不断提高自身素质和文化修养。

【新校园工学】

——追求之上，提高之中，学习之终

总章经

思想自觉·岗位意识·步调一致·总结积累

——歧口中学校园教学思想的总要求

摘　要： 坚持把歧口中学办成渔区教学质量一流中学的信心，适应新学期的教育教学要求和提升大歧口父老转变教学内外环境的愿望，是对我们班子集体上任第三年后的严峻考验。继续推进歧口中学的教育发展，这是个硬道理更是一项政治任务，我们没有理由不去完成，还必须圆满完成。这里我提出四点要求：思想自觉·岗位意识·步调一致·总结积累。作为今后指导干部教师工作的思想性文件吧。要求全体干部教师认真学习，切实把思想和行动统一到做大歧口教育的精神上来，它是我们当前和今后一学年的总要求。

关键词： 三线建设　四项要求　大歧口教育　歧口中学

一所学校能否出名，关键在于能否准确把握自身实际，找到一条适合自己发展的教育道路。立足歧口中学实际，适应大歧口教育思想要求，探索出一条具有歧口中学特色的科学的教育发展道路，就是落在我们身上的任务。两年下来，我们也算是做了艰辛的探索，歧口中学的教改，三线建设就是继承和创新的结果。

1. 从教学上的班级工学小组建设到 15—10—15 的高效课堂要求；

2. 从管理上的校为生生生生为校的两个景观建设到教师工作量化分解到各职能室的实施；

3. 从意识形态上的区域图腾文化的大歧口思想的形成到勤奋奋进进取的师生的红荆条精神。

两年来，三条线建设的思路和目标，得到干部教师和村民的普遍赞成，教改成为全校工作的主题和主旋律，成为全体师生上下的共同追求，形成了前所未有的发展共识和发展合力，极大地激发了干部群众干事创业的热情和激情。目前，我校教改已取得了初步成效。事实充分说明，三条线建设凝结着全校师生的智慧，饱含着干部教师的探索成果，是大歧口教育的选择，是教改在歧口中学的的具体化，是具有鲜明歧口中学特色的强师壮生的道路。教改成效来之不易、弥足珍贵，走好这一道路更为不易、任重道远。我们必须倍加珍惜这一创新成果，就如党政两委材料上说的，统一思想、坚定信心，以奋发有为的精神状态、敢为人先的胆气魄力、真抓实干的工作作风，勇于实践、勇于探索、勇于创新，更加有力地推进歧口中学教改的进程，坚定不移地走三条线建设的科学发展道路，并在实践中不断丰富和完善这三条线建设。新学期，我们要扎实有效地加快歧口特色教改的科学发展。特别要着力把握好这样四个问题：一、思想自觉；二、岗位意识；三、步调一致；四、总结积累。

一、思想自觉

1. 是自觉学习。干部自觉学习就是走在前面，学深一些。做到这一点，干部必须努力提高学习的自觉性和主动性。我今天所提的学习，决非"两耳不闻窗外事，一心只读圣贤书"，而是理论联系歧口中学实际，学以用教改、习以促教学。学得好了，就向一个具备真才实学、理论素养和业务能力突出的好干部发展了。真正想为歧口中学干一番事业的干部，就得让学习成为常态、成为工作和生活的重要组成部分，不断以优异的学习成果促进工作和事业的发展，努力创造经得起师生和实践检验的业绩。同时，我也积极为那些"学得好"有知识、有能力的干部搭建干事创业有提升空间的平台。

2. 是加强自律。就是干在前面，不让思想出问题。个人言行一旦消极就如虫蛀，这样的干部就经不起考验。这时候，最好的医生不是别人，而是自己，是自己心中的理想、信念、责任，还有对不作为的自愧。自律的重要内容就是正确行使权力，自觉规避犯错误的机会，通过接受警示教育，自觉增加对消极工作的后果的畏惧。表现在校园工作上的自律，就亲力亲为，把事做在前促进工作，服务师生提高形象。在日常工作中自律，核心就是正确对待和行使权力，要从内心深处尊重师生，要自觉以职务权力运行规则办事，充分利用权力为教育教学谋福祉。当师生的勤务员，倡导我们所做的一切，都是为校园服务的思想意识，把自己的工作置于师生的监督之下，做到不对组织告诫置若罔闻，不因别人尊重忘乎所以，不做蠢事冲动事，把握好利益账，坚持师生利益第一。对得起良心账，坚持良知道义，推崇教书育人。还要站好队，学习模范人物的先进事迹，不与落后和低俗为伍。

二、岗位意识

岗位意识网上讲，首先要知道自己的职责，能坚守自己的本职岗位，做好自己的本职工作，关注和工作相关的各种信息，并且要有计划地不断提升和工作相关的能力。

我这里提的岗位意识，对干部来说，就是主人翁责任感，爱岗敬业，不管接受的难题有多大，不管面对的压力有多重，都不抱怨、不气馁、不退却，要使出浑身解数，拿出比平时多几倍的努力，攻坚克难，创新创造，以更高的工作质量服务建设好校园，在平凡岗位作出贡献；再就是大局意识和主动意识。应对问题要主动多担责、多作为。我们讲抱团取暖，抱团就是要精诚合作，心往一处想，劲往一处使；取暖不能光指望从别人那里索取温暖，更要想办法让自己的岗位为他人多奉献一份光和热。时下，是学校教改的关键年，各职能干部要把服务教改作为工作重点，多想一些管用的办法，多拿一些具体的招数，多提供一些贴身服务，帮助教改健康发展；第三是把岗位当作师生对自己的一种信任，是沉甸甸的托付，是一份重于私己的责任。校园职责，不仅要在其位谋其政，更要主动谋教改教学的政。尤其在逆境之中，判断形势，把好航向，善于鼓舞士气，提振广大教师的精神状态，带领大家应战教改，以创新思维适时抓住"跌"势中的"潜力股"，精心谋划，蓄势待发，以待新一轮聘期来临之时迅速崛起。

三、步调一致

毛泽东在《整顿党的作风》中说"在这种种方面，都应该提高共产主义精神，防止宗派主义倾向，使我们的党达到队伍整齐，步调一致的目的，以利战斗。"学有所得，我的新解是大歧口教育需要奉献精神，好八连品质，部队作风。

校园工作是个综合性工作，不是哪个科室的事情，而是全校上下义不容辞的共同责任。干部教师必须分工负责、统一步调、通力协作，落实每一项教学任务，确保教学目标顺利实现。首先要明确干部领导责任。实行一把手负责制，做到主要领导亲自抓、分管领导具体抓、其他领导合力抓。要积极落实领导分包责任制，积极解决校园三线建设过程中的困难和问题；其次要细化目标任务。这个学期的校园三线建设活动项目多、工作标准高、时间要求严，任务可谓艰巨。我们要把校园三线建设的目标任务经过分解，逐一明确任务、责任人和工作标准。各位干部要高度重视、各负其责，不能有丝毫的麻痹和推托。要对照所承担的任务和职责，结合实际制定详细的工作方案，精心组织实施，确保所担负任务的圆满完成。要实行严格的目标责任制，将每一项任务都逐级进行再分解、再落实，尽可能量化、细化、具体化，明确人员，明确任务，明确进度，明确责任，一级抓一级，层层抓落实，做到千斤重担大家挑、人人肩上有指标。第三要统一领导步调。校园三线建设活动头绪多、有难度，各干部既要分工负责、各尽其职，更要密切协作、同心协力。要摒弃本位思想，增强全局意识和协调意识，以创建优质校园为重，以师生利益为重，确保校令畅通、高效运作，确保各项工作任务不折不扣地落到实处。从各职能室到教研组都要讲大局、讲协作，多沟通、多商量，不推诿、不扯皮，确保保质保量完成教学任务。干部教师都要站在全校一盘棋的高度，按照统一部署和要求，把常规工作与三线工作有机结合起来，主动配合，认真工作，服务于大歧口教育大局。

四、总结积累

成功在于积累。这里所说的"积累"，是指在三线工作实践中对业务知识、个人思想、成败经历、经验教训等多方面内容的积累。学会在工作中积累，是非常重要的。一个人，无论学历多高，经历多丰富，学识多渊博，在工作中总会遇到或这样或那样的新情况、新矛盾、新问题，如果长期不去总结自己，积累知识，也很难驾驭新矛盾，应对新变化。这就需要我们在工作中努力培养自己的积累意识，养成良好的积累习惯，在总结中反思，在反思中积累。具体到教改第三年度，工作中我们应该重点从积累经验积累思想两个方面进行积累。

积累经验。经验包括直接经验和间接经验，直接经验是通过亲身经历得来的，间接经验是从书本和别人那里得来的，但二者的本源都来自实践。所以，学会在工作中不断积累成功的经验非常重要。而且，通过亲身工作经历所获得的经验，自己理解得会更深，经验的指导作用也会更强。经验多了，错误就会减少，我们所做的工作就会越做越完美；积累思想。思想是行动的先导，对行动具有指导作用。一个人要想在工作中出类拔萃，没有思想做指导是很难做到的。要想把自己塑造成一个有思想的人，首先要勤于思考、善于思考。这就要求我们在工作中必须认真钻研业务，反复挖掘门道，并时刻注意对自己的所思所想进行梳理、分析、总结和提升。只有这样，才能在本职工作中，不断推陈出新，有所突破。把课堂教学作为经验积累的主攻阵地，这是教师教学的熔炉。不得含糊。

懂得积累什么很重要，懂得积累的方法同样重要。科学、有效的积累方法，对于快速提高个人的能力和素养，至关重要。下面我简单谈谈如何在工作中积累：

1. 进入角色。积累可以让人变得厚重、有深度，有思想，不肤浅，但前提是你必须得进入工作状态，保证做到"真务、真钻、真研、真干"。只有进入工作角色，找准自己的位置，知道自己该干什么，不该干什么，该怎么做，不该怎么做，才能从中有所收获。干部聘任就是要干部在状态工作，不积极工作，最终伤害的还是自己。

2. 事事留心。把工作做好，一个最基本的要求就是要做一个有心人，做一个事事留心的有心人。其实，这说来容易，做来确实挺难。这就要求我们每遇到一件事的时候，都要尽量想到与之相关的方方面面的事情，每一件都认真琢磨，仔细研究，用心对待。只有这样，才能做到事半功倍，举一反三。干部们都做到了这点，对于我们工作的开展，无疑会大有裨益。

3. 勤于思考。善于把自己的思想存档，这是个很重要的积累方法。倘若大家每天都无计划地赶着工作，既不回顾，也不总结，又不思考，我们就会失去很多宝贵的东西。干部写日志是个很好的习惯，在总结和回忆的坚持中，既能记得旧事，又会得到新的启示。这学期，我们整理出自己的三线成果汇报材料来，就是对教育局和中心学校的最好汇报。

4. 学会借鉴。我们要善于通过看别人的成败来确定自己的"教学 ABC 规则"。日常生活中，无论是看书、读报、看电视，还是现实接触，我们总不乏看到成功和失败的例子。我们要学会把这些成功和失败当作"靶子"，进行分析加工，他们为什么成功？为什么失败？怎么做能成功？怎么做会失败？再把从中得到的启示，变成自己的生活规则、学习规则和工作规则。通过这样的学习和总结，相信我们会收获很多有益的道理和深刻的教训，从而不致于让自己在以后的工作中再走弯路。用他人的拐杖，走好自己的路，也是成绩。

5. 总结不足。一方面，我们要看到自己的成绩，保持乐观自信的心态。同时，我们更要善于并敢于剖析自己，看到自己的差距和不足，这对工作的深入开展，是非常必要的。只有在总结中找出差距，看到不足，才能在今后的工作中查缺补漏，只有发现上次的不完美，才能避免下次的失误和遗憾。只有从不足中找到一般性的规律，才能把以后的工作做得更好。我坚定不再熏酒的信心，就是误事不良之悔。"1+1"就是个标准（指喝酒的量）。再就是系统性的东西和做过的有意义的尝试，要通过思想上的再挖掘，语言上的编撰，归纳为属于自己的切实可信，校园见得到，意识形态想得到，易于操行的材料，让其他人感慨借鉴，使后来者传接和收益，这就是我们工作的实质意义。

6. 善于倾听。倾听也是一门学问，"听君一席话，胜读十年书"正是这个道理。在工作中，我们要学会倾听，学会多听亲人、同学、朋友、同事的意见和建议，要多和他们讨论，沟通和交流，在这个过程中，也许会得到很多意想不到的收获。未来的竞争将是个人积累深度和厚度的竞争，我们要学会让身边的每个人都成为自己的参谋，发现问题，及时改正，这样才能让自己不断成长进步。干部学习会不能只校长一言堂，让各级干部也来当主角来主持学习会，甚至让优秀教师做专题讲座，做学习交流，这就是倾听。

总之，两年来，在各级领导的坚强领导下，歧口中学的变化，给大歧口教育带来了生机、带来了活力、带来了新的气象。现在，学校正处于三线建设结果的关键阶段。我们要认真总结经验，进一步坚定信心、振奋精神，以锐意进取的精神风貌、攻坚克难的工作作风，深入贯彻歧口中学特色的三线建设发展观，更加扎实有效地开展优质校园建设活动，为树一个大歧口形象，办渔区教学质量一流中学的目标做出新的更大的贡献。

第一章经

洗脑：谈教师在教学中如何给力于教改

摘　要：教改中，领导者不可忽视教师主导作用，当以唤起教师对自我发展的愿望和追求为教改前奏，在教师所在群体或教研组织中，积极渗透有效课堂教学理念，立足校本，发挥骨干教师的引领作用，要实效之课堂，还教师之锐力，给力于课改形式之工学，既促进学生的主体发展，也使教师看到进步得到收获，以实现学校的全方位发展。——这就是洗脑。把校长心经授之渔之教师干部。

教师的作用对学生的发展有重要影响，教师的教学手段直接影响教学的效果，教师的教学作为更是取得成绩的主要因素，所以，教师是学校发展教育，教改成败的关键。

我校的教师干劲足，有韧性，乐于吃苦，但创造精神较弱，自主独力性不强，自我意识淡薄，很少有人思考："我是如何想的？""我的教育追求是什么？""我应该怎样体现出自己有别于他人的教育艺术？""我应该怎样体现出自身特有的劳动价值与精神风貌？"因而造成教师在成长的过程中，前进的目标既不明确也不高远，抱负水平普遍较低。

鉴于以上思虑，我在想，我的教师在教改中应如何更好地发挥自己的作用？怎样的教学指导才能使教师有效地给力于我校的教改？

我的理论支持——

现在的教学倡导的最合理的教学模式是研究式教学。我所理解的研究式教学是学生在教师的指导下，并在学习过程中主动地获取知识、应用知识、解决问题的学习活动。要求教师转变角色，不再是学生知识的唯一来源，不再是学生学习活动的权威，从过去教材知识的传授者转变成课堂的组织者、指导者、促进者和参与者。教师的角色在教学中发生了变化，但我们决不能将教师的主角地位弱化，要保障学生的学习出成绩，就必须同时确保教师的主体地位不能缺失。保证教师在教改过程中不仅要作为于学生学习，而且还要以各种手段促进学生学习发展，虽然学生的学习活动是显性的，活性化的，教师的主体地位是隐性的，潜藏于学生的学习活动中的，但是学生在学习活动中的主体性表现得越充分，就越能反映出教师主体潜在的影响力。

教师在教改中应如何更好地发挥自己的作用？

首先，要有敢于实践的心理准备。接受教改，投入实践，对出现的问题进行研究，对积累的经验进行总结，否定自我，改变自我，努力摸索出一些成功的教学经验并积极提升为教学理论。

其次，要有行动，当课改的实施者。在教改中，研究方法，制定模式，通过自己对课程与教学的专业理解，创造性地组织教学。主要表现：对教材进行加工、整合，对教学模式进行调整，对备课方法进行变革，对教学评价进行改进。全程参与，绝不使改革工作浮于表层而无深入。

第三，当思想者。教师要随教改进程反思教学前、教学中、教学后三个阶段，教学前预案教学，努力使这一行为成为一种自觉的实践；教学中的重难点质疑的讲解，努力使教学高质高效的进行；教学后的批判，努力使教学经验理论化。当思想者，教师就要不断加强提升自我，调整自我监控的思想能力，确保教学改革的针对性和实效性。

怎样的教学指导才能使教师有效地给力于我校的教改？

1. 树样板，立台柱。教师主体意识强，参与教学改革的自觉性大，就能发挥其能动作用，教学的成效也就越高，反之，则越小，而且，赋予其的责任较大，促使教师对自身提出的要求也就越高。因此，领导者必须提携和培养教改优秀教师，予其精神支持和进修学习机会。给他（她）们舞台，让他（她）们表现，让他（她）们"创业"。

2. 强化施教。教师必须为教改提供精神支持和工作作为，包括教师的言行、研究与探索、课堂实践、辅导能力和运用现代教育技术服务教学的能力。具体到我校的教改就是要求教师对预习学案作为、对课堂小测作为、严格执行课堂模式、深度讲解课堂重难疑点等。

3. 点化素质，升值课堂空间。（关于教师如何上好课的问题，这里不再讲。）

4. 塑造理想人格。人的各种能力和力量的综合发展，就是健康成长，它包括物质基础、理性能力，还包括非理性的精神领域即人的独特性、个别性或个体性，包括情感、意志、灵感、信念、直觉等诸多方面，它对认识、实践活动起调节作用，能使人处于积极状态而具有转换剂、催化剂的性质。学校在教改活动中，如何创设一种轻松、民主、自由的教育环境？尊重教师的看法、做法和教师本身，引导教师逐步承认自我、发现自我、发挥自我意识和能力，培养教师独立、完满的人格，并使教师在理想人格的指引下，积极投身于教学的改革实践活动，既能为人师表，又能教书育人的校园氛围，是需要我一生谦逊追求的。

总之，我们需要教学改革活动中的教师，需要适应教改和调整自我而不断追求的教师，需要有着独立价值和值得尊敬有尊严的教师，需要致力于从事教育理论研究和教学改革实践活动的教师群体。所以，学校培养发展和提升教师能力素质是教改主题中的主题，是教改的一个突破口。同时，我需要看到教师积极投身于教改的研究与实践活动中，从中我更愿意提供教师们得到良好的培育与发展的契机，从而实现教师、教改在歧口中学共同发展，做到教者福祉于父老，学生恩谢于家乡。

励心齐志·奋亘教改

——坚持！写在教改的第三阶段

2011 年 8 月间，学校组织全体教师学习了教改材料的合订本。9 月开学后的第二周，教改模式全面展开，261 节次、15∶10∶15 课堂模式、工学小组全部运行。就目前阶段，我认为教改的实施阶段已经开始了，接下来面临的是眼前的问题和不断出现的问题，要求我们班子队伍必须做到：加强管理，力斧管理，这是教改成功、教学质量提高的关键。今天，我们班子队伍组织了开学来的第一次集体学习，议题就是坚持！我给了一个口号——励心齐志·奋亘教改。

贵在坚持之路——一个中心教务处，两个景观政务处，服务核心班主任，后勤保障总务处。

1. 发挥教研组的作用，调动教师教学的积极性，使教改任务顺利落实。

2. 建立校长督导组，以对学校工作高度负责的精神，主动评估研究，不断拓展督导范围，以促进教师教学水平提高、规范教学管理、促进教学改革。

3. 坚持进行"教师教学质量月考优秀师生奖"，新增"月考优秀工学小组奖"，组织学生评选"学生心目中的优秀教师"，制定新课改评课标准和教师备课新要求，在全体教师中进行教改等级评定活动。

4. 师资队伍建设，先教改带头人带头，再新上岗青年教师培训，最后我走出去学习。

5. 加强教学研究，针对部分教师对教学研究和教学改革方面重视不够，重点从改进课程教学方法、给出硬性规定、开展集体备课、提高多媒体课件质量上组织教研活动。

6. 学生管理，对学习态度不端正，目的不明确，学习动力不足纪律差的学生不姑息，戒尺制度管住潜力生。

7. 经费投入和教学基础设施建设，积极筹资，进一步改善教学条件，以保证教学质量的不断提高。

8. 校级干部的作用，查空堂，进课堂，组织好研修场。

主人翁精神——强化四个意识

1. 强化领导的责任意识

各教育干部要切实负起责任来。实行责任制，按年级层层落实任务和责任。强化全校一盘棋思想，按照学校统一部署，抓紧抓好，抓出成效。把各项任务层层分解，逐项落实，责任到人，限期完成。对要求做的每一项工作，都必须按时保质保量地完成，绝不允许出现拖拉扯皮现象。对影响教改工作完成的人员，学校将根据情节追究其责任。

2. 强化每一位教职员工的全员意识

学校工作的方方面面涉及师生员工的切身利益，要与学校的声誉联系起来，要与学校每位师生员工的个人利益联系起来，团结一致、众志成城，力争优秀。要充分利用校报、宣传栏、广播等宣传媒体，为教改工作营造良好的舆论氛围。

3. 强化工作的创新意识

学校要生存、要发展，就必须充分发挥广大师生员工的聪明才智，树立创新意识，不断深化改革。通过教改，提升办学理念，理清办学思路。对教学建设、教学管理中存在的差距和问题，毫不隐瞒，大胆剖析，抓紧整改。在教改过程中，工作方法要灵活多样，不强求一致。各职能科室、班级、教研组、力求在教学和教学管理上有所创新。

4. 强化建设意识

教改之路实际上就是一个建设的过程，与最后的结果相比，建设过程更为重要。"重在建设"是教改的出发点和归宿，我们要把建设贯穿于教、学、研的全过程。各位干部都要认真职责指标认真反思自我，认真检查工作中的每个环节，找出差距和不足，向优秀靠拢，适时调整工作，踏踏实实地加强建设，抓住工作中的薄弱环节进行充实和完善。

今明两年，创建教学工作优秀学校是我校的头等大事，其他工作必须服从和服务于课改工作。要求全校动员，全员参与，举全校之力做好此项工作。在做好教改工作的同时，一定要处理好与日常工作之间的关系，使课改创建与其他工作相互协调，相互促进，共同发展，立足于学校的长远发展，立足于建设一流的渔区中学！创建教学工作优秀学校，是一项光荣而艰巨的任务。全校师生要立即行动起来，积极投入到课改和创建各项工作中去，各位干部教师都要以教改为契机，变被动为主动，化压力为动力，视挑战为机遇，同心同德、振奋精神、全力以赴，形成强大的教改合力，打好这场攻坚战，为把我校建设成为渔区有影响的中学而努力奋斗！

第二章经

治典：对歧口中学教改的具体指导意见

摘　要：治典，就是要给干部教师给出具体的教学改进的宝典式的教育行为准则，就是如何指导标准。这是校长自己明白也是必须让师生明白的规则性文件，就是指导教师教学和学生学习的方向性依据。

一、261 节次改革的思想预设

歧口中学的 261 节次就是一天课程中有 2 节预习课、6 节规定课和一节自习课。

1. 两节预习课的教学要求

每天的第一节和第五节是一天中的两节预习课，预习的效果是我们教改成功的关键，它是最值得我们动脑筋并积极附议的，也就是说，我们怎样去要求教师和学生对预习课上的细致、学的明白、有功效呢？

先说，教师的预习课堂之作为。预习课是多学科的共同课，都是为各小组有效完成预习学案而设的，所以预习课就是多个教师的指导课，也是为教师更好地完成新课的讲授服务的，即 2.3.4 节的科目教师是第一节预习课的课堂责任人，第五节预习课则由 6.7.8 节的科目教师负责，教师的具体任务就是解决预习问题，达到预习要求。预习要求，提前一天由各小组内的课代表到任课教师处领，这叫领任务，教师到堂指导情况和小组学习效果有一级工学生定时汇报班主任，班主任是直接领导层，对下（任课教师）有权"过"（过错）问，对上（教务处）有权上报"纠"整，这就是班主任的课堂知情权，所以班主任就是预习课的监察使。至于，预习课的上法其具体的指导方法，教务处要拿出创造性的意见，商榷班主任，定出制度，再给教师上培训课。

2. 六节规定课的教改要求

所谓规定课程，主要指国家课程和地方课程及校本课程，我们教改的要求是要因课程的等级不同有所张弛的，也就是说，知识性与考查一体的课必须教改，这是原则，不退半步要求，教务处抓；知识性与非考查一体的课，重活动，与兴趣小组结合，眼光要远，这是特长生的培养，是活跃校园更是思想宣传的有效办法，政务处抓；校本课程是亮点，重活动更重效果，总务处抓。具体到各不同课程的教学要求，各职能科室制定出学期计划，奖惩得体，坚持出优，学校设校长特别奖奖励职能干部及优秀师生。

3. 一节自习课的教学要求

每天的第 9 节是自习课，这是我们教改中必须保留甚至是在条件成熟后还要加时加节次的。自习课就得把时间一点不能占用必须无条件全部给学生的，我们教师本不需到班上影响或说是左右学生的学习的，这好比是学生在吃饱饭后的自行消化时间，任何教育干涉，都会使学生消化不良的，由于学生目前的自制能力和自主学习是相当薄弱的，故安排教师上班盯自习课是有必要的，自习课要充分发挥工学小组的功能，不怕秩序或纪律的"乱"，提倡小组的工学学习，教师掌控课堂大局就行的，当然教师与学生的互动是必须的，形式可多样，这就看自习课教师的内在魅力的。另外对自习课的掌控能力政务处可考虑优秀生、团员、学生会成员的反馈和制约作用，拿出个好办法，甚至是学生查自习课师生的纪律、考情、参与活动、小组学习氛围等。

4. "261" 节次的具体时间分配

过去每节课是 40 分钟，挤掉了大课间，国旗下的讲话也没了，这是我们的校园缺乏成长教育和忽视体育的不良之处，不是教改来了，传统的都必须改掉，党的教育，德的教育，健康的成长这是我们这个时代的要求，更是共产主义的信仰问题，说到眼前的教改，相反，谁正确运用这些，运用的越好，教改就越成功。所以，我想到了节次时间的增减时问题，预习课时间、自习课时间可以减时的，把非考查课放在同一个节次上也可以减时的；课活课根据时令可以调动活动时限；我们这就给了大课间的体操（跑操）时间和国旗下讲话的时间了，是个好点子。

二、工学小组的能动及构建意义

上学年，我们教改，建立工学小组，重在形式和三级工学上了，忽略了其能动性了，那么能动性又有怎样的意义呢？我想到如下意义——

1. 小组固定个数，便于分工。班上就分 6 个工学小组，把一个校园纪律卫生区和班上每周五次的纪律卫生评定结合，既强调了责任制的好处，又把班上六个学区井然划开，显得班上座次也很秩序。

2. 小组长和各个组员的职能。小组长就是一级工学生，班上就树立六面旗帜，（也可以直接组成班委会），他（她）们的职能就是当好小集体的头，学习、纪律、卫生当管，学校的各种活动比赛也当头，这是他（她）们的荣耀，小组成绩参加年级各种比赛，当然考试也必须比的，本学年，我们就要给优秀小组奖励，给小组长个人个性奖励，给明星照，不但班上挂，还要送到学生家里（这个奖励，也使用兴趣小组和学校各种团体）。组员的作用，过去我们是没有想到的，我学习了杜郎口，借鉴也要人逐渐聪明的，每个组既然是小集体，就把课代表选到组上，让每一个学生都有幸成为一个学科教师的课代表，这些同一学科的课代表，又是同一个教师的下线代表，对本科教学又是一个组织优势，教师们也是喜欢接受的。每组课代表的任务就是每天领预习学案，代教师布置本小组的预习任务和检查汇报本组员的预习效果。

3. 小组的构建。继续坚持实力均衡、男女搭配、地域接近、家世接好的原则。

三、课堂模式的巩固与发展

歧口中学的教改简单的讲，就是要求教师上课做到"一个模式（15：10：15），两个软件（预习学案和课堂检测），三级工学（一个小组有一级工学生 1 人，二级工学生 2 人，三级工学生 4—多人）"。

本学年教改是从容的第二步，即巩固与发展——

1. 课堂座次分六个学区，各小组成员对桌而坐；

2. 出台各教研组的学案模式，或叫备课活页，供教师使用；

3. 出台供教师使用的课堂检测测评表和由学生用的教师授课打分表；

4. 出台教学检查中教师讲授部分的具体要求，要求简洁实效，教研和 U 盘的具体要求；

5. 出台工学的具体时间（早读、午读、也可考虑周六日时间）和一、二级工学生的具体辅导细则；

6. 出台教师教改课堂时间段的硬性规定；

7. 出台优秀教师外学计划及评定课改带头人及补助制度；

8. 我们追求的教改课堂氛围——民主气息、尊重学生、归还时间、自我学习、交流合作、善于表现、及时测评、整理总结、铸就人格的课堂。

四、校园文化建设及师生学习制度的建立

校园文化好比一个人穿衣戴帽，能直接给他人一个信息，是怎样的个性体现和追求，就反映在人自己的言行和装束上。歧口中学的校园文化过来是穷人的孩子打扮不上，顾不得思虑。所以，发展中的歧口中学，文化建设和精神文明绝不得忽视，只有越来越重视，形象越来越美。

1. 校园环境布置。结合财力，做到适时调整，突出教改，追求理念，渗透文化感染力，力求新、美、得体、大方。

2. 师生行为规范。师生管理就是"严"字把关，政务处继续执行好两个量化，抓两个端点，好的树榜样，劣的深打击。本学年开始，政务处重点抓师生上下课的言行，实现两个景观，即校园内没有一例追逐打闹的，学生举止文雅语言文明（说普通话）。本学年开始，教务处要对师生考勤给出一个有力度的章程，坚持学校照顾和关键时刻掉链子、不给力的重惩的原则，做的有章可循，执行必严。

3. 内部环境的各个场所打造自己的文化特色，从办公室、教室到其他职能室，

坚持谁负责任谁营建的原则，先预设，再汇报，后批准，八仙过海各显神通，目的就一个，自己看得过去，人家看到内涵。

4. 文化活动从形式向深度发展。读书课要从只读到做笔记，从要求学生做到要求教师到，读书活动室规定课时，教师读书也要给出课时量，教务处给出专门的检查执行人，图书管理人员就行。校刊、广播、文化橱窗、各种德育活动，政务处要有计划的开展。校本课程的成果与影响需要从设讲到有自己东西的转轨，总务处要做大做强。给出一个切实可行的发展规划；另外，教职工文体生活也要张弛得法，组织全体教师活动比赛，就是人人乐意参加的活动，总务处也要有计划。

5. 学校对于校服推广的工作。校服是文化，是形象，更是约束和管理的一个深度要求，我觉得利多弊少，还可以说，何弊之有？只要我们把校服质量和宣传工作做到位，再加上社会对我的信心支持，这个工作我们全体教师都要当任务做，任务完成后，其文化建设和学校管理带来的意义，是会上一个高台阶的。

6. 建立优秀生戒尺制度。这个制度，需开个家长会，就是向家长要学生在校的学习监护权，明白的家长会支持我们的，会高兴地签了戒尺协议的，更是放心地离开校园的。

五、教改中的班主任工作的培训意见

本学年，提出班主任为学校工作，是政治局，主稳定，学校各科室为班主任服务的口号。也就是把权利下方，真正把工作落到'实'处，把责任上移，过错在领导那里。可以这样理解我的口号——学生不到位，一定是教师（班主任）不严格；课任教师不到位，一定是班主任没把关；班主任不到位，一定是年级组领导不作为；领导不到位，一定是校长不细致。要追究各环节第一责任人的管理失职行为，要求有自我检讨，班子会上要自我反省，过错严重的，校长会上追溯惩戒。

1. 班主任在学生管理上的培训。政务处从"以活动促课堂，以活动促管理"上做文章，拿出一个符合校情的培训材料。强调班级管理的方法策略和如何利用工学开展学生做主角的主题班会，强调班主任工作的能动作用和创造性工作。

2. 班主任在工学中不可替代的中枢作用的培训。教务处加强班主任对工学工作的指导引领，给出一个工学中小组长和组员职能培养与开发的实施细则，供班主任学习培训。

3. 建立班主任记事本制度。教务、政务、总务都要督导班主任一个记事本的建设，见本有工作，无本算消极。特别突出财务安全的记事本的留档问题。

4. 教务处制定控流保学与班主任津贴挂钩的动态制度。

六、教改中教师工作的培训意见

教师是教改的主力军，要求教师先做革命人，再做传播者。必须有勇气否定自己，做先进思想的实施人。对于我们歧口中学的教改，目前，我们该做的——

1. 教改的课堂。第一，学习并坚决执行歧口中学教改的课堂模式；第二，教务处还要给出教师在工学中如何管理组长和组员的方法和预见性管理的策略；第三，政务处给出教师管学生管什么（不光课上规范其行为课下要管到家还要管）的学习材料；第四，积极鼓励教师写教改反思、论文、参加各种比赛，奖励教师的创造性教改行为和建设性的教改建议。

2. 探讨和积极推行集体备课的办公。教务处制定一个集体备课的方法和措施的草案，本学期我们一起摸索前行。

3. 优秀教改带头人评定。开学初，根据上学年的教改工作，推荐评定优秀教改教师，我们不但要自己上好教改课，还要请社会人员、家长听我们的教改课，这就是信念的锤炼。

4. 教务处制定控流保学与课任教师学校补助津贴挂钩的动态制度。

七、对干部年级负责制的意见

在我的上学年教学检讨中，就有干部年级负责制的问题，这里，我提几条建设性意见：

1. 将干部按校情、学情分到年级组去。两年不变，便于管理，更找到了责任，杜绝了说嘴不干事的好人心理的存在。增设年级组领导集体工作计划。

2. 副校长的责任任务直接明确到年级组，同时把中层干部划到年级组，重点七年级和八年级，第三年后的九年级就移交给教务处全权管理。

3. 档案建设不分开，可以分年级部署，但最后必须集中教务处汇总。学校各项工作的软件整理，统一由教务处负责。

4. 干部的事，谁的地盘谁做主，各司其职，不得推脱，不得敷衍，既要做干得住，顶得起，教师满意，勤于服务的急先锋，还要做不拖后，做得好，学生爱戴，乐于奉献的马前卒。

八、铁面孔的教改评价制度

对于教改，我和我的团队不选择失败，因为我们时刻准备着，为成功付出。为此，我们把领导责任放到年级组上，使得工作分工了，任务简化了，难度分解了，积极效果则更明显可比了——涉及校园内的纪律、卫生、学习、文明、安全等诸事。

1. 层层带动，全面推新。说教改，上好——班子成员观摩课、骨干教师示范课、普通教师达标课、薄弱教师过关课；说其他，就是量化评优惩劣。

2. 评价办法的制定。教师学生的教改的评价可由班主任领头，学生的、组长的、课代表的、课任教师的，对班主任的评价由教务处制定，建议都用表格的形式评价，易于操作，便于分层。

3. 铁面的三步制度，借鉴杜郎口的做法，就是"一谈、二警、三停"。一谈，就是第一次课堂不达标者，校长或年级领导先与其个别谈话，谈课堂要求、谈教师角色、谈学生表现、谈课堂程序、谈教改意图等，指出问题所在，点名改革方向；所谓二警，就是第二次听课仍然不达标者，要在年级组上予以警告；三停，就是如果第三次还不达标，让该教师停课一周，学校为其安排专人做辅导教师，被停课者一遍听优秀教师的课，一边研读教改理论，学习组织发动学生的方法。

九、开学面临的几项工作

1. 九年级的教学与管理。两个快班的建设与要求，慢班的建设与要求，一个是班主任的培训与谈话，一个是课程的设置的调整，一个是多元化的评价机制的建立。

2. 八年级平行班的教学建议。

3. 七年级的编班。提前一周入学考试编班；军训三日；思想教育两日。

4. 教师和课程的调配。

5. 教室的修配。

6. 后勤保障。

第三章经

细制：论校园教改制度的预设
与精细化实施对教改的支持作用

摘　要： 把教改的制度精细到哪里，怎么去用制度支持，这是必须要干部教师知晓并熟记的，这需要理论支持更需要校长支持。这就是精细化实施的关键。

教改的保障是支持，是来自信念的支持，更需要校园硬文化的支持，这种支持表现在管理层面上，就是加强纪律性，也就是说预设和实施好校园制度所表现出的组织性、严肃性和惩戒性，实现制度的精细化，全力支持教改。

一、制度的预设。

制度是人为的，它是为了达到某种达到某种心理倾向或争取某种效果而设置的约束或张扬某种特定行为的规则。制度的预设自然就对决策人群的主动性、前瞻性、可持续性有着强烈的精神依赖，也就是说教改必须从一粒有积极生命愿望的种子开始，自身的执著是第一位的，以后的空气、阳光、水，对一个成功者来说，我信"水到渠成"的自然法则。

歧口中学的教改就是一粒有积极生命愿望的种子得到了土壤，而这份土壤是歧口中学文化的沉淀和积累，是几度春秋于此的师者的结晶，所以，歧口中学的教改有希望，绝不会沦落成"李双双的丈夫——傻喜旺"的。也就有了我撰此文的意义。

（一）怎么预设教改的制度？好比一个人要走得协调就得摆开双臂，学校要发展就得抓好两手，一手是提高整个教师队伍的主观能动性，另一手是培养学生的学习道德。它们就是预设教改制度的准方向和切入点。即预设教师教改能动性制度和学生积极的学习道德制度。

（二）怎样预设教师教改能动性制度和学生积极的学习道德制度？教师的教改的能动性制度可以理解为依照教改方案所重新规范的教师的教学新行为，就是教师以后如何教的问题。（这里不做多的述解）而怎样预设学生积极的学习道德制度就成了中心论题，一是用怎样的制度严格限制学生的在校行为（主要指学习道德）？二是如何找得多种途径赢得家长社会舆论的褒奖？三是怎样调动全体教师的积极性，使其创造性地执行并完美该制度在校园的成效？

首先，谈第一个问题：用怎样的制度严格限制学生的在校行为（主要指学习道德）？

"学习道德"一词，可能是个创造发明，没看得有什么专题著述，在我头脑里，确实生有几载了，下面就谈谈我的理解，学习，狭义地讲是学生获取知识的行为，广义地讲就生命体在生活中摄取知识的意愿行为；道德是人们共同生活及其行为的准则与规范，从人性上讲就是生命个体对事物负责，不伤害他人的一种准则。所以，我思考的校园文化之"学习道德"，就是学生在校园的学习过程中所遵守的必须体现其正面价值取向的行为倾向，它要求学生对学习负责，不但不影响其他同学的学习，反而督促影响了其他同学好好学习的校园行为准则。由于是校园内的学习道德，我提倡并鼓励教师拥有对"违学习道德的问题学生"加强惩戒的工作要求。

有了上面的述解，具体建立怎样的学习制度以支持教改，可以说，就有的放矢了。第一，制度指导课前预习，即新的"工学"模式的学习要求；第二，制度指导课上教学，即新的"教改课堂教学模式"的实施；第三，制度指导课下班级安全卫生管理，即教师分制定区域的安全卫生值班；第四，制度指导课活，即建立以兴趣小组为主的校园文化活动。第五，制度指导校园文明礼仪，即校团队对学生的命运理想之精神教育。第六，制度指导各职能处室的工作，就是维护并激励中层干部的创造性劳动，即制定并执行适宜有效、操作性强的纪律制度。

其次，如何找得多种途径赢得家长社会舆论的褒奖？

教改是个大环境，是个关系到家家户户的大问题，不可闭门造车，更不允许掉以轻心，存心血来潮的瞬时冲动。家长理解了，支持了，事情就做到了一半。家长对孩子的教育关心应该是经营家的核心，谁不注重孩子的成长教育就是愚昧的家长，这样成长起来的孩子将来是个平庸的劳民也不足为怪了。所以，教改征得家长的同意是必须要做的，征求意见也不是简简单单的打个对号、举举手的学前式教育，是要动脑筋，有办实业办公司的风险意识，得好好揣摩，遵规守矩，争得主动。歧口中学的教改要赢得家长社会舆论的褒奖，我有几点心理准备：

1. 优秀生的"戒尺"制度的建立。优秀生是教师事业和荣誉的标签，一个教师没有培养出几个值得他（她）炫耀的学生，就谈不到教师能力，也不会成就教师的品牌，优秀的教师对优秀的学生所付出的爱，一个是给以知识，一个就是修得做人。然而，在现在世界小村庄的时代，培养出一个好学生，在教师身上体现出的自豪感是少得可怜的，原因之一就是优秀生的管理，教师也是鞭长莫及、管不得喽！为此，我这里提出优秀生"戒尺"制度，就是在教改中对一、二级工学学生群通过开家长会和家访的形式，学校与家庭签订《对优秀生的训教权利授意书》，就是学校通过向家长宣传发动和讲解学生在学习成长过程中的管束作用，要家长明白孩子在成材过程中对其不规行为惩戒的重要性，已达到让家长把其监护权中学习监护权转接给学校的目的，起到以教育惩戒优秀而警示后进生的教育效果。

2. 问题生的"大化小"办法。一个班总有几个问题生，别说任课教师，就是班主任提起对他们转化的工作难度来，也是捉襟见肘，羞涩不堪。怎么办？"大化小"就是一个办法，就是我提到的新的教学组织形式之工学的金字塔式学习链，简单地讲，就是教师工学于一级工学学生群，一级工学学生群再工学于二级工学学生群，二级工学学生群工学于三级工学学生群（一个班只能有三个级别的工学学生群），这样一来，问题生就分解到了一个个学习区域，真就成了神经末梢，这样由一、二、三级工学学生组成的小工学区，由多的受管理的学生"赤化"一两个问题生，那么，不论是后进生的学习还是纪律都会有进步的。再有一个理由，就是初中阶段的孩子，可塑性强，分划开工学区后，区内几个学生的情感、家庭关系、潜移默化的学习道德的氛围的感染，以及他们长大后的友谊都会受益于他们的，我想，他们会一起走向进步走向成功，各尽所能，各有其职的，家长社会会支持我们的。

3. 保卫精品教育的"红旗不倒"。家长看学校，是看自己的孩子学习怎么样，孩子学习好了，他会说学校搞得可以，学生学习差了，学校也就只有被人家唾弃了。所以，学校必须有精品生诞生，必须有大批的"爱国者"，到时候就得有能飞上天的，有能说嘴的地方，是什么？就是考出去的黄中生的比率几何？为此，学校就必须有一支懂信息、爱钻研、下功夫，图发展、识大体的教师集体。

第三，怎样调动全体教师的积极性，使其创造性的执行并完美该制度在校园的成效？

1. 首个问题就是校长的经有僧念。也就是说校长的人和经必须得到全体教师的（至少全体骨干教师）认可，大伙投你的票是自觉自愿的，不讲功利，依章办事，以人格魅力、精神意向吸引人。

2. 第二个问题就是僧念的经佛心有。也就是说校长必须懂得教改的艰难，必须支持教改教师的工作，成绩给教师，教训揽在身，下恒心，办大事，有不计百年，只争朝夕的紧迫感，有仁者智勇的使命感，有雁过留名，做点事儿的事业欲，舞台上，拿得出剧本，当得起导演，幕后，做个好制片，真心当跑堂。

3. 第三个问题菩萨心肠做善事，罗汉筋骨禁得起折腾。校长要修行自我，不功不利，坦荡胸怀，为得一炷香，十年素作肠。当然，我也不会当十年的校长，太长了，平庸一届非心想，当得孤雁引鸣行。所以，对于教改，我不选择失败，但我时刻准备为成功付出。

4. 第四个问题就是提纲挈领放权中层干部，坚强班主任管理，责任分流，是自己的庄就发自己的牌，承担自己的责任。唱好口中小曲，探究科学和谐有创造性的校园管理篇章。要求中层干部要各司其职，不乱用权，不乱插手，不乱许愿，不讲情感交易，讲正气，讲方法，原则问题不让步，对工作做的积极，对教改不乱支招，用权必有责，权之必须为学校服务。班主任是政治局，主稳定，行政策，是后备干部培养对象，加强班主任的意志品质和事业情操教育，培训工作方法，是磨刀不误砍柴工的，起到事半功倍的作用，是教育教改健康茁壮的成长保障。

二、制度的精细化实施

校园教改制度的精细化实施，要着力明确各处室职能、理顺领导层面关系、提升各责任人的效能，以优化服务校园环境，服务师生为己任。加强精、细、准的管理，重点做好班级量化管理、控制流拍课堂、督察各个环节，奖惩果断，不拖泥带水，不当无能干部，不做说嘴领导，更不是和事佬。现就歧口中学目前实际，就教改前如何精细化实施校园教改制度谈几点感受：

（一）出台一套完整的制度。俗话说：没有规矩不成方圆。一所学校，就要用严谨的制度来规范每一个处室的职能、每一名师生的行为，这样才能做的"外出形象、内见效果"。进而保证每一项教改工作的有序并取得实效。要求学校的每一个硬环境和每一个软环境建设目标和任务，都要由具体的人、具体的岗位来完成。实施精细化、规范化管理，就必须在各个处室、各个岗位上定责任、定任务，定教改带头人，坚定实施"担子好汉挑，成绩是目标"的教改宗旨。

（二）课堂模式规范化。课堂模式规范化就是依照课改要求必须把"课堂时间尽可能多的留给学生"，并且达到教改标准的要求。做到课堂程序规范有实效，充分利用好工学这个新的教学组织形式，提高学生的课内外学习效率，尽可能解放教师的生产力，尽可能减少学生学习的垃圾时间，做到科科有模式，节节是教改。

（三）加强校园监控和各室稽查。有了教改规范和师生行为规范，就必须有一套科学监控制度，对不规范的旧教学模式、工作不到岗的现象加以纠正惩罚。普及简明的"卡式工作法"，通过工作日志卡、值班卡、安全卫生管理卡、课堂教学抽检卡、校园通讯卡、班子例会卡、班主任例会卡、各功能室使用记录卡等载体，如实地记载校园各个角落的信息，切实加强对教改制度的实施监控工作力度。另外，校级领导干部，要做得对所负责的处室的内部稽查，开展对中层干部工作的检查，做好自我监督，更好地提升干部队伍的管理素质。

（四）校长的督导，是教改取得进度和效果的发动机。校长亲自督导是推动工作的重要手段，也是促使工作落实和目标实现的必要环节。具体操作中，校长要立章订规把督导检查与奖惩结合起来，既要注重教改的推动力度、进展程度，又要注重教改的落实效果、更要把住教学质量，注重教改中不同学科、不同年级的经验交流，互相学习，共同提高。

总之，歧口中学的教改是一项需要时间和舍得花大气力才会见端倪的教研工程，必须随着新形势，适合新教材，在教改实践中积累经验，虚心在教改实践中发现问题和不足，踏实做好下一步的完善发扬工作，不断结合学校的自身实际，求真务实，坚持不断改进、不断完善、不断创新，才能让我们教的书有底气，让我们的面上有光，让我们的事业有成，不辜负歧口父老，不做平庸一代。

第四章经

研修：加大教研活动投入，以督检促师资提高

教研组建设，是校园内教师身心素质和教学技能提高的主阵地，校长忽视了，即使弱抓了，就是糊涂！

——写在文前的话

写在教改第四阶段前：

学会以养花的耐心对待自己的自尊，有剪枝的勇气把持自己的成长，要有把自己磨砺久长的思想准备，这就是做人和对教改的信仰。

做睿智的老师，而不是仅有知识的老师。不是要照本宣科，而是要思考，带动学生去思考。学校在发展过程中能不断迈上新台阶，教育教学质量能不断创造新辉煌，就必须有一支优秀的教师队伍。

进入 2012 学年，学校教改进入第四阶段，即加大教研活动投入，以督检促师资提高。

一、主旨：以校为本·以师为本·致心严教·研检合一

二、目标：在继续落实学校至 2014 年常态规划的同时，教师通过教研培训，进一步更新观念，掌握并积极运用现代教育技术，巩固课堂结构，发扬工学精神和教与辅能力，建立一支师德高尚，素质良好、能适应现代化教育要求的反思型、学习型实力派的教师队伍。2012 学年培训目标：目标一：规范校本培训工作，通过组织系列以校为本的多种培训以及督检方式，提高教师专业化水平。目标二：加强"教改带头人队伍"建设，发挥骨干的专业引领与示范辐射作用，不断壮大骨干教师队伍。通过加强对中青年教师的培养，提升教师的整体素质。目标三：加强青年教师的培养力度，针对 35 岁以下教师，加强培养，制定丰富有效的教研组活动计划，在教育教学上给以更多的关心、指导和投入，使教师都能进步，都能胜任工作岗位。

三、教研活动内容：以歧口中学发展和教学改革需要为原则，把加强师德修养、更新业务知识和提高业务能力为目标，建立歧口中学特色的教师培训教研模式，着重对教师的"教改个案能力""辅导能力""与生亲和能力"等方面的能力的培养。

第一学年主要进行以下几个方面的培训：1. 师德培训重在爱岗。研读 1—3 位优特级教师的教育心得，同时通过研读、互动、反思，创建一个教师交流的平台，利用集体教研的机会让每一位老师吐露心声，谈谈学习后的想法和看法。（达到几个目的：有的加强了教师的责任感、使命感；有的联系实际想到自己的本职工作；还有的老师从中学到了怎样更好的设计和组织教育教学活动；更有老师从优特老师的心声中产生了强烈的共鸣，找到自身教育职业的价值……让优特老师的心得真实地反映了作为一线教师的教育生涯中的点滴快乐与发现，使很多一线教师共同经历的事，具有很强的代表性。）2. 教师培训重在支持。（1）骨干教师奖励制度。2012 学年，学校将实施骨干教师奖励制度。从 2012 学年起，学校将进行聘用期（三年）第一届校级骨干教师任命工作，现在还是骨干教师的培养阶段。学校以骨干教师培养工作作为教师管理的突破口，力求教改的实际要求，强化"工学"之教学模式，充分发挥骨干教师的示范带头作用，以点带面，由个体辐射群体，逐步形成学校师资队伍梯队化结构和有效地激励机制。与骨干教师签订、完成任期内的骨干教师任务书，骨干教师成长档案，骨干教师带教任务等。（2）集中开展全校性的"一课二案"的教学研究活动，由于学校教研组小，我们要求同一教学内容，由同一年级备课组的 2 位教师在不同的班级中开设同一内容的课，教研组全体教师参与听课，课后由组长主持进行说课、评课。"一课二案"内容相同，课堂模式相同，但教师的教法不同，课堂内涵不一，交流评课活动中上课的老师有话讲，听课的老师更有话说，因为他们的体会比一般的听课活动更加深刻，也更加有感触。让这样的教学研究活动，使得老师们的素养在不知不觉中得到提高。（3）教研组活动促进学校常规教学。结合学校教学计划，各教研组必须有自己的活动，明确分工，强化教研组长的作用，重点是组织有效地丰富多彩的学生比赛和大中小型活动，有属于自己的特色阵地，诸如文学小组、英语角、体育队、教学论坛、骨干示范课、教师擂台赛等新颖的有活力的活动组织，以致力于校园文化建设，学校支持并明确投入。（4）网上博客的运用，计算机的运用，课件的运用和学习。各班多媒体联网；建立歧口中学教研博客，建立班主任、教研组长、教育干部、校长治校、教师心声等论坛，给出每个教研组和每位教师的博客/学期的量化要求；分教研组集体学习计算机、课件的运用，开展课件评比；每学期每位教师必须完成至少 15 节课件课教学；建立《教研》和《月考》电子文档，及时与学生交流；建立班级课堂测试活性电子文档。以表彰工学小组学习的合作学习。（5）继续并严格要求《师生谈心手册》，引导教师对学生的日常行为引发的针对性的教育教学问题进行分析、反思、实践、总结，量化谈心次数和质量，对教育教学信息进行收集、整理、共享，以促使教师的教育行为示范性、效能性。（6）加强教学常规管理。开展教学常规的检查和月考成绩评比。另外突出督检的数字化，即"一套试卷"——35 周岁以下的教师、每学年一次知识测试；"二本心册"——考查课教师每学年至少二册谈心记录非考查课至少一本；"三强重奖"——有学生单科成绩、总分进入全镇前三名，重奖任课教师和班主任，镇统测排名前三年级的依次奖励；建立三个年级的每学期期末的奖励基金制度；"四次反馈"——每学期四次教学常规抽查，主要包括一次教案、一次 u 盘、一次作业、一次预习学案和课堂测试。

四、教研要求：在活动中，主要就是突出"研"字。因此，在学校制定了明确的教学目标后，各教研组必须围绕教研目标组织教师学习相关要求，引导教师研讨方案，组织相关的教学观摩和评析或说课活动。教研形式有多种，可自学、集体学、外出参观或请外地经验丰富教师到学校内作示范课、请家长随堂听课。每次活动教研组长要认真负责，调动每位教师的积极性，使其得到锻炼提高。再有，教师在工作中要注意广泛积累，不断吸取新的知识。不仅要勤于阅读，更要勤于积累、善于积累。俗语说："最浅的墨水也胜过最好的记忆。"手勤方可享用长久。读书时一定要认真做好读书笔记，这是积累资料的主要方法之一。方法之二：内容既可是诗词、佳句、名言摘录，也可是一些著名学者的精辟论述，还可是由文章内容而引发的心得体会，评点批注等。有道是：厚积而薄发，积学以储金。长期的文字积累，有助于增强业务能力，有助于改进教学方法，还可以形成良好的语言文字功底。方法之三：可以找属于校园自己的"草根"小课题研究，强调课题来源于实践，既在实践中急需解决的问题，要用新的眼光看待自己习以为常的教育实践过程，这个过程就是教师提高和发展的过程。

五、督检与管理：（1）成立督检小组，形成由校长亲自抓、副职协助抓年级、教务处抓教研组、政务处抓班务的管理系统，以起到组织保证作用。（2）加强过程管理，建立教师教研档案资料，为考核提供依据，为学校的发展提供历史材料。（3）认真记载教师参加教研出勤情况，并放入个人培训档案，作为考核依据之一。

结束语：学校的发展最重要的是师资队伍的发展，归根到底是人的发展。教师的工作不单单是"育人"，还要不断在反思教育行为的同时"育己"。师者，学生习惯和方法的锻炼大于注重知识的积累！

第五章经

创新 1∶261 节次结构改革
应对歧口中学工学之策略

歧口中学的教改——

经历了第一阶段：教改实施阶段；

自 2 月 21 日—5 月 4 日，即开学初开始到 5 月初。

第一阶段主要经历了——教改思想之信心的产生——教改方案的制定——教改软环境建设之教研专刊的学习发动——教改实验班的商定——新型教学组织形式之工学的建立——教改带头人的确定——教改课的实验——教改课堂模式与工学方法的建议——教改之各科预习学案的研究开发——教改课的汇报调研等 10 个环节。以上诸环节取得了预期的效果，同时也折腾的团队腹饥背疲，但我和我的教师们没有一个言退，反力则是教改的信念更入心脾——对于教改，我们不选择失败，因为我们时刻准备为成功付出。

经历了第二阶段：教改之课堂教师的表现阶段；

自 5 月 9 日—6 月 1 日，即从期中到复习阶段前。

第二阶段主要经历了——教改第二阶段实施办法的出台与实施——教改育人环境之"做清纯学生·当称职家长·做百姓满意教师"之社会环境促进教改的一份倡议书——教改育人环境建设之"全员育人的火车头（学生干部）"教研专刊的学习发行——兄弟学校来校课堂探讨——各科教学预案的成型及预习学案月鉴和课堂测试周记表的制定——教改带头人的典型树立——教改阶段性小结——教改落后课之修正研讨等 8 个环节。以上诸环节验证了教改的可行性和发展性，也应验了教改的艰难和紧迫，同时，更坚定了我攻破一个个堡垒的信心，对此，我积聚力量，坚定不悔。

歧口中学教改的重点在于教师的如何作为，教改的难点在于学生预习的效果，教改的链条就是工学。提高教师的认知和素质是学校的责任和义务，它是个长期的、并要校长坚定不移、时刻雨露滋润的校园种子，我会爱我自己一样呵护它扶植它的。但教改的预习学案，学生在家庭要达到预习效果是不能指望的，现在靠工学也只能是学生间课前的用功，杯水车薪，排不上多大用场；我们的初中三年教育，渔区的家庭氛围支持是可怜的，我们的力量不可扭转，但我们的优势在校园，课堂是我们的，在校园时效内提高学习效果，要学生有效学习是我们能为的，所以，我的教师们通过一个学期的教改实验，给我提出了一个尖锐的问题，教改的预习效果上哪里去实现？让我想到了一个办法，就是——《261节次结构改革应对歧口中学工学之策略》，下面就是我的模式设想和理论应答，也为教改的第三阶段做了思想准备。

261节次结构改革的模式：一天两节指导预习课，六节省定课程课，一节学生自主自习课。具体模式如下表：

	星期一	星期二	星期三	星期四	星期五
第一节	指导预习课	指导预习课	指导预习课	指导预习课	指导预习课
第二节					
第三节					
第四节					
第五节	自主自习课	自主自习课	自主自习课	自主自习课	自主自习课
第六节	指导预习课	指导预习课	指导预习课	指导预习课	指导预习课
第七节					
第八节					
第九节					

一、理论支持——新《课程标准》提出了"教育要以人为本"的教育思想，以人为本就是以培养学生的综合素质为本，以其持续发展为本，培养的是一个能持续发展的人。在学习过程中，养成学生良好的预习习惯就是培养素质的范畴，学生在预习时会遇到一些难点，带着问题听课使学习更具目的性，同时，教师在课堂上并不需花很多时间逐字逐句地分析，只需通过问题提问，检测学生预习的情况，针对学生存在的疑难作重点精解，最后让学生自己总结某一知识点的结构、用法及需要注意到的地方，教师起着主导作用，相反学生的积极参与发挥了主体作用，调动了各自的主观能动性，既省力省时，提高了课堂效率，又充分体现了学生是课堂主体的教学原则。预习可以提高听课效率——不经过预习的听课，只能是老师讲什么就听什么，分不清难点和重点，失去了听课的目的性和选择性，预习后带着自己的问题上课，目的明确，注意力也容易集中，听课效果自然会好；预习可以提高记笔记的水平——听课必不可少的一项内容是做课堂笔记。如果不经过预习，就会盲目地抄老师的板书，往往会导致"眉毛胡子一把抓"，不知道哪些内容教材上有而不必记，哪些内容是书上没有的或是老师反复强调的重点而必须详细地去记。由于忙着抄板书，便没有精力动脑筋去思考和理解问题。经过预习，记笔记就会有的放矢；

预习可以培养自学能力——如果一个学生能坚持进行预习，自学能力就会提高，阅读的速度会加快，思维变得敏捷，分析综合能力、发现问题、抓住问题本质的能力就会提高；预习后的课堂争取了学生练习的时间，强化了学生的解题能力，也节省了学生课下的学习时间，减轻了学生的课余负担。

古人云："凡事预则立，不预则废"。叶圣陶先生说过："练习阅读的最主要阶段是预习。"《现代汉语词典》就对预习解释为："学生预先自学将要听讲的功课。"捷克教育家夸美纽斯说过，一切后教的知识都要根据先教的知识。理解新知识需要旧知识作基础，预习可以使自己发现旧的知识结构中的薄弱环节，在上课前迅速补上这部分知识，为听课扫清障碍。

二、课时支持——目前，我市初级中学课程设置执行省定课程设置计划，7.8.9年级各34节。具体为：

	语文	数学	英语	品德	历史	地理	生物	体育	音乐	美术	综合	校本	物理	化学	共计
7年级	5	5	4	2	2	2	3	2	1	1	3	4			34
8年级	5	4	4	2	2	2	2	2	1	1	3	4	2		34
9年级	5	5	4	2	2			2	1	1	3	4	3	3	34

也就是说，它是学校完成教学计划的科学依据的最低课时量，保证了每周34课时的教学课时，就能顺利完成各科的教学任务，也可以很好地达到教学目标。现在歧口中学的一周课堂总量为45节。261节次的模式，给省定课程留30节表面上是不足34节标准的，但是标准中所要求的综合和校本课的7节，就自然理解我要说的30大于34的实际教学了。

三、时间支持——261节次的模式给了教改15:10:15的课堂模式和三级工学教学组织形式以时间的保障。2和1为6服务看起来是困难的，但是体育、音乐、美术4节和综合、校本7节，由于课程特点，是不需要预习的，总共11节课，一天平均达2节了，所以2和1就变成了为4服务了，两节预习课加上一节自习课为4节课程课服务，这样的教学，是很轻松的，相信教师没有理由说教不好的，学生学得好也就有了信心。

四、信念支持——一个不教改的新校长，将不会成为一个好校长，就带不出一所好学校，我想成为一个好校长，我想办出一所好学校，我想给年轻教师一个好声誉，所以我必须有自己的教改思想。我去解放教师的生产力，我要教师去解放课堂，师生都需要一个高效的课堂，给学生一个最好的学友，让教师有一个最好的成绩，这就是干部"在状态"的理由。再之师者应该是一个懂教育、有思想、善于创新的人；是一个有追求、有事业心和责任感的人；是一个具有时代感、全局观念、战略思维的人；是一个关注社会和谐、心系学校发展、致力学生进步的人；还是一个公正、坦诚、守信的人。这是教师受人尊敬的理由。

五、措施支持——就是教师上指导预习课和学生学自主自习课的问题。前面谈过工学是班主任结合任课教师按照学生的已有学习水平和个性特点及学习地域，把学生编排成几个小组，教师通过对一级工学学生群的组织工学，发动要求他们直接工学给二级工学学生群（以此类推）的一种以提高学生成绩为目的，深化校园学习秩序，指导学生健康发展的一种有效的教学组织形式。它要求教师会选择性的实施教书行为，应用好这种技能，并通过相关学习、培训、实践、获得工学的经验。教师首先研究好一级工学学生群的学习接受程度及情感接受能力，然后准备最有效最直接的学案，再通过教改的课堂教学模式，最后把授课后的学习巩固阶段推广给各级学生群。而这种学习效果的实现，就是由教师有效的指导预习和学生自主学习开始的。

1. 预习指导课。教师讲授教材新知识前，我们的备课强调两个课上软件，即预习学案和课堂检测，再就是一个教学设计。预习学案课前的前一天必须发给学生，让学生在家独立或通过工学友协同作业，第二天的预习指导课就是专门给教师指导的时间、专门给学生在小组工学的时间。预习指导课是第一节和第六节，由它的意义和位置自然就要求第2.3.4.7.8节的相关课程教师到课上指导，并且发挥一级工学生的作用，也就是说，预习指导课上的教师不是一个人，是多人多面孔的。教师要检查学生预习的效果，检查小组工学的效果，质疑问难，做好记录，并采取积极的评价办法，要求一级工学生要积极认真负责，调动二级学生积极协助，最终努力使三级学生也动起来完成预习学案，指导教师要有控制还要有激励。又及，这里还有一个对指导教师的督察问题，用一级工学生记录指导教师的考勤和敬业态度，一周记录报教务处，隔周找学生座谈，是个有效办法。

2. 自主自习课。顾名思义，自主就是自己做主，自习就是自己学习。自主自习课就是学生在规定的课时上自己做主自己学习。由于工学的特点，这里的"自"也泛指一个工学小组。要不要教师盯自主自习课呢？现阶段是必须要的，因为我们的学生还做不到自觉学习，我们的一级工学生还需要培养，班级环境还需要维持，至于什么时候不要教师盯自主自习课了，那就得听一级工学生的了，它也是我们教改成功与否的标志点，我想不会多远，也不会来的过快，人的因素至关重要。

3. 评价机制。教务处对261节次的模式在实施前后要不断跟踪完善相关的规章制度，政务处要协调好学生管理和兴趣小组活动，做的相得益彰，是我们的责任。

综上所述，261节次结构改革的模式是个预设，是新事物，它是符合教育发展的客观规律和前进趋势的，我信它的生命力和前途。它否定了以往教学中消极的、过时的东西，同时吸取、继承了教学中的精华和积极的经验，是吻合以人为本，培养学生综合素质的现代教意义的。所以我做，所以我没有理由不加入到这场教育革命中，去适应，去完善，去建设自己特色的歧口中学教改。

第六章经

创新2：高效课堂

摘 要：15—10—15高效课堂模式。

（一）前15分钟预习检查的细节

1. 关注工学小组在课堂上的细节。细化小组活动，宏观几项要求。小组组员分类——小组长的发言——小组的集体活动安排（共性）——个别组员的学习需求（个体）——教师重点讲解。

2. 关注一二级工学生态度上的细节，强调小组长的身体力行。积极回答——真实有效——信心支持。

3. 关注课代表的学习能动细节，重视他们的参与次数和作用。评价和激励——预习布置的新要求。

4. 关注其他组员的学习情况，保证他们的学习质疑环节。让学困生参与活动。

（二）探究中10分钟课堂讲解的细节设计

1. 教学预设——精心准备——合乎教材——强调体例。

2. 启发式教学——讲解的技巧——习题的渐进。

3. 小组纵向比较评比——分组参与度的教学提问——评价小组的整体接受学习效果。

4. 教师魅力实力语言教学——教师内外在的自身素质。

（三）细致后15分钟的课堂检测。关注组员的活动或发言，强化教学的井然有序

1. 检测试卷发放——。

2. 出示答案——。

3. 学生阅卷——。

4. 小组交换阅卷——。

5. 分数计算——。

6. 成绩发言——。

7. 教师评定——。

8. 小组动态成绩评定——。

9. 课堂小结——。

10. 第一、二作业布置。

（四）课改课的中级评价标准打分（见低中高级标准折分表）

（五）教学反思。要集成册《歧口中学教育干部教改理解课、展示课、汇报课专辑》。每节课的5个构成要件：（1）教案设计（2）设计意图（3）说课堂之"一个模式"（15：10：15）；说课堂之"两个软件"（预习学案、课堂测试）；说课堂之"三级工学"（4）教学效果之反思与心得（5）教改小组意见

"15—10—15 高效课堂"

歧口中学的教改简单地讲，就是要求教师上课做到"一个模式（15：10：15），两个软件（预习学案和课堂检测），三级工学（一个小组有一级工学生1人，二级工学生2人，三级工学生4—多人）。真正做到以学代教，充分发挥学生的主体作用，采取学生教学生的方式，把学习主动权还给学生，把发展空间还给学生，最大限度地提高学生的40分钟课堂效率。

我校的课改工学采取的是15—10—15的教学模式，也就是课堂展示活动15分钟，教师精讲点拨10分钟，课堂检测15分钟。预习展示是由每个组，在课堂上将本组学习的成果向老师及全班同学展示，也是教师对学生预习效果的一个检验阶段，并从中发现问题，从而进入第二阶段的讲解。教师精讲点拨，是教师对预习展示中发现的问题及课前预设的重难点的讲解、引领、拓展与延伸。课堂检测就是对本节课学习效果的一个检测，题型要与预习预设及重点突破预设相一致，达到将课堂效率最大化的目的。

15—10—15 高效课堂"前 15 预习辅导的教学要求

"15—10—15 高效课堂"前15分钟作为预习辅导的检测阶段重程序，认学生活动。教学要求如下：

1. 合理的、精彩的导入

一节课开始的几分钟是学生注意力最集中，接受知识最迅速，反应最敏捷的时候，有经验的老师都非常注重每一节课的导入艺术。自然流畅、精炼生动的导语往往具有引人入胜的艺术魅力。我们要求老师们能采用合理、精彩的导入。

2. 预习辅导的检测

（1）时间设定依然是15分钟。（2）能够完成预期的预习辅导的检测任务（文本依据：预习学案）。（3）能够根据本学科的特点，及对学生能力培养的目的，设计具有特色的学生活动（学生讲课、学生表演、学生辩论、学生提问比赛……），

体现工学小组的学习特点和要求。

3. 在本环节结束时，及时对小组课前预习的成果进行当堂评定。

"15—10—15 高效课堂" 中 10 课堂讲解的教学要求

高效课堂的构建是由三部分组成，即学生的学、教师的教，还有课堂检测。其中教师的精讲点拨是非常重要的一个环节，教师要会讲，会教，要能让学生参与到教学当中，而不是以教定学，造成学生被动的学习。深入浅出是教师处理教材的最高标准，其中，深入是门槛，浅出是境界。高水平的老师能把复杂的问题简单化，低水平的老师能把简单的问题复杂化。此环节重深度，看教师功力。

教师讲的这一环节应注意以下几个问题：

一、教学有技巧

1. 教的有目的：教师不是漫无目的的教，而是在学生自学展示后，教师与学生、学生与学生之间就先学后出现的共性的、预设的和生成的问题所进行的互动式的学习，同时教师引导学生小结、归纳、提高，由实践上升到理论。

2. 对于学生合作学习过程中遇到的有疑义、有争议的问题，教师不要直接告诉他们现成的答案，而是通过教师科学的提示、恰当的点拨，让学生去通过分析、对比、综合、思考解决问题。对于课堂中的重要问题，要研讨解法与思维方法，探讨解决问题的不同方法。教师要及时地引导、点拨，进行拓展和变化。精讲点拨可以由教师讲，也可以由学生讲，是一个归纳和提升的过程。

3. 教师应根据学生暴露出来的问题"借题发挥"，在分析学生解题思路的基础上，找出学生在理解知识上存在的问题，在思维方法上存在的缺陷等，同时找准切入点，进行方法指导。针对有代表性的共性题应设计相应的变式训练，让学生通过练习巩固知识，掌握知识、方法、规律。教师要引导学生归纳、整理出这些错题的解答方法和思路。

二、讲解有方法

1. 教师讲课要注意三讲三不讲，三讲即讲重点、难点，讲易错点、易混点，讲易漏点。三不讲即学生自主学习能学会的不讲，学生合作学习能学会的不讲，老师讲了学生还是不会的不讲。

2. 教师要精讲，主要体现为教师要抓住知识的关节点、关键点、易错点、疑惑点等，讲出知识的精华，讲得精彩。把握住了"这四点"就能使教学收到事半功倍的效果，反之，全面开花，到处点火，则徒劳而无益。

3. 教师讲评切忌平铺直叙，更不能成为简单的对答案和说答案。应先让学生参与交流、讨论，展示学生的思维、做法，在学生讨论的基础上，师生归纳出解题方法。应该将较多的时间用在错因分析与思路启发上，避免"就题论题，头痛医头，脚痛医脚"的做法。

"15—10—15" 中后 15 分钟的课堂检测要求

细致后 15 分钟的课堂检测。关注组员的活动或发言，强化教学的井然有序。

1. 检测试卷发放——（1）测试卷要规范，每道题每个空都要细致到有简明的分值，便于学生安静的判阅打分；（2）检测卷课前必须给每组的课代表，便于及时发卷，秩序不混乱；

2. 出示答案——（1）教师利用多媒体打出答案；（2）答案要字迹大而清晰；（3）教师小组间巡视，发现共性问题并个别指导；（4）教师根据做题效果，发出到时口令；

3. 小组交换阅卷——（1）各小组间固定或轮着交换，这个课前必须有训练，不能出现无秩序学生乱换现象；（2）到时间后组长负责收卷、报分给登统员再换回；

4. 学生阅卷——（1）要求学生安静阅卷，有问题举手问老师，不得大喊乱叫；（2）小组人多的可以留一个学生不阅卷，负责登统。

5. 分数计算——（1）每小组有专门的登统员；（2）教师评价表现优秀小组，特指纪律等；

6. 成绩发言——（1）每小组有专门的成绩发言人；（2）成绩发言人必须按举手先后顺序由教师指定后报成绩；

7. 教师评定——（1）教师评价优秀小组，特指阅卷速度和质量；

8. 小组动态成绩评定——教师的综合分析（1）满分、最高分表扬；（2）工学小组名次排定；（3）一周或几次成绩汇总动态表彰；（4）各科必须有自己的动态成绩电子表格；

9. 课堂小结——（1）可以是成绩小结；（2）课堂知识小结；（3）重难点强调；（4）形式可以多样；

10. 第一、二作业布置——（1）第一作业为课堂检测中的错题，在作业本上必须体现；（2）第二作业是拓展作业，可以是章节后习题也可以是练习册习题等。

"工学小组" 在 "15—10—15" 高效课堂中的应用要求

一、"高效课堂" 下班级工学小组建立

1. 组建原则：学生分组：在每个学期开学之初，由班主任、任课教师和班长、学习委员、课代表一起，对全班学生按性别、成绩、能力等因素进行均衡组合，分成 6—8 个小组，并由每个小组推选出一名组织能力强的学生任组长。

①科学划分，学习成绩均衡，分为 A、BB、CCCC 三层，便于各小组公平竞争。

②合理搭配，让不同学习水平、思维方式、情趣特长的学生成为小组成员，达到能力互补，性别互补，性格互补。

③小组都有名称、活动口号、组徽、组牌。

2. 工学小组长定位：工学小组长要求："要想帮助别人，首先强大自己"，小组长要有极强的学习能力和良好的学习习惯。学习成绩不一定最好，但组织能力一定要强。班主任要加强对工学小组长的培训工作。

（1）小组长要团结同学、帮助同学、组织同学，打造积极向上的小组学习团队，勇敢地担当起学习小组的学习领袖角色；

（2）小组长要组织小组成员进行一对一讨论或是小组内部三个层次间的研究解疑。确保每个小组成员实现高效学习，都达到"跳一跳够得着"的学习目标，最终实现小组团队的整体学习目标；

（3）小组长要及时检查小组成员课堂学习情况和每天学习内容的落实情况，学习内容堂堂清，日日清，周周清，月月清；

（4）小组长要建立起针对每个小组成员学习态度、学习效果的评价制度，每周公布、总结一次，以督促小组成员不断反思，不断进步；

（5）小组长要组织小组成员利用好预习课，配合教师，根据 A、B、C 分层完成导学案。

（6）小组长要负责维持本组同学的学习纪律。

3. 工学小组长职责：①组织实施好每节课的课堂展示、讨论和自学。②帮助 C 层同学完成各项学习任务。③监督各项班规的遵守情况，制定组规并检查落实。

4. 分工和责任：

每小组设组长一人、副组长一人、学科代表每科一人。

组长抓学习，副组长抓常规（纪律、卫生、日常行为等），分工合作。学科代表每科一人，具体负责本学科的各项学习工作（收发导学案、指定本组展示代表、发言代表、收集问题向学科老师反映等），学科代表要能够调动、激发小组每个同学的学习积极性。班主任有小组长的管理记录，科任教师有对学科代表的教学要求记录。

二、"高效课堂"下教师对班级工学小组管理与评价

1. 高效学习管理与评价针对我们学校"15：10：15"教学模式，要求教师对学习小组的评价采取以下方法：

（1）课堂即时性、激励性评价

每节课教师对每个学习小组进行评价，从学案预习、黑板板书、展示质量（课堂讲解）、对抗质疑等方面及时给予过程性评价。

（2）评价小组与评价个人相结合：教师评价到学习小组，由组长和教师共同评价小组成员。

2. 记录方法

教师每天记录课堂测试成绩；记录好班级日志；任课教师和班主任做好周评，

开好周会。

3. 结果利用期中、期末每次模块考试后，结合每月统计结果，对学生个体、小组进行激励评价奖励。

歧口中学课改课评价标准（高级）

授课人：　　　　年级：　　　　班级：　　　　科目：　　　　听课人：

项目	分值	评价标准	得分
学案展示	5—15分	能够以学案为文本依托，在教师引导下，由学生对预习学案设计的问题进行预习展示，形式灵活多样。要求学生参与多，小组活动真实有效，真正体现工学的教学理念，有三级工学生的互动活动，避免平铺直叙念学案答案现象。在展示过程中或之后，教师应有适当的评价。鼓励课堂开头有精彩的课堂导语。	
重点讲解	10—20分	能准确地把握教材的重难点，并能充分了解学生的认知水平。做到重点突出，难点突破。讲解要注意方法和技巧，要注意课堂生成。做到精讲，抓住知识的关节点、关键点、易错点、疑惑点、有中考点的典型体例，讲出知识的精华，讲得精彩，学生掌握效果好。	
当堂检测及评价	5—15分	测试题发放有序，学生测试时严格遵守考试纪律，收卷快捷、规范。交换阅卷有序、科学。处分科学公正，并有电子表格计分，体现周月浮动。各个环节衔接顺畅，秩序良好。	
学案及测试题设计	5—15分	学案设计要求：教学目标明确，符合课程目标的要求且符合学生实际。能准确地针对教材的重难点设计预习问题，不出偏题怪题。能体现"导"的环节，注重学生基础知识与技能的训练，注意对学生思维方式的培养，学习方法的指导。测试题设计要求：要具有相对的针对性准确把握重难点，题量适中，不能过少或过多。分值设计合理明确	
教学模式时间分配	5—15分	预习展示15分钟，重点讲解10分钟，当堂测评15分钟。完全按照此时间分配者为满分，其他酌情减分，最低为5分。	
教师个人素质	5—10分	教学心理素质好，教态自然、亲切、大方；语言标准规范，生动精炼；板书条理清楚，书写规范；讲解示范准确、形象、情感性强；驾驭课堂能力强，应变自如。	
课堂教学效果	5—10分	落实教学目标，完成教学任务，每个学生有不同程度的收获，教给学生学习的方法。学生能积极主动参与各项活动，学习态度积极，兴趣浓厚，课堂气氛活跃。	
合计得分			

歧口中学教改课三步评价制度

为保证教改课的要求和质量，对教改负责，对学生负责，全面服务于教学，特制订此制度。

就是"一谈、二警、三停"。

1. 一谈，就是第一次课堂不达标者，校长或年级领导先与其个别谈话，谈课堂要求、谈教师角色、谈学生表现、谈课堂程序、谈教改意图等，指出问题所在，点名改革方向。

2. 所谓二警，就是第二次听课仍然不达标者，要在年级组上予以警告。

3. 三停，就是如果第三次还不达标，让该教师停课一周，学校为其安排专人做辅导教师，被停课者一边听优秀教师的课，一边研读教改理论，学习组织发动学生的方法。

第七章经

总结篇：回归线——教改之路

按：教改就是追求高效教育

歧口中学始建于 1966 年，是南排河镇五所初级中学之一，现有教职工 34 人，学生 402 人。自 2010 年 9 月份以来，学校以培养"勤奋奋进进取"的学习观为师生的座右铭，以开发"大歧口思想"为地域文化的传承，把"校爱生生，生生爱校"作为校园育人的主基调，努力建设"红荆条精神"特色校园，办大歧口父老满意的渔区中学教育，积极探索适应当代学校管理的科学方法，不断深化校本教研和课程改革。

2010 年 8 月，新学期开学后，市委市政府提出黄骅教育"两个五年目标"，市教育局也出台了"教育质量年"的一系列新举措，大力推进教学改革。在此背景下，歧口中学组建了新的班子集体，也启动了教改的步伐。学校的 261 节次、工学小组、15—10—15 高效课堂，两个景观建设、《大歧口》校本课程、"浪花"渤海渔村剪纸展、兴趣小组、社会公益活动、红荆条精神的彰显，教改中同时完善了各项教研制度，丰富了教研新形式，使我校教育教学工作卓有成效，受到各级领导的充分肯定和好评。2011 年沧州市师德先进集体，2012 年黄骅市教学进步先进单位。总之，在教改中，我们大胆全面调整课堂的教学结构，积极探索新的教学模式，做了大量基础性和尝试性工作，课堂教学效果明显提高，教学改革工作初见成效。

一、校长的思想准备：想好六条，说一句话

动力支持：一个不教改的新校长，将不会成为一个好校长，就带不出一所好学校，我想成为一个好校长，我想办出一所好学校，我想给年轻教师一个好声誉，所以我必须有自己的教改思想。

核心目的：解放教师的生产力，要一个高效的课堂，给学生一个最好的学友，让教师有一个最好的成绩。

校长作用：做总结者、提升者、推广者——即自上而下由一线教师的教学实践，摸索或是整理出来一样并通过学校最后定型而在全校推广的高效的课堂教学模式。

教改思路：发现或挖掘——挖掘教师中特别是优秀教师的教学经验，发现教师获得优异成绩的智慧做法，通过听课、座谈、沟通、交流等形式得到一份精神支持，求得眼前一亮，需要一样为创新而付出的行动，还得有一个通达明天的审慎的智慧和毅力。

教改要领：简洁易懂，高效易学，也就是教师教的高效，学生学的高效。学匠人精神，做工学良师。

方法措施：

做总结者——（1）校长听课、座谈、看教师自我的教学评价。（2）组织教师干部分教研组对教师的课进行研讨。（3）决定让教师探索出教改计划。（4）组织骨干教师全面深入课堂总结提升，有针对性地对"×××教师"现象进行教研，树立各科教改的带头人。（5）确定"×××学科教改策略"，逐渐完善推广。（6）考虑阻力：教师阻力、干部困惑、家长学生误解、社会反响。（7）敢于创新：组织干部教师经过听课、研究讨论、亲自试验、从自身实践中认识到这一教改策略的巨大魅力，让教学事实说话，使得教师们信服；出去参观学习，给教师洗脑，给教师勇气和力度，把提高成绩作为课堂的最高形式和追求；校园舆论，利用校刊、板报、家长书等形式，获得家长社会的支持。

做提升者——前提：创新必须稳妥，必须把代价降低到最低处。（1）请教研室、督导室、普教科等到校指导、论证、修改。（2）请联片教研领导及骨干教师深入课堂，再总结提炼。（3）进一步修订各科教学的"新授课、复习课、讲评课、实验课"等相应的几步教学环节之教学策略，强调可操作性和实效性。（4）校园德育文化建设的辅导作用。学校文化、读书、师生友情互助活动。

做推广者——（1）教研组实验试点。（2）年级组展开研究。（3）全校推广。（4）制度保障：要求教师必须有专注的精神，反复追寻、研究，下功夫，不怕周折，执着磨炼，求得豁然贯通，有所发现、有所收获；必须有"风物长宜放眼量"的胸怀，为了成功不怕多次失败，有奋斗就会有希望，希望在奋斗之中。（5）教育干部的支持或力践角色尤为重要。

校长与同事们共勉的一句话——师者，应该是一个懂教育、有思想、善于创新的人；是一个有追求、有事业心和责任感的人；是一个具有时代感、全局观念、战略思维的人；是一个关注社会和谐、心系学校发展、致力学生进步的人；还是一个公正、坦诚、守信的人。

二、教改的做法：有章法，得要领，循序渐进不回头

回顾教改，第一阶段，主要经历了——教改思想之信心的产生——教改方案的制定——教改软环境建设之教研专刊的学习发动——教改实验班的商定——新型教学组织形式之工学的建立——教改带头人的确定——教改课的实验——教改课堂模式与工学方法的建议——教改之各科预习学案的研究开发——教改课的汇报调研等

10 个环节。以上诸环节取得了预期的效果，同时也折腾得团队腹饥背疲，但我和我的教师们没有一个言退，反力则是教改的信念更入心脾——对于教改，我们不选择失败，因为我们时刻准备为成功付出。

第二阶段即教改之课堂教师的表现阶段。目标是人人都讲教改课；标准是一个课堂模式（15：10：15）和两个课上软件（预习学案，课堂检测）以及三级工学指导；具体措施是（1）教改带头人每人每周必讲一节公开课，具体时间安排每周一报教务处。（2）教改班级的其他教师每两周必讲一节教改公开课，具体时间安排隔周一报教务处。（3）非教改班级教师三周必讲一节教改公开课，具体时间报教务处，不能重复使用其他教师的课件。（4）讲课教师备课形成的预习学案、课件、练习题、测试题等，讲课后当天拷贝到校长室电脑上。（5）遇到教研日有公开课，全校干部教师集体大评课。学校周二第五节开放卫星接收室，放优秀教师讲课影像。听课记录记入教师考评。（6）学校周四第五节开放读书活动室，有教育干部轮流组织朗读学习魏书生工作漫谈。学习记录记入教师考评。（7）本周内必须出台各教研组的预习学案蓝本。（8）校长听课，当日每堂课后在校长室集中评课，并定调子，评排优质课。（9）利用教研日开展听课、评课、说课、教学论文、写教学札记比赛。我们出台了教改课的初级评价标准并评出了教师的教改课的等级。

教改的第三阶段：教改课走进每一个教室。自 2011 年 8 月中旬，学校组织全体教师学习了教改材料的合订本。9 月开学后的第二周，教改模式全面展开，261 节次、15：10：15 课堂模式、工学小组全部运行，到 2011 年 12 月底。第三阶段细节：（1）暑期干部教师集中洗脑。2011 年 8 月 12 日—8 月 15 日，教育干部到校编撰《对歧口中学教改的具体指导意见（合订本）》，为新学期全面教改制定"纲领性文献"；2011 年 8 月 21 日—23 日，由各中层干部分领学习材料，组织全体教师学习，完成两篇心得作业《如何在教改中提高管理的能力》和《如何使自己的教学行为更符合教改的要求》。（2）9 月开学后的第二周，教改模式全面展开，261 节次、15：10：15 课堂模式、工学小组全部运行，到 2011 年 12 月底。其间活动：各班工学小组的建立和组长培训（教务处）——教改中和工学中的班主任培训（政务处）——两个景观建设的宣传和发动（政务处）——教改开始服务前勤的教学物资支持（总务处）——教改带头人教学观摩课（教务处）——教师教改课全员等次评定（教务处）——教改两个软件一体机服务（政务处）——教改 U 盘补给（总务处）——教改校长解惑《谈教改先期的困惑和对策》——教改教师支持曹艳杰的《工学路上，我们风雨兼程》，张海港的《把爱留住，把学放开》——《月考后的教育反思活动？我的一份与共性问题》——校长的教改鼓舞《歧口中学教师宿舍门前的红荆条》——家乡支持：我们的大歧口牌一体机！——正准备的教改课等次评定奖励——教改课优秀经验总结。我们收获了《歧口中学·课改总结丛书》第一辑，其中有领导的教改总结，也有骨干教师的教改感受，同时我们也评出了教师的教改课等级。

教改的第四阶段：写在教改第四阶段前的话——做睿智的老师，而不是仅有知识的老师。不是要照本宣科，而是要思考，带动学生去思考。学校在发展过程中能不断迈上新台阶，教育教学质量能不断创造新辉煌，就必须有一支优秀的教师队伍。进入 2012 学年，学校教改进入第四阶段，即加大教研活动投入，以督检促师资提高。目标一：规范教研组工作，通过组织系列以校为本的多种培训以及督检方式，提高教师专业化水平。目标二：加强"教改带头人队伍"建设，发挥骨干的专业引领与示范辐射作用，不断壮大骨干教师队伍。通过加强对中青年教师的培养，提升教师的整体素质。目标三：加强青年教师的培养力度，针对 35 岁以下教师，加强培养，制定丰富有效的教研组活动计划，在教育教学上给以更多的关心、指导和投入，使教师都能进步，都能胜任工作岗位。主要集中开展了教研组集体备课推荐汇报课活动和全校性的"一课二案"的教学研究活动以及各教研组组织的有效地丰富多彩的学生比赛和大中小型活动；工学小组的班级文化建设试点班建设；各班多媒体联网；建立《教研》和《月考》电子文档；建立班级课堂测试活性电子文档；严格了要求《师生谈心手册》，"三强重奖"——学生单科成绩、总分进入全镇前三名，重奖任课教师，镇统测排名前二的年级的依次奖励；建立七八年级大辅导班基金制度；细解了 15—10—15 后 15 分钟的课堂检测要求，并在各个班级建立实施起来，效果明显。

歧口中学的教改，两年下来，主要三条线：第一条线是教学上的班级工学小组建设到 15—10—15 的高效课堂要求；第二条线是管理上的校为生生生生为校的两个景观建设到教师工作量化分解到各职能室的实施；第三条线是意识形态上的区域图腾文化的大歧口思想的形成到勤奋奋进进取的师生的红荆条精神；为此工作的使命感和投入性，有了这个暑期的教师共同行为——《2112—2013 学年歧口中学教学工作新秩序册》——1. 干部集体学习《上任第三年》《谈教育干部的形象提升点》；干部任课意见和职责调整责任状及责任到班思想的统一；（25 日下午）2. 全体教师集体学习《述 2012—2013 学年第一学期工作思路》并完成文后话；（26 日上午）3. 全体教师集体学习《思想自觉·岗位意识·步调一致·总结积累》（26 日下午）、《最简单作业与最复杂作业》完成验收和"我对新学期 xx 学科的教学建议"；（26 日下午）4. 分教研组和年级组具体安排并具体到教师负责整理预习学案、课堂检测的系统化、电子化、并整理成内部资料，争取版权与发行；（27 日—30 日）5. 教师量化结果的汇总与期末师生各项奖惩发布；（28 日）6. 班级文化布置及班主任培训建设与干部责任挂钩的具体方案、工学小组建设、班级文化布置、干部责任到班的责任状签订；（29 日—30 日）7. 教务处：15—10—15 中八年级前 15 和七年级中 10 的高效课堂细则与培训策划以及九年级的精品教育与职业教育的早部署，大辅导班辅导效果跟踪办法；政务处：细纪律和治面貌的重措施实施办法和班主任与干部责任挂钩的培训以及新生入学教育活动；总务处：财务一支笔与财务管理月报的严格统一和新学期的各项后勤准备到位以及校服征订（30 日—31 日）。在开学后的 2012 年的 9 月 4 日，我们全体干部教师集体学习《2012—2013 学年教学新秩序执行册》也就是教务处、政务处和总务处的新学期工作布置会。干部职责调整及与干部签订责任状——中层干部与班主任签订责任状——上学期几个教学误区分析（玉来）——毕业班精品教育计划（玉来）——《预习学案》电子档建设要求（玉来）——"15—10—15 高效课堂"中 10 课堂讲解的教学要求（重深度，看教师功力）（树东）——七八年级大辅导班辅导效果跟踪办法（刘树东）——"15—10—15 高效课堂"前 15 预习辅导的教学要求（重程序，认学生活动）（广艳）——班级工学小组建设（广艳）——校本课程、预习学案再上新台阶办法（广艳）——班级文化布置（金镇）两个景观建设之细纪律和治面貌重奖惩实施办法（金镇）——班主任上学习课制度（金镇）心理咨询室制度——职业教育在中学制度（国峰）——兴趣小组、团队建设再上新台阶办法（国峰）——教师值班制度再说明（白骏）——歧口中学各室安全卫生管理责任表（白骏）——新生统一校服要求（宋云江）——水、电、通讯、电子办公、公物保管维修等责任要求（宋云江）上学期教师量化结果的汇总与期末师生各项奖惩发布（各职能室负责人），所以，今天，就有了第五阶段的教改方案预想。这就是 2012 年下半年，学校教改的第五阶段——即教改之干部、教研组长、骨干教师的教改课汇报和全员教师的教改课、非教改课课堂教学评定阶段。总体目标：实现课堂教学的一个课堂模式（15：10：15）和两个课上软件（预习学案，课堂检测）三级工学指导。具体标准：八年级的前 15 的预习辅导细化评定；七年级中 10 课堂十分钟讲解功力；"工学"课堂的评价标准（高级）；工学小组建设班级评比；措施步骤：1. 教改骨干教师教改展示课；2. 教育干部的教改理解课；3. 教研组长的教改汇报课；4. 七、八年级高效课堂的细化标准的学习和评比；5. 全员教师的教改课、非教改课的评定；6. 预习学案、课堂检测的电子档案库建设及工学小组成果汇报。

　　2012 年 12 月 1—6 日，我有幸去了洋思、东庐中学，就有了两文《发现一》《发现二》和"三做月"活动。

　　去发现（一） 我有一个教育观念所，不大也不小，需要修葺、整理、改变并美化它。不大是说这个所是为大歧口的师生服务的；不小是说这个所属于大歧口的教育，是未来的；所以，它要我，给它的总是积极向上的信念，不要花架子，领会领袖的话，就是"空谈误学，实干兴校"。走进洋思，在发现中，我被一开始的过程所鼓舞。我的教育观念所，也有效的彻底地被洗清晰了——我知道了"如何再做才是"的事。但我首先问自己的，这种观念能武装我多久？我的目前的装备能坚持多久？我的教师来自内心的以及训练后的忠诚，于我能围护我多久？我只有学了回去，坚持并重复着我先前的努力，着力在我的干部教师队伍的建设上。让学生会问，这是个教学技巧，三年下来，就一定能培养出会问问题的学生，这个目标不远。——我也就终于想到了校长的作用，一个做事的人，要大成有权威，有意志品质，先立志后厉苦，有时做的孤意只行，甚至就做了帐中大帅，令行则动，令不予则斥。先是洋思的校园，环境教育人。文化布置，我做不得大气，可以做得精致。反正我用了一节课多的时间，转了它的校园，我知道了，现在破了相的歧口中学，是茧破前的裂变，我已将其地面翻腾了过来，我下面来的就是校园规划蓝图。一沟一树要算计，一屋一舍要规划，一墙一角要格调，一排一地都要讲布局，这就是明天的"红荆条精神"的特色校园。洋思是教改的代名词，洋思的教改就是打造高效课堂，打造高效课堂就是死死抓住质量，以质量求生存，谋发展。换句话说，教改是学校取得一流质量的推动剂。洋思说，教改要科学性——系统系——坚持性。科学系统我没把握，我信坚持教改，才能成功。教改主要在课堂，课堂好，学生就好，学校就好，家长就满意。所以，我的主攻，也是课堂。洋思说，教改是要和教师斗争的。那人说，一个学校什么最大捏？答：管理最大。做有效管理有二，一是把学校的事当成自家的事；一是把学生的事当成自己孩子的事；那人又说，怎么做才是有效管理呢？答：一个字"包"。无人不包，无事不包，无处不包，一包到底，一包就灵。包好重奖，包不好重罚。包的精髓就是知责任，明责任，负责任。门卫要包，班要包，学生要包，甚至包学生的感冒。洋思工作策略的改革——按时上下班不是工作，找问题才是工作，那人说，我们的问题工作法就是捉老鼠，捉到老鼠，捉到又大又肥的老鼠。找到被将改的问题，工作围绕着问题转，做到发现问题，解决问题，应用问题。

洋思的课堂，学在课堂，教在课堂，练在课堂，高效在课堂。我们的261课次结构，15—10—15的课堂模式就很符合的。去发现（二）我要谈我们以后的课堂改革的出发点和着重点，以及如何全面提高教学质量对干部教师校园教育行为的指点（不是金点子，是硬要求）。

去发现（二）——谈歧口中学课堂改革的出发点、着重点以及如何全面提高教学质量对干部教师校园教育行为的指点，首先说明，我谈的这些，不是金点子，但是硬要求。洋思中学的课堂改革的出发点和归宿是让每个学生最大限度地绽放生命色彩，说白了就是要了分数，还要素质。我们的教改也离不开这个核心。洋思要我更清晰了——

一、做有为的教师，从学困生的考试成绩抓起。

那人说，理直气壮抓分数，不屈不挠求成绩。我认同这个理，现在的家长缺的不是钱，缺的是孩子的前途，我们让学生获得了知识，取得了高分，家长就满意了。期中考试考完了，我让各年级搞了一次期中考试年级教研活动，主要是把本科成绩分布、成绩性总结、不足之处、自我批评、建议或意见弄出来，放到教研会上晒晒，交流汇报。我的用意就在这里，这个成绩就是标底，我们就要求教师做个"能再进一步的教师"，下次考试就比比看看有没有进步。怎么抓分数呢？我有触动。洋思说，提升学生的素质，向素质要分数，素质决定分数，分数提升素质。素质的核心是教好书，育好人。大多数老师一直照顾尖子生的高分数，而在学困生的分数上下的功夫少，结果是尖子生尖了，学困生钝了，学生总体成绩还是踏步不前。这里就突出了一个问题，这个问题老师们都碰触过，就是没认真思考过，怎样提高学生整体水平的办法就在其中了，这就是洋思的高明之处——没有教不好的学生，学生之间只有差异，没有差生。学生在学校里，都是我们的学生，来的都是客，我的理解就是学生都能教得好（进步），是我们教师把差生教出来的，学生进了中学，我们让人家更差了，就是我们没有教好，我们在他们身上是真的不会教了。所以，我要求教师换个角度做事，教教差生！不是我们对学生无计可施，或说是束手无策，是我们缺少爱，没有责任，少恒心。漠视——轻视——蔑视，对学生简直就是行政处罚；拯救——唤醒——启迪，才是对学生的热爱！教师要积极做到挖掘学生，等让学生做到了自我挖掘，就把成绩提高了一定的高度，我们也就做到了教书的最大殊荣，即是对学生做了最大的负责任。当然，这里要老师们明白，挖掘的基础是相信学生，没有相信就没有教育，相信是教育的前提。相信学生就是最大的以人为本，这就是师生间亦友亦师的最好解释。教师们要有个帮助活动计划，教务处要促成一个帮学困生的活动潮，多考考，来比比，看看谁的学科学困生成绩提高了，最后，做个结论，表彰奖励一起上。

二、做有识的导师，把尖子生放出来学习。

我们的课堂，特别是复习的课堂，在督察差生发展的同时，我们的尖子生该怎样要求呢？让尖子生自学，有句话说得好，培养不如自培。我信了，差生是我们教出来的提法，我不赞成尖子生不是你我教出来的观点，对待尖子生，就是放手——激励——引导。在课堂上，我们的工学小组的真正作用还没有发挥出来，兵教兵就是我们的工学，真正让我们的一级工学生发挥作用，就在我们的两节预习课和一节大自习上，让他们发挥作用——给他们学习目标和学习任务，给他们权利，去当小老师，要让预习课和自习课有了动机和目的，对待我们的尖子生做到自主不自留，放手不放纵，尖子生教会了学困生，就是最大的能力提高，这个意义胜过我们教师的辅导，这时候教师的指导做到形散而神不散就是境界了。

三、做能研修的技师，把功夫用在题的选用和检训手段上。

前两天，有位老师给我说课例研修，说自己简单理解为以课例为载体，一个教师团队在专家的理论引领下，针对教学中的关键性问题反复设计反思实践的一个过程。它是集体智慧的结晶，对教师的专业成长起到很大的促进作用。听后，我说，课例研修＝教研组＋多的同课教师＋专业引领人＋学校的激励制度。课例研修能帮助我们的教师提升教学能力和坚定事业信心的，同时也减少了些莫名的职业倦怠！联想到洋思的先学后教，当堂训练，就有了我对教学研修的要求——做技师，就是做有办法，点子多，会训练的技术师。提高成绩，就是带兵打仗，不训练好一支作风硬能吃苦善打仗的队伍，就打不出胜仗，教书也是这个道理。怎样训练出好学生，经得住考试的好学生，去了洋思，我有了更深的体会——

1. 选题。几个人在一起，研究考纲，精选和选精的题，做到每张练习或考试模拟卷都有一定的探究性，典型性，代表性，这个过程是需要集体的智慧的，教务处可以搞教师单元、章节、月考模拟出题的作业，目的就是让教师们熟悉接近期末、离中考越近的题型。

2. 检训。没有检训的学习是无效的学习。考试就是激励，检查就是督促，学生不紧上几扣，就会落后千尺，就没有前进的动力，所以说，考试少，平时检查少的教师就出不了高分数。把自己的选题投到训练中，就是有的放矢。

3. 练兵。学生在做题中存在的问题，就要在预习和自习课上进行相互的实践、相互探究、相互的学习。这就是我们的工学思想——让学生大练兵。把教的权力交给一二级工学生，一和一互教，组和组互学，教师要做积极地引导，教师的功夫就在引导上，做到导问题，导方法，导结论。把课堂变问题的课堂，教师在课堂上做到精讲少讲就是促进学生的学。

4. 分层。训练目标是否达成，必须分层次训练，分必做的过关题和选做的思考题，题有时候不一定都是纸上的，口头的也行，必须像考试一样做到有监考（可以是学生），不允许抄袭。我们的工学小组就是个好的小考场，我们的教师要学会用心去经营。

再想想，要说的或者说要补充的感悟，就是再次告诫老师们，对工作的态度，决定我们的成绩，对教改的认识，决定你的行动，我们的课堂就是一手抓学生成绩，一手抓学生素质，正如邓小平说的，两手抓，两手都要硬。歧口中学要出精品师生，还要收获真善美的德优师生。

于是，就有了"逼困生，放优生，重督训，大激励，全面提高学生分数，"'三做'活动月"。

2013 年的暖春，我们开始了教改的巩固发展阶段——

《打破掣肘，亲历亲为之歧口中学的教育》

暖春的第一信息。（按：元宵节后，新学期开始了。虽然又是一年一度，但属于歧口中学的 2013 年的这个暖春与往年不同，它是学校班子将要换届的最后一个学期，是歧口中学内外环境彻底改变的一个学期。我们这届校委会除了例行教育使命外，还肩负着教学改革、校园规划和特色校园的重大转变，向领导和大歧口父老交啥样的答卷，确定办渔区一流中学以后怎么走的问题。所以，我们必须自己先于别人关注自己。）

这个学期，对学校教改效果的期待，无疑将是师生和大歧口父老最大期待。

这份期待，来自大歧口的师生：教育改革已不是大城市校园的词汇，当我们在2010年把工学"261节次""15—10—15高效课堂"并列相提时，歧口中学校园三年的收获和师生的使命感，已与教育改革紧紧挂钩。

这份期待，来自大歧口父老：校友宋有洪（时任沧州市委常委，市委秘书长）叮嘱我们"必须把主要精力放在文化基础知识上"；三村队两委多次表明"支持教育红利百姓，要多育出名生让大歧口受益"。

过去，我们的教改是自拉自唱，现在，我们的课堂教学，要站在利于生、利于师、福祉乡亲的高度，需要鼓足勇气，向行家公开讨要他们的智慧，向父老摊牌看他们的态度。我说，歧口的教改是到了借人家的草船时候了，因为这个时候，我们需要、我们也才能有了我们自己的利器。在尊重师生的首创基础上，教改成果既要它山的顶层设计，更要依靠各方的探索和创造。

两年教改，当下，教改的校园已经雏成，但我们思想上和行动上的掣肘难为，令往下的工作可谓举步维艰。其中，教师功利分配，师生的存量利益需要调整。市局提出的质量年的大气候，期待我们的真正突破尚未出现，我们的教改路径还是任重道远。

打破掣肘，建红荆条特色校园。涉及与政府与村队、各部门之间的协调，干部要首当其冲。校园内部建设，对于我们这群秀才兵，无一不是难啃的"硬骨头"，只要我们自己真正做到了上行下效，蓝图就成现实。

打破掣肘，推进师生工作学习量化，破除固化的期末凭打票推优模式，一开始就从过去的"几类弊病"着手，改变管理，跟上教改的脚步，让校园气象与日俱增。

打破掣肘，涉及学科间、年级间、不同考核项目间利益调整。新的歧口中学格局期待"破冰"，我要为今年的校园规划定调，努力增添校园的美景，办师生乐道的具化图像校园。

因此，我现在提，教改正与危机赛跑，这种善意的提醒并非危言耸听。这个学期，正逢换届之年，更是教改攻坚之年。面对重要的答卷要上交，空间有限、时间紧迫。我们既要有"敢为天下先"的勇气，也要点滴智慧汇集，发动全体干部教师，号令鼓舞每一位在校生，积极寻求稳妥路径，把校园的外部基础建设好、把校园的内部发展规划好、把名生教育教科研的好。

即将到来的2013年的暖春，无疑是每一个关心爱护歧口中学人的和聚共识，绘就明天大歧口的最佳时机，也是我们把做事、做成事的勇气转化为今天的教育决策、将父老乡亲智慧汇聚为行动合力的最佳时机。

属于大歧口的教育，只有进行时没有完成时。有志于此，亲力亲为之新歧口中学的教育格局调整，才能赢得尽可能多的社会回应和民意支持。今年我们的工作，将影响歧口中学的明天发展，人们理应有所期待。我们脚踏实地、不厌烦琐、不怕艰难地躬身实践、注重实效，决心做事、歧口中学就大有前景。

暖春时节之教改章节——1月11日，欣然收到校友宋有洪（沧州市委常委、秘书长）的回信，他的"必须把主要精力放在文化基础知识上"的叮嘱，坚定了我们教改的信心，也说明了我们的"教学新秩序"走质量强校的思路是对的。这也是我提"温故而知新"的用意，重学就是最简单最有效的办法。

1. 重学吴玉来副校长的《2011—2012第二学期教学误区分析》，结合这学期期末我们的"三做月"活动成果汇报，认真对照，前后比较，早谋划，快行动，决不能再出现诸如此类的误区！

2. 落实好《九年级精品教育计划》，在上学期王蕊同学取得黄骅尖子生竞赛全市第三名的好成绩鼓舞下，新学期一开，就是起跑鸣枪，把五一作为第一个冲刺点。"为育出那么多名生"（宋有洪回信）而积极准备，举行初三誓师大会，统一思想，认清形势，同心协力，志在头名。

3. 各年级预习学案文档库的收官暨使用启动的要求。

4. 大辅导班必须看到成绩，不行定个分数线，像滚雪球一样，使辅导的学生越多越好，月考达到这个辅导线的，就有资格辅导。只定人数，是不符合教育进步要求的，通过辅导，学生成绩提高了、辅导人数增进了，这才是我们追求的真效果。

5. 教改稳步前行。"15—10—15"高效课堂出品牌、两个软件定量化；七八年级重点在工学小组建设上；工学中由生带生我们再推行师带生，就是体现洋思的"包"字；慎重执行八年级下半年期中分班制度。

6. 校本课程要向深度开发，完善《剪纸》《大歧口》《养殖》《职业教育》教材；保留一个"渔鼓"的师生节目。

7. 积极推行校园开放课堂和家长学校建设，争取开放一次，搞个大型的活动。

8. 坚决落实《教务处职能下的教师工作量化条例》，研究生成一览表形式，做到一月一公布。

9. 教师的培训。这是我考虑了很久的事了。早有了腹稿，今天写出来，正是时候。

（1）要把培训的文章写在校园里。集体备课放在教研组，出"15—10—15"的品牌课，以《歧口中学教改授课评价标准（高级）》为标准，搞集体备课比赛，奖励体现实质性；搞隔周一次的抓阄"汇报课"活动，一组一次出一人。

（2）要把培训的主体交给教师。搞教师说课"微格"录像，就是让教师在活动中把自己真实的教学状态呈现出来，再集体评判，以图提高；培训与考纲的有机结合，搞"我与中考（或期末）差不远"的出题活动，定个计划书；各科树典型活动，让教改精神在学科教学中有鲜活的实例；再就是教师出去学习归来，又回到原点，职业倦怠现象的思考。

（3）要把培训的眼光对准学生。初三年级搞得教师包学生的办法，可以尝试，坚持住了，准能出成绩，就是我前面提的师带生。

三、教改，改教师之心——校长意识领域内的成长做法

一是认真学习并坚决执行教改文件精神。制定实施方案，学校组织全体教师，让每位教师明白，教学改革的重要性，增强实施课堂教学改革的自觉性和责任感。校长明确提出，无论是全体教师会，年级教师会，还是教研组长会，会会都谈教学改革，要让教学改革深入到每个老师内心深处，每一位教师都是教改实验教师，人人都要参与培训，个个都要投身教改，歧口中学的教改没有旁观者。

二是强化保障机制，加强基础设施建设。（1）组织保障。为做好教学改革工作，校长为组长亲自领导教育教学改革工作。（2）经费保障。学校把教育教学改革工作列入到年度工作计划中，公用经费预算必须超要求给教师培训专项经费，用于报销参训人员的培训费、资料费、交通费等费用。（3）时间保障。学校规定每周研训时间不少于3课时，任何处室不得挤用校本研训时间安排其他工作。（4）基础设施。学校积极为教师订阅教育教学刊物，每学年购置教学资源，满足了教师备课、研讨、交流、学习、培训等教学活动。

三是加强制度建设，完善教研教改制度。（1）加强以校为本的研训制度。每周三下午第四节课为固定教研活动时间，任何领导和教师不能随意挤占，各教研组要在固定地点按教研计划和历程开展教研活动。每次教研活动要做到"四保证"，即保证时间、保证人员、保证效果、保证督察和反馈；做到"五有"，即有中心发言人、有中心内容、有中心发言稿、有记录、有总结。通过不懈努力，学校逐步建立了以新课程理念为指导，以教学改革实验研究为重点，以提高课堂效率为突破口，以抓常规研训为载体，以评价激励制度为保证的研训制度。（2）建立学科辅导教师队伍和教改骨干教师评选制度。大力发挥骨干教师榜样、示范、辐射、引领作用。进行了"教改教师"的评选。引导教师把主要精力放到教学改革上，发挥骨干教师的模范引领作用，克服职业倦怠情绪，激发教师的工作热情，引领青年教师专业成长。（3）构建多元化运行载体，建立校际间的交流合作机制。主动和市内办学质量优秀的学校建立联谊、协作关系，相互学习、交流、促进、提高。建立了联谊关系。彼此间经常进行听评课、教学研讨。派出数名教师代表参观学习，取人之长，补己之短。（4）完善教师专业发展评价机制。为客观公正地反映每位教师的德才表现和工作实绩。激励教师提高业务水平，认真履行职责，我们制定了《歧口中学教师量化工作细则》，把教师参与教学改革工作作为重要指标对教师进行评价。

四是开展活动，才是真改。（1）集体备课。改变备课方式：针对本次课堂教学改革的基本模式和重点，我们把集体备课的重点调整到学习目标的正确制定、教学内容的整合、引导学生有目的自学所设计的问题和活动以及当堂训练所出的训练题上。以确保教师在运用新的教学模式进行课堂教学过程中不走样，从而获得更高的效率。备课方式是：个人备课——集体研讨——个人完善；备课过程：确定目标——整合内容——设计活动。（2）示范引导。以典型促全体，对于新理念的落实。新要求的运用，许多教师运用不自如。因此，我们选优秀骨干教师讲要求模式的示范研讨课，尽管还不是十分完美，但充分起到了抛砖引玉的作用，收到了良好的效果。（3）赛课强化。吸收众家之长，为了全面推进教学改革，促使全体教师真正参与课堂教学改革行列，我们每学期都进行全员赛课——课改汇报课活动。在赛课活动中，我们边听，边总结，边实践，边提高。每学期举行一次大型的听课总结会，结合教学改革制定新的课堂教学评价标准（初级、中级、高级）分阶段，每天听完课后同学科教师坐在一起进行议课，在议课过程中我们不单纯找到问题，我们更重视让每位教师尝试性的提出解决问题的方法，并在全组内讨论，同时找到课的亮点，作为经验纳入本学科今后的教学中。（4）推门普及。落实理念于课堂，为避免老师们赛课一套教法，平时上课一套教法进行领导巡课，密切关注课堂教学情况，针对课堂教学中存在的个别问题，及时找教师进行平等的交流，对发现的普遍问题或典型问题则在领导班子例会上及全体教师会上公布，并作为研讨内容重点研讨，及时解决问题。（5）反思成长。促进教师专业发展，每月底每位教师都要写出一份课改反思，我们都要召开由全体教师、教研组长、骨干教师等的课堂教学改革座谈会。交流一阶段来课堂教学改革实验的收获、体会和思考，也说出了自己的一些困惑和迷茫，提出一些好的意见和建议，使我们进一步发现了问题明确了方向，促进了教师们的成长。

五是师生变化：孕育新的校园文化。（1）教学方式发生巨大变化——就讲10分钟。要求教师达到如下境界：教师不再出示目标而是帮助学生审视和反思自我，明了自己想要学习什么和获得什么，确立能够达到的目标；教师不再教授知识而是指导学生形成良好的学习习惯，掌握学习方法，帮助学生寻找、搜集和利用学习资源；教师不再强迫学生学习而是创设民主、平等的课堂教学情境，激发学生的学习动机，培养学生的学习兴趣；教师不再是一个高高在上的管理者而是帮助学生设计恰当的学习活动和形成有效的学习方式，为学生的学习创设各种条件和机会的服务者；教师不再是一个严肃的布道者而是与学生一道寻找真理，与学生分享自己的感情与想法，并且能够承认自己的过失和错误的大朋友。这样教师从前台退到了幕后，从演员变成了导演，从主宰者变成了组织者和合作者。经过一系列的学习、培训、说课、赛课、议课、反思、交流，要把教师们的课改意识逐渐转变，理论修养提高，教学能力增强，使教师专业素质迅速成长，校园内必须要涌现出一大批课改先进教师。（2）学生的学习方式明显改变——工学。课程标准倡导学生自主、合作、探究式学习方式。我们正在推进的工学小组，通过课堂教学模式的变革，改变学生的学习方式，从而提高学生学习能力。经过一段时间的实践我们一定要让课堂上老师滔滔不绝的讲授变成了学生自学、小组合作探究学习。通过学生自主、合作、探究学习，达到目标能够实现，问题能够解决。使老师们进行教改的信心增强，学生学习的兴趣更浓，自信心也更强。（3）实现教改和成绩的双赢。通过教学改革，让课堂活动丰富多彩，使课堂教学效率明显提高，解除老师们担心成绩下降的顾虑，实现教学改革和教学成绩的双赢。在2011—2012学年期末测试中，我校总评全镇第一，这又给了我们进一步深化教学改革的决心。（4）孕育新的学校文化——红荆条精神。新课程理念在我校学校管理中得到了充分的应用。形成民主、协商、合作的教研文化，使教师团队在实施新课程的艰难历程中得以保持自信、乐观和不懈追求的根本动力。"顽强、蓬勃、朴素、坚守、奉献"的教师校园红荆条精神已经形成。

现在，走进校园，我们经常能感受到孩子们在学校的愉悦，学生把学校当成了自己进步的乐园，我们看到的是教师们充满自信的笑脸，学校成为教师成长的舞台。总结这两年多的工作，我们虽然取得了点滴成绩，但我们也清醒地认识到，我们的工作还存在诸多问题，我们的课堂教学改革还仅仅是一个开始，在教学改革的道路上，我们只是勇敢地迈出了第一步，我们的课堂教学改革之路还任重而道远。但我们有坚定的信念，虽然"路漫漫其修远兮"，我们也必将"上下而求索"！我们坚信，我们会继续努力，教改的明天会更好，歧口中学的明天又是一个辉煌！

对于教改不选择失败，为成功，我们时刻准备付出！

第八章经

以执行力，实现个美丽的校园梦

学校要有个校园梦。

学校要有个实现"梦"的进程。

按照"爱沧州、做贡献、干成事、出亮点"的要求，各个学校要紧紧抓住机遇，特别是校长既要先于师生做到谋事想事，更要先于社会做到干事成事，这是个提高校长执行力问题，也就是说学校的快发展关键是提高校长的执行力。

今天，我提的校长的执行力不是权利，是自身的驱动力——即校长怎么当的问题。下面简述六条，同仁共勉。

1. 要有激情，就是干事的激情。校长没底气，无状态就会被动，就是平庸。激情表现在工作中——就是始终保持昂扬向上，奋发有为的精神状态；有一腔干不好就吃睡不香的执著品格；有对工作不敷衍、对难题不回避、对责任不推卸的积极工作状态；常常有问责自己"干成了几件事，出了几个亮点"的使命意识。

2. 要有创新，就是不守陈规。校长最忌讳的是老脑筋，还在用老观念、老方法、老习惯去影响学校发展的校长只能算是束缚和阻碍学校发展的代名词。创新表现在校园里就是敢于打破陈旧的教学体系，善于科学的研究新问题，灵活解决新问题。校长执行力的亮点就是推陈出新，新法新意就是进步。

3. 要有担当，就是责任意识。校长是一校之长，官职不大，本职光荣。校长遇到矛盾不能推诿，积极地做法就是敢冒风险，敢担责任，敢有作为。认为对的，或说是只要有利于校园发展、教学相长的事情就要想办法干下去、干成功。校长要有独当一面即独立化解矛盾和解决问题能力和水平。

4. 要有骨头，就是过硬的作风。学校发展，沟沟坎坎，总会遇到拦路虎，校长手中就必须有一把剑，越是急难险重的关键时刻，越是英勇，拿出"亮剑"，去克服困难，去消除障碍，为教学开路架桥。

5. 要有亮点，就是成效。做一般化的校长，最好卸职，那样的校园只能是低标准的，是还过得去的，是小差错不断的，校长也迟早会被师生们摒弃的。相反做就一流，干就干好，给自己制定挑战性的目标，在每件事上力求极致，积极地追求做到出亮点，就是与时俱进的好校长。

6. 要有机制，就是管理有章法。校园快发展，归底还是人的问题，就是教师的培养提升，学生的教育问题。校长要精于组织的监督和管理，任用和使用好干部，建立工作督导机制，向师生要制约还要舆论，就是激发师生的教学活力。

有以上执行力的校长，美丽的校园梦终究会实现的。

【精致与实在】

第一篇

金湖心略一　定位与构思

教你做好的精致与实在

终于有时间坐下来整理自己的治校思想了。

就守在懒妻的床前，和她的酣睡一样，我也是分享这份拥有。

就从三年前我的赴任开始——

2010—2011 学年歧口中学工作思路（提纲）

办学定位：初级中学作为九年义务教育的终极阶段，其发展的的方向应定为在优质教学逐步巩固和提高办学条件上。有了准确定位就找到了办学方向，自然我们就能明确了目标，所有的教学活动就都能做到有的放矢，学校的发展才是健康的，才会取得骄人的成绩，才有资格谈到打造品牌学校。所以，今年我们的教育思路就是：用协调均衡的优秀师资，靠和谐科学的队伍管理，培养有正气爱学习团结向上的学生，出教师为荣学生自豪家长叫好社会满意的中考成绩。

有了合理的定位，有了勤恳的办学，有了科学的方针，就有了我们办好初级教育的信念——将歧口中学办成渔区的一流教育、全市上游的中学。

存在问题：一是师资问题，一是学生问题。

我们的师资问题主要表现在：一是教师的业务水平参差不齐，部分学科力量薄弱。二是部分教师职业道德和敬业精神需要加强。

学生问题主要表现在：一是部分成绩好的学生外流，影响了我们生源的总体质量。二是学生良莠不齐，学生受社会的不良影响，加之渔村家庭教育氛围淡漠，甚至说根本没有，使我们的部分学生的世界观人生观审美观存在严重的偏差，增加了我们管理的压力，从而会影响到好的学生安心学习，校园管理一阵子去补东墙一阵子又去补西墙，最终导致我们经不住学生家长信任。

以上两点，就足能影响了学校的形象，最终也必然让学校的教育质量一波一波的，成绩不能直线上升，破坏了学校自身的健康发展之路。

采取措施：针对上述两个问题，措施有三。

第一优化教师队伍。（1）对教学人员进行考核评价，为岗位安排和教学指导提供依据。（2）强化教研活动及教师之间的团结协作，通过听课，评课对教师的业务能力进行指导提高。坚持集体备课制度，将教研活动的形式，内容和效果落实到实处，形成以教研组长为核心的教研体制。（3）领导听课抓教研。校长副校长必须参与教研，是教学的灵魂，当引路人，做常抓不懈的责任人。（4）师德建设重行动。一要强化教师考勤，通过教代会，定制度，着力解决个别突出的问题。第二激发教师的工作热情，使真干事出成绩的教师有舞台，有回报，学校争取支持多的进修渠道。第三在校园内营建和谐融洽的同事关系，做到明说事，杜绝暗评理。

二是学生问题。学生问题就是学生管理问题，管理学生我们要形成以年级为核心的学校管理体制。也就是初一、初二、初三的三个板块。

（1）我们强调一个"严"字。主抓精神面貌，行为习惯和学习态度。对于违纪学生必须采取以制度办事，做到对事不对人，不徇私情。（2）我们还要突出一个"情"字。要与学生建立师生情，走进学生的内心世界，使学生亲其师而信其道。对学生多鼓励，增强学生的自信，激发学生的学习热情。（3）我们提倡一个"合"字。学生管理不只是班主任的事，任课教师的责任也不轻。试想一个平时不管理学生的教师，他的教学威信是可怜的。所以，我们强调教师"育人"就是管学生，要全体教师大胆管理学生，出了问题，有领导班子，有校长。也就是说学生管理中任课教师要及时积极地沟通班主任，同时班主任要及时善意地转达学生对任课教师的反应。教师之间的合力有了，学生管理就成功了一半，下面紧接着就是教师与学生的合力的形成，教师怎做？我不多述——严字当头，爱子当心；以身作则，为人师表；严谨治学，刻苦上进。

三是班级特色文化建设。班级文化的建设实际也是一个学生管理问题，这里单独提出来，是它的重要性，一个班级做到了师师和谐，师生同心，优秀的班集体就是最成功的学生管理，所以，班级文化建设我们要从环境、精神到制度等方面建设鲜明而健康、富有时代性、富有其独特魅力的班级文化。

摆正位置，振奋精神要对市局和歧口父老对我们的要求有充分的意识，努力科学的发展学校，不辜负领导的信任，对得起民心，更对得起良心。

我们每一位学校领导要做到卧薪尝胆、韬光养晦、绝不自以为是、高高在上。现在要低调、自律、勤奋、求新，要深入教学一线调研，问计于职工，要开拓创新，做到有新举措、有新变化、有新气象。

不经历破茧而出的艰辛，哪能享受彩蝶飞舞的荣耀？我们全校上下精诚团结、负重奋进、努力做到有思路、有韧性、有激情、有创意、有贡献，争取精神面貌和教学成绩不断完善和提高，让歧口中学的教育土壤更肥沃，使每一个歧口中学的学生身上都有一段美好成长的记忆，受益于歧口中学，爱我歧口中学，荣我歧口中学！

王金湖

2010 年 8 月 25 日

　　金湖心略一：办好中小学校教育，要靠广大教师，要靠教师的领班人，在办学过程中，校长处于学校管理系统的核心、主导、决策地位，校长的思想、行为和作风在学校中影响全局。诸人说，一个好校长就是一所好学校。我想说一个新校长，想当个好校长，第一要务：就是给自己的学校找到"错误"，正确对待错误，想透错误为何会发生，如何补救犯了错误的校园以及教师们的趋向态度如何；再就是一定坚持集体的力量，务必让学校每个干部教师懂得：相互补台好戏连台，相互拆台共同垮台；第三，就是给干部教师留一份精明之处：积极并善于让教师感到自己的建议能够被采纳，而这些建议又恰恰体现了校长您对你明天校园建设的想法。

　　又及：我这样回忆整理式和归纳心略的写法，首篇，我的读者，行吗？能有收获和启示吗？

第二篇

金湖心略二　责任与危机

教你做好的精致与实在

金湖心略二： 校长一定要先拉起自己的队伍。要办好学校，校长不仅要利用好自己的智慧，更重要的是要利用好别人的智慧。领导"人心"，管理"人心"，轻"领"重"导"、轻"管"重"理"。点将用兵不学韩信，要精，要敢于承担的将才，并善于进行策略思考的人，采用正确、有效的方法和步骤，挑选和依靠助手，并约束其行，为了最有效的实施校长的决策。

校长责任书

1. 校长时刻要有："一个好校长就是一所好学校"（责任意识和危机意识）的使命感。明确自己的责任，做好德能勤，再做绩。

2. 融洽班子队伍的关系。与班子成员要学会互相尊重，思想上要做到——沟通，个个座谈，使得每个干部不乱用权，不乱插手，不乱许愿，不讲情感交易。做到明说事，杜绝暗讲理，属于下属的工作多商量，多征求意见，发挥民主与集中的作用，同心协力搞好学校建设。对工作中的错误问题，劝诫、批评和纠正。用则放权，权之必须为学校服务。

3. 做好反思记录。每2—3周个别或集中检查干部的工作，同时做好工作小结，要求坐下来认真写写，一定保留原始资料。静下心来，写一写文章，做学习型管理者。

4. 开好校委会和教代会。对学校重大事件必须采取集中决策，努力办好民主学校和民主班子。

5. 及时并虚心学习听评课要求，坚持听评课，至少听一轮，至少个别指导一轮。独立撰写教学指导及教师培训学案至少5篇。

6. 严格校长"一支笔"制度。财务事项必须事先申报，不申报为自我行为，学校不负担任何费用。校长要当好家，更要管好家，理好财，把好关，对上级和学校负责。做强做明做细校务公开。

责任人：

2010 年 11 月 25 日

干部岗位责任目标书

1. 建立干部责任制。明确工作职责和目标。校长负责全面，管理干部教师的品德要求、工作态度、积极程度、任课和听评课、以及职责内工作质量等；吴玉来副校长负责前勤教学教务处工作，兼管好教师的值班和考勤；教务处刘树东副主任负责教学教研的具体工作，主抓教学质量，兼管好教学月考的制作发行；教务处张广艳副主任负责软件建设，兼管好教学月刊和教学板报的制作与发行；白骏副校长负责后勤总务处工作，兼管好学校安全工作，做好学校后勤物资的保管回收再利用；总务处宋云江主任负责财务购置工作，确保前勤工作的正常运转，同时兼管好财务记账报账工作；政务处谢金镇主任负责学生量化管理和法制教育，兼管好班级学生的控流工作；政务处王国峰副主任负责团队建设，校园广播，做好校园卫生管理，监管好班级板报、团队板报工作。和校长签订干部岗位责任书。校长将对中层干部从"1 德 2 作 3 态度 4 听任课 5 群众意见"上，分平时和期末对其工作完成情况进行评定。（分民主评定和责任评定），并结合绩效工资以中层干部的工作定效果定绩效。分期中和期末两次，形式为师生座谈，打分。

2. 建立干部考评。以民主评定和集中考核的形式，一学期两次进行考评。校长工作由中心学校负责，副校长以下的教育干部由校长负责。把责任定到每个干部身上，作为以后聘用和绩效的主要依据。建立干部集体学习月制度，有教务、政务轮流负责。

3. 建立培训干部制度。对新任干部采取任后工作谈话制度和工作汇报制度。学校制定干部学习计划，分固定内容和自选内容进行学习。学习记录作为考核的一项。按月上交干部工作日志，期中、期末分两次上交工作总结。

4. 建立干部典型奖励制度。对教师拥戴，学生爱护，成绩优异的干部进行奖励。主要看干部的听、评、任课情况（符合上级要求），教学效果，参加教研活动情况，与干部教师座谈记录，工作日志中体现的工作质量，教学及工作反思记录、独立撰写教学指导及教师培训学案等。一定在教师和干部中树榜样。

5. 在岗位上树立服务意识，做到一能吃苦任劳、二能受累任怨，学校的事情利益高于一切，必须具有责任意识，经得住教师的考评，学校建立引咎问责制度，同时树立岗位权威感和义务使命感，全心全意投入到学校教育工作中。

责任人：

2010 年 11 月 25 日

第三篇
金湖心略三　情感与交往

教你做好的精致与实在

金湖心略三：校长要善于通过各种形式与师生、与社会形成双向交往，在交往过程中实现语言、情感、心理以及利益沟通，形成正面影响力，取得对学校发展的有益效果。要站得住脚，第一把火怎么烧，烧哪里最关键。我说，烧老师们觉得校园最'脏'的地方。给教师们（包括干部）一人一个信封，先谈心，再不回避问题，最后征求意见（回信）。信中校长你一定点出几个问题在的，当然也是最切要害的，还要留给老师们个性发挥的篇幅。烧出社会影响力，这就是领导力效应。

歧口中学小卖部问题的处理协议

一、坚决执行市局教育部门的决议，决定取缔歧口中学校门口西侧的小卖部。从协议签订之日起，不再经营和买卖任何物品。

二、经校委会决定通过：由于过去遗留问题，刘金安拥有小卖部地上建筑的使用权和居住权，没有对小卖部的买卖权，一旦小卖部影响到学校发展规划时，小卖部地上建筑将无条件消除。

三、关于刘金安同志在校聘用情况，依市局上级文件精神决定。

以上三条经双方同意，签订此协议书。

此协议自签订之日起生效，一式三份，一份刘金安持有，一份学校责任人持有，一份学校校委会存档。

第四篇

金湖心略四　思路与要领

教你做好的精致与实在

我的教改思想

动力支持：一个不教改的新校长，将不会成为一个好校长，就带不出一所好学校，我想成为一个好校长，我想办出一所好学校，我想给年轻教师一个好声誉，所以我必须有自己的教改思想。

核心目的：解放教师的生产力，要一个高效的课堂，给学生一个最好的友，让教师有一个最好的成绩。

校长作用：做总结者、提升者、推广者——即自上而下由一线教师的教学实践，摸索或是整理出来一样并通过学校最后定型而在全校推广的高效的课堂教学模式。

教改思路：发现或挖掘——挖掘教师中特别是优秀教师的教学经验，发现教师获得优异成绩的智慧做法，通过听课、座谈、沟通、交流等形式得到一份精神支持，求得眼前一亮，需要一样为创新而付出的行动，还得有一个通达明天的审慎的智慧和毅力。

教改要领：简洁易懂，高效易学，也就是教师教的高效，学生学的高效。学传销模式，做工学良师。

方法措施：

做总结者——

（1）校长听课、座谈、看教师自我的教学评价。

（2）组织教师干部分教研组对教师的课进行研讨。

（3）决定让教师探索写出教改计划。

（4）组织骨干教师全面深入课堂总结提升，有针对性的对"×××教师"现象进行教研，树立各科教改的带头人。

（5）确定"×××学科教改策略"，逐渐完善推广。

（6）考虑阻力：教师阻力、干部困惑、家长学生误解、社会反响。

（7）敢于创新：组织干部教师经过听课、研究讨论、亲自试验、从自身实践中认识到这一教改策略的巨大魅力，让教学事实说话，使得教师们信服；出去参观学习，给教师洗脑，给教师勇气和力度，把提高成绩作为课堂的最高形式和追求；校园舆论，利用校刊、板报、家长书等形式，以获得家长社会的支持。

做提升者——

前提：创新必须稳妥，必须把代价降低到最低处。

（1）请教研室、督导室、普教科等到校指导、论证、修改。

（2）请联片教研领导及骨干教师深入课堂，再总结提炼。

（3）进一步修订各科教学的"新授课、复习课、讲评课、实验课"相应的几步教学环节之教学策略，强调可操作性和实效性。

（4）校园德育文化建设的辅导作用。学校文化、读书、师生友情互助活动。

做推广者——

（1）教研组实验试点。

（2）年级组展开研究。

（3）全校推广

（4）制度保障：要求教师必须有专注的精神，反复追寻、研究，下工夫，不怕周折，执著磨练，求得豁然贯通，有所发现、有所收获；必须有"风物长宜放眼量"的胸怀，为了成功不怕多次失败，有奋斗就会有希望，希望在奋斗之中。

（5）教育干部的支持或力践角色尤为重要。

校长与同事们共勉的话——

师者，应该是一个懂教育、有思想、善于创新的人；是一个有追求、有事业心和责任感的人；是一个具有时代感、全局观念、战略思维的人；是一个关注社会和谐、心系学校发展、致力学生进步的人；还是一个公正、坦诚、守信的人。

2010 年 11 月 30 日

金湖心略四：新校长，入校后的调研是必要的，但及时拿出自己的东西是最不可含糊的，而且只能是教学方面的，让自己站在学校的最高点上，善于识别什么是好的教学，什么是好的科研，并且不断地吸收新知（干部意见，骨干意向），提出新的教学思想来推动校园教学的改革与发展。也就是第二把火，鲜明新校长的个性张扬趋向。

第五篇

金湖心略五　建议与支持

教你做好的精致与实在

金湖心略五：校长的组织能力是要充分体现的，它与决策、实施是密切相关的。也就是要求校长善于扬长避短地用人惜人，善于事无巨细地有成效地协调群体行为，激励和促进教职工的个性发展。提出建议（指导干部工作）、征求意见（用好优秀教师）就是利用人才和吸引先进的好办法。同时，学期阶段的考核一下干部，并及时谈话，是管理上策。

歧口中学月考专刊的建议

1. 教务处结合各年级组编辑，一般一学期 3—4 次。首期 11 月中旬
2. 设计成书刊形式，不必太长。
3. 发行量每班 2 份，各职能室一份。
4. 搞成学生学习进步的触媒。

附首期目录建议：

1. 各年级月考前 10 名
2. 各年级月考状元谈学习
3. 各班成绩比较表
4. ×××教师和学生谈月考
5. 校长在月考总结会上的讲话

歧口中学教研专刊的建议

1. 教务处、政务处结合教研组编辑，一般一学期 4 次。首期 11 月中旬。
2. 设计成书刊形式，求质不计较长短。
3. 发行量各职能室一份。

4. 搞成校本教研的阵地。

附首期目录建议：

接班主任交流会契机，可叫"治班专略"专辑。

1. 班主任工作交流采风。

2. 它山之石——海港学习回来的学习心得。

3. 业务校长谈教研。

4. 2010—2011 学校教育工作活动计划或大事活动表。

5. 校内教研新闻。

6. 校内教研新动向。

对过来几周学校校园现象之观察的再思考

1. 学生课前 1:30 和 7:30 入校，学生在校门前聚集，到商店、台球厅买零食、玩球之现象的再思考。

2. 对 7:30 和 1:30 各班晨读、午学情况不良执行之现象的再思考。

3. 对值周，带班干部与值班教师职责行为力度弱之现象的再思考

2010 年 11 月

歧口中学 2010—2011 学年第一年度学校职能机构工作校长征求意见表

职能机构	工作中存在的主要问题	改进建议	和校长要说的话的	综合评定（优、良、可、差）
教务处				
政务处				
总务处				
前勤副校长				

职能机构	工作中存在的主要问题	改进建议	和校长要说的话的	综合评定 （优、良、可、差）
后勤副校长				
政务主任				
政务副主任				
教务副主任				
教务副主任				
总务主任				
背书：对校长的意见建议（谢谢!）				

第六篇

金湖心略六　鼓励与启迪

教你做好的精致与实在

　　金湖心略六：校长的投入，不单单是会议室里的引领干部教师，还要把自己积极推进到差异不同的学生群中，去交流、去发现，启迪自己的教育智慧，做有智慧的校长，这样你才能真正享受到校园教育的幸福。让教育到学生中去，使教育从学生中来！

——初三（1）班学优生学生讲话稿准备

珍惜时间　奋勇拼搏　争当优秀　为歧口中学争荣

各位老师、同学们：

　　今天，我来讲话，是希望你们能珍惜时间，奋勇拼搏，争当优秀，为歧口中学争荣。成长为有理想、有奋斗目标的学生。作为我心中有着对你们成长的欣喜与感动、对你们学习的关注与忧虑、对你们前途的期望与祝福。

　　如何争当一名优秀的毕业生，我今天想从在现阶段的学习与生活中应该具备的品质方面与大家做个交流，即：自信、勇气、坚韧、笨鸟先飞。

　　首先说"自信"，作为一个人，自信最重要，自信是做好学习与工作的前提，一个人如果没有自信，精神萎靡不振，萎萎缩缩，又怎能安心学习。所以，希望在座的每一位同学无论你的成绩怎样，都要找到你的特长，发现你的优点，树立自信，并以你从事特长时的精神状态与热情投入到你并不擅长的事情中，你能在并不擅长的领域里取得少许的成绩，同时你也获得了一种挑战自我、战胜自我的能力。在同学中有很多这种现象，成绩突出的同学往往在很多方面都很出色，就是因为他们也许只是在某一方面优秀，由于成功与鼓励长期与之相伴，又不断增添自信，也便获得更多的成功。

　　我这里讲两个关于自信的故事：

　　第一个是关于曾任美国总统的尼克松，但就是这样一个大人物，却因为一个缺乏自信的错误而毁掉了自己的政治前程。1972 年，尼克松竞选连任。由于他在第一任期内政绩斐然，所以大多数政治评论家都预测尼克松将以绝对优势获得胜利。然而，尼克松本人却很不自信，他走不出过去几次失败的心理阴影，极度担心再次出现失败。在这种潜意识的驱使下，他鬼使神差地干出了后悔终生的蠢事。他指派手下的人潜入竞选对手总部的水门饭店，在对手的办公室里安装了窃听器。事发之后，他又连连阻止调查，推卸责任，在选举胜利后不久便被迫辞职。本来稳操胜券的尼克松，因缺乏自信而导致惨败。

　　另一个是小泽征尔胜于自信的故事。小泽征尔是世界著名的交响乐指挥家。在一次世界优秀指挥家大赛的决赛中，他按照评委会给的乐谱指挥演奏，敏锐地发现了不和谐的声音。起初，他以为是乐队演奏出了错误，就停下来重新演奏，但还是不对。他觉得是乐谱有问题。这时，在场的作曲家和评委会的权威人士坚持说乐谱绝对没有问题，是他错了。面对一大批音乐大师和权威人士，他思考再三，最后斩钉截铁地大声说："不！一定是乐谱错了！"话音刚落，评委席上的评委们立即站起来，报以热烈的掌声，祝贺他大赛夺魁。原来，这是评委们精心设计的"圈套"，以此来检验指挥家在发现乐谱错误并遭到权威人士"否定"的情况下，能否坚持自己的正确主张。

　　肖伯纳曾经说过："有信心的人可以化渺小为伟大，化平庸为神奇。"

　　关于勇气，德国诗人歌德有句名言："你若失去了财产——你只失去了一点儿。你若失去了荣誉——你就丢掉了许多。你若失去了勇气——你就把一切都失掉了！"

　　有这样一个故事：老板招聘雇员，有三人应聘。老板对第一个应聘者说，楼道有个玻璃窗，你用拳头把它击碎。应聘者执行了，幸喜那不是一块真玻璃，不然他的手就会严重受伤。老板又对第二个应聘者说，这里有一桶脏水，你把它泼到清洁工身上去。她此刻正在楼道拐角处那个小屋里休息。你不要说话，推开门泼到她身上就是了。这位应聘者提着脏水出去，找到那间小屋，推开门，果见一位女清洁工坐在那里。他也不说话，把脏水泼在她头上，回头就走，向老板交差。老板此时告诉他，坐在那里的不过是个蜡像。老板最后对第三个应聘者说，大厅里坐个胖子，你去狠狠击他两拳。这位应聘者说，对不起，我没有理由去击他；即便有理由，我也不能用击打的方法。我因此可能不会被您录用，但我也不执行您这样的命令。此时，老板宣布，第三位应聘者被聘用，理由是他是一个勇敢的人，也是一个理性的人。他有勇气不执行老板的荒唐的命令，当然也更有勇气不执行其他人的荒唐的命令了

　　人们教育孩子都常说要做勇敢的好孩子。但勇敢还有一个是与非的前提。不分是非的、没有理性的绝对执行命令的勇敢是一种可怕的勇敢，也是一种愚蠢的勇敢，

更是一种专制者欣赏和欢迎的勇敢。而坚持真理、敢于同荒唐、错误对抗的勇敢、理性的勇敢才是最值得称道的勇敢。象我们青少年中以打架斗殴论英雄，这样不怕伤不怕死怎能称其为勇敢，只能算是无知的鲁莽。

如果有了勇敢，还应有坚强的意志。这就是我要讲的坚韧。生活就像海洋，只有意志坚强的人，才能到达彼岸。

海伦·凯勒，美国最为有名的女作家、教育家、以及社会活动家。一岁半时因病成了一个盲聋哑人。在家庭教师沙利文热情关怀、精心辅导下，她凭着自己顽强的毅力，学习数学、自然、法语、德语，以优异的成绩考取了哈佛大学女子学院。她在一生中完成了14部著作，把自己的一生献给了盲人福利和教育事业，赢得了世界舆论的赞扬。

我们只有热情而快乐地投入学习当中，时刻以饱满的精神状态迎接生活，每天提示自己不断的鼓励，如自己有些灰心丧气时，想到："如果你昂扬，希望就会不停地闪动，激你前行！"；遇到不开心的事情，想到："带着美丽心情迎接每一天。"等等。我希望同学们也能在自己的笔记本上，文具盒中写上一句激励自己的话，每天默念几遍，它会起到提示、激励、调整、改变心境的作用。

希望我们都能以"自信而不自傲、诚实但不胆怯、勇敢而不鲁莽、坚强并不固执、热情却不失原则"准则来完善自己，努力做到珍惜时间奋勇拼搏争当优秀为歧口中学争荣。

最后，我代表学校和老师向各位同学提出以下四方面的要求和希望：

一、要更好地养成优良的品德习惯，做到和同学争取时间。要懂得与人交往的礼仪、要懂得做人做事的道理。要实现这一目标，首先要读书，要读好书，多读书会丰富我们自己，会提高自身的修养；其次是惜时，要向成绩好的同学学习，做到磨练意志，不断挑战自己，不断超越自己。争做一个人格健全、身心健康、品学兼优的毕业生。

二、要更好地遵守学校的规章制度，站好最后一班岗。规范自己的言行，在校做名好学生，在家做个好孩子，要关心同学，特别要关心爱护小同学，在行为习惯方面要做他们的榜样。

三、要更好地提高自己的学科成绩，为自己而学。学习时间要长、学习难度自我加大，要勇敢地去面对，在老师的指导下，科学合理地安排学习时间，讲究学习方法和学习技巧。要扎实地学好各科的基础知识，以优异的成绩向老师、向家长、向自己汇报。

四、要更好地锻炼自己的身体，要体育满分。任何学习工作都离不开健康的身体，否则将会一事无成。要合理地处理学习和锻炼，学习和休息的关系，复习期间仍要积极参加体育锻炼，认真上好体育课，注意补充营养，以充沛的精力投入到每天的学习中去。

老师们期待着你们的好消息，相信自己能行，努力就会成功。最后我说，希望——在奋斗之中，未来——在勤奋之中。

谢谢大家！

2011 年 1 月 5 日

——与初三（2）班谈职业教育的发展前景

"一个职教生幸福一个家庭"就业前景乐观，月薪 1000—2000 元。

职中的职业教育方向：入口畅——出口汪——中间高质量。

近年来职业教育在健康发展，农村中等职业教育勃勃生机。

一、职业教育发展的广阔前景

1. 国家正在逐步加大对职业教育的投入。每生可以享受 1500 元学习费用补助。国家将拿出 300 个亿来补助中职教育的农村学生，基本对农村来中职学校读书的学生实行学杂费全免。这是国家加大职业教育的一个重大决策，由此可以看出不久的将来，农村的中职教育规模逐步超出普通高中教育的规模，这是新时期人才市场需求所决定的，是国家经济建设对人才需求所决定的。

2. 师资队伍建设纯洁性和严肃性在一定程度上得到提升。

3. 订单培训与以工助读逐渐规范化常规化。即在校学生在学习文化知识的同时，有必要到厂校挂钩的企业进行一定时间的实习，而且该厂必须付与学生一定的劳动报酬钟。

4. 人们正在逐步觉醒，高考独木桥不再是学生的唯一选择。人们已经认识到考不上大学的学生，如果在职业高中学得一技之长，就等于学会了立身之本，这既是目前经济发展的需求，更是农民认识上彻底走出高考独木桥误区而取得的伟大胜利。就目前而言，各重点中学所特招的择优生，都不能保证在 60% 的二本上线率的前提下，人们应该已经清楚意识到那些 80% 考不上大学的普通高中学生，与同期三年学习了职业专业技术的中职学生相比，谁能真正地成为经济建设的专业型技术型人才呢？文明与进步的时候，农民期盼适用与成效，因为我们最讲实在。

5. 专业设置与就业市场相连，技术型劳动者逐渐与"农民工"划出鸿沟，劳动者素质明显提高。这是经济发展的前提条件。而学生专业技术工则不然，他们刚进厂时有可能与农民工一样的待遇和一样的工资，但随着时间的推进和他们技术的熟练，提职提薪就非他们莫属了。这也是目前农民为什么要送子女读中职技术学校的一个主要原因，更是国家重视中职教育的一个根本原因。

6. 许多正规职业学校确实为广大工业市场培养了一大批合格的适用型经济建设人才，越来越彰显出中职教育优于普通高中教育的优势。

7. 人才市场对中职学生的需求已经在事实上超过对普通高校需求的社会现实，或者说中职毕业生就业率明显优于高校毕业生就业率的事实，为中职教育的发展开拓出了一条光明大道。

二、职业教育发展的桎梏

1. 部分职业学校办学行为较为混乱。

2. 教育教学管理的混乱。

3. 部分职校教育教学管理混乱。

4. 就业管理的盲目与剥削①不负责任的推荐就业，只顾眼前利益，造成学生就业的混乱。②部分企业对劳工的剥削，也是影响中职教育的一个重要因素。

5. 人们对中职教育认识的误区，在一定历史时期内难以改变。①传统观念的偏见：对普通高考的过分抄作，使老百姓迷失了方向。学而优则仕。老百姓始终认为，只有读了普通高中，才是学好了知识，读中职的学生都是考不起普通高中的，是成绩最差的，是表现最不好的。②毫无依据地评价或者诋毁中职学校管理。他们往往以个别现象而代整体，以固定的思维方式而否定职业教育全部，认为不管怎么样，反正普通高中比中职好，万万不可能让自己的孩子到中职学校去学坏。当然应该承认，由于目前农村对中职学校的偏见，的确在近年内中职学校所招收的学生，有相当一部分表现是不十分优秀，相对普通高中来说，生源质量是要差一些，这是不争的事实。

三、思考与建议

1. 加强对农村职业教育的宣传。解放思想，提高认识，是当务之急，首先要加强中学的宣传教育，其次是要加强对在职教育工作者的宣传教育。要把国家对普通教育与职业教育的比重与政府领导，与县直市直普通高中讲清楚，把国家经济建设的需求与他们讲清楚，从而达到变加大职业教育的政府行为为自觉执行普通高中与职业高中比重等同的行为，以彻底扭转职业教育不如普通教育的思维模式，端正读职高不如读普高，职高学生成绩差普高学生成绩好的错误认识，这是解决问题的关键。其三是加强对老百姓的教育和宣传，从根本上提高他们的认识，让他们自觉自愿送子女接受中职教育。这是解决问题的根本。

2. 加强职业技术教育的企业化，加快培养大批现代化建设急需的实用型技术人才，大力推广"订单"式培训的办学模式，进一步促进产、学、研结合，加快"以工助读"步伐，真正保证农村学生读得起书，读得好书，读书直接为生产建设服务。

——与学优生的谈话

我们在校长室小集会，我点点名字。分析成绩。

首先，我代表学校对你们的优异成绩和在校的良好表现，祝贺和诚挚的感谢！

一、党的希望。

党重视青年、关怀青年、信任青年，对青年一代寄予殷切期望。毛泽东同志赞扬青年是"早晨八九点钟的太阳",强调希望寄托在青年身上,号召广大青年走与工农群众相结合的道路。邓小平同志满怀深情地指出,"青年一代的成长,正是我们事业必定要兴旺发达的希望所在",希望广大青年争当有理想、有道德、有文化、有纪律的一代新人。江泽民同志强调,"青年兴则国家兴,青年强则国家强",希望广大青年为党和人民事业坚韧不拔开拓前进。党的十六大以来,党中央要求全党都"关注青年、关心青年、关爱青年",希望广大青年充分发挥聪明才智、尽情展现人生价值,让青春在为党和人民建功立业中焕发出绚丽光彩。这充分表明,中国共产党从来都把青年看作是民族的希望、祖国的未来,从来都把青年作为党和人民事业发展朝气蓬勃的推动力量,从来都热情鼓励和坚定支持青年在人民前进的伟大实践中实现人生理想和远大抱负。

特别是改革开放以来,共青团组织领导学生青年主动适应新形势新任务,积极探索、大胆创新,组织带领广大青年为改革开放和社会主义现代化建设赤诚奉献,开创了共青团事业发展新局面。实践充分表明,共青团不愧是党的忠实助手和后备军,不愧是党联系青年的牢固桥梁和纽带,不愧是社会主义国家政权的重要社会支柱。

青年人必须始终坚持中国共产党的领导。中国共产党是团结带领全国各族人民夺取事业胜利的坚强领导核心。一部中国青年运动史,说到底,就是一部广大青年在党的领导下不懈奋斗的历史。只有坚持中国共产党的领导,广大青年才能朝着正确方向奋勇前进,中国青年运动才能沿着正确道路蓬勃发展。

青年人必须始终弘扬爱国主义精神。爱国主义是伟大民族精神的集中体现,是伟大五四精神的核心内容。爱国主义旗帜感召和凝聚了一代又一代青年为祖国和人民忘我奉献。只有弘扬爱国主义精神,广大青年才能激发出经久不息的奋斗热情,中国青年运动才能获得源源不断的精神力量。

青年人必须始终走在时代前列。青年的前进步伐从来都与时代的前进步伐紧密相连。与时代并肩前行,走在祖国和人民前进队伍的行列中,是青年成长发展、大有作为的前提条件。只有走在时代前列,广大青年才能成就远大抱负,中国青年运动才能为推动社会发展进步作出积极贡献。

青年人必须始终投身人民伟大实践。人民是推动历史前进的根本动力。人民创造历史的丰富实践,是青年磨砺意志、增长才干的最好课堂。与人民相结合,拜人民为师,向人民学习,是青年健康成长的必由之路。只有投身人民伟大实践,广大青年才能站稳最基本最扎实的政治立场,中国青年运动才能拥有最强大最深厚的前进动力。

青年人必须始终尊重青年主体地位。青年是青年运动的主体,青年运动是青年人的事业。必须尊重青年、理解青年、相信青年、依靠青年,充分照顾青年特点、发挥青年优势。只有尊重青年主体地位,广大青年才能焕发出极大的创造热情,中国青年运动才能始终保持勃勃的生机活力。

二、大歧口的未来。

你们是无比幸运的又是责任重大的一代。有五点要求。

第一，坚持远大理想。理想是指引人生的灯塔。青年时期牢固树立远大理想，人生道路就会越走越宽广，无论遇到怎样的艰难险阻，都能义无反顾、勇往直前。中国特色社会主义是当代中国发展进步的根本方向，是全国各族人民的共同理想。广大青年一定要高举中国特色社会主义旗帜，坚定不移走中国特色社会主义道路，努力掌握和运用中国特色社会主义理论体系，坚信中国特色社会主义制度具有巨大优越性和强大生命力，把个人奋斗同人民为实现中国特色社会主义共同理想的奋斗紧密结合起来，不为任何风险所惧、不为任何干扰所惑，矢志不渝朝着崇高理想奋进，在为党和人民事业的奋斗中创造人生辉煌。

第二，坚持刻苦学习。青年是学习的黄金时期，学习是青年的首要任务。面对日趋激烈的国际竞争，面对艰巨繁重的改革发展任务，我们能不能始终把握未来发展的主动权，很重要的一条就是看青年一代整体素质强不强、拔尖人才多不多。广大青年一定要面向现代化、面向世界、面向未来，以只争朝夕的紧迫感，如饥似渴地学习，既认真学好基础知识又及时进行知识更新，既刻苦钻研专业知识又广泛涉猎其他知识，既重视学习文化知识又努力掌握实用技能，不断充实自己、提高自己、丰富自己。同时，要深入了解国情，自觉到基层一线去，到艰苦环境中去，到祖国和人民最需要的地方去，在实践的熔炉中增长见识、砥砺品质、强化本领，努力成为可堪大用、能负重任的栋梁之材。

第三，坚持艰苦奋斗。没有艰苦奋斗精神的民族难以自立自强，没有艰苦奋斗精神的国家难以发展进步，没有艰苦奋斗精神的青年难以担当重任。青年要干成一番事业，就必须不畏艰难、矢志奋斗。广大青年一定要牢记"忧劳兴国、逸豫亡身"的道理，敢于吃苦、勇挑重担，不怨天尤人、不贪图安逸，依靠自己的辛勤努力开辟人生和事业的前进道路；一定要牢记"天下大事、必作于细"的道理，从小事做起、从基础做起，不沉湎幻想、不好高骛远，用埋头苦干的行动创造实实在在的业绩；一定要牢记"艰难困苦、玉汝于成"的道理，迎难而上、百折不挠，不畏惧挫折、不彷徨退缩，在千磨万击中历练人生、收获成功。

第四，坚持开拓创新。创新是时代的主旋律。我们面对的是日新月异的世界，我们从事的是前无古人的事业，创新是掌握民族发展命运的关键之举，是战胜各种风险挑战的致胜之道。青年最具创新热情和创造潜力。广大青年一定要大力发扬以改革创新为核心的时代精神，有那么一种勇立潮头的浩气，有那么一种超越前人的勇气，有那么一种与时俱进的朝气，立足岗位、立足实际，讲求科学、讲求方法，把创新潜能充分发挥出来，为推动理论创新、制度创新、科技创新、文化创新以及其他各方面创新贡献聪明才智。只要青年一代的创造热情极大增强、创造能力极大提高、创造活力极大迸发，我国改革开放和社会主义现代化事业一定能够不断开辟新的发展空间、取得新的突破性进展。

第五，坚持高尚品行。我们要建设的现代化，是物质文明和精神文明全面发展的社会主义现代化。青年从来都是开风气之先的力量，应该主动走在建设社会主义核心价值体系的前列，为开创社会新风发挥积极作用。广大青年一定要把正确的道德认知、自觉的道德养成、积极的道德实践紧密结合起来，提高品德修养，弘扬传统美德，倡导新风正气，用高尚的道德行为推动全社会文明程度的提高。要争当诚实守信的模范，带头履行社会责任，努力营造守信光荣、失信可耻的社会氛围；争当奉献社会的模范，带头学雷锋，积极参加志愿服务活动，多做扶贫济困、扶弱助残的实事好事，大力传播我为人人、人人为我的社会公德；争当促进和谐的模范，带头弘扬社会主义法治精神，推动形成依法办事的行为规范、理性平和的社会心态、礼让宽容的人际关系，自觉维护安定团结的社会大局。广大青年要通过自己的实际行动，让爱国主义、集体主义、社会主义思想更加深入人心，让社会主义荣辱观更好引领社会风尚。

伟大的时代召唤着青年，辉煌的事业期待着青年。

祖国的未来属于中国青年！民族的光荣属于中国青年！

2012 年 5 月 8 日整理

——与提前录取的珍珠、实验班学生谈人生

理想是人生之魂。所谓理想，就是指人们对美好未来的向往和追求。理想是人生目的直接反映，是人生的灵魂和精神支柱，人生在追求和实现理想中显现其价值。有什么样的人生，不同的抱负，决定着不同的人生轨迹。

一、人生不能没有理想。

人生在世，不管他是否意识和承认，也无论他是盲目还是自觉，理想这个人类有的精神现象总是存在于每个人的头脑中，并决定和引导着其人生实践。有了崇高的理想，人生追求才能更高尚，人生步履才能更坚实，人生才能更美好。理想对于人生之所以如此重要，这是因为：

1. 理想是人生的指路明灯。如果把人生譬做在茫茫大海中航行，那么，理想就是前进的灯塔，就是照亮人生的火炬。有了崇高的革命理想，人生之舟才能沿着正确的方向扬帆远航，历史上，许多杰出的人物之所以为人们所敬仰，就是因为他们有崇高的理想，有为人类进步和解放而奋斗终生的鸿皓之志。（我有翅仗鸿鹄之志，我有鳍，剧逆戟之势。学校的小墙头上）现实生活中，有的人缺乏理想追求，或是浑浑噩噩、糊里糊涂，人在云亦中随波逐流；或鼠目寸光，胸无大志，斤斤计较个人的蝇头小利；或神经空虚，思想秃废，在"今朝有酒今朝醉"中消磨光阴，饱食

终日，不思进取，看似看破红尘，实则虚度年华。到头来无不平庸，一事无成。

2. 理想是人生前进的动力。古往今来，人们总爱用"万事如意""一帆风顺"来祝福美好人生。然而，在现实生活中，人们在工作、学习、身体、事业、前途、婚姻、家庭等方面总会遇到许多"不容如意""不顺心"的事情。只有树立崇高的理想，才能在人生的困难和坎坷、失败和挫折面前经受考验，战胜自我，自强不息，创造辉煌的业绩，写出优异的人生答卷。

3. 理想是人生的精神支柱。一个人活在世上，不能仅仅满足于物质上的享受和感官上愉悦，更需要有崇高的精神寄托。有了远大的理想，才能在各种诱惑和压力面前，不改初衷，始终坚定的信念和革命的乐观主义精神。当年，东北抗日联军第一路总司令杨靖宇将军，在日本侵略军的重重包围下，顽强奋斗半个多月，断粮五六天，誓不投降，直到壮烈牺牲。日本鬼子怎么也不明白，杨靖宇将军在长期时间包围于冰天雪地里，在完全断粮的情况下，究竟是什么力量支撑着他顽强地进行战斗。他们刨开杨靖宇将军的遗体，看到胃里一粒粮食也没有，只有野草、树皮、棉絮。到底是什么精神使杨靖宇将军有了这种坚强的意志，是崇高的理想，是坚持不移理想支撑着他。

二、追求积极向上的个人理想

1. 常言道，人各有志。现实生活中，每个人都有自己的理想和追求。个人的理想与社会理想是相辅相成。社会理想规定和制约着个人的理想方向和目标。一个人如果没有任何志向、抱负，社会理想就会落空，只有确立正确的人生方向，实现人生的价值，达到理想的岸边。理想的实现在于奋斗成就理想不能一步登天、一跃而就，必须一步一个脚印的前进，同样，个人理想也只有在实干中才会变为现实。现实生活中，不少同学一谈到实现理想，就急功近利，恨不得一口吃个胖子。有的今天有个目标，明天就要见效，要不然就打退堂鼓；有的等上天掉馅饼，不然就破罐子破摔。这些都是错误的，俗话说"立志者立长志、不立志者长立志"。让理想岗位上闪光有的学生对未来充满期望，但却不知从何做起；有的总想干一番大事业，但却鄙薄自己的本职工作，认为自己的岗位太平凡。列宁说："要成就一件大事业，必须从小事做起。"要成绩大事业必须从小事兢兢业业做起。不积跬步，无以成千里；不积小流，无以成江海。雷锋说："螺丝钉虽小但大机器少了他就不能工作"。实现理想的过程，实际上也是人生磨练的过程，崇高理想实现之时，也就是人生价值体现之际。但是，要顺利达到个人人生的彼岸，实现自己的人生理想，凭满腔热情不行，关键在于勤奋学习、勇于磨练、立足本职、岗位建功。

2. 要有坚定不移的信念。理想与信念是联系在一起的，所谓信念就是指人们坚信自己所干的事业，所追求的目标是正确的，因而在任何情况下都能毫不动摇地为之奋斗。被称为"西部歌王"的民族音乐作曲家王洛宾，是个信念坚定的传奇人物，他先在国民党内任职，后投奔共产党，一生中坐过国民党的牢、也在"文革"

中受到迫害，前后将近二十年，还患有癌症，可他不公坚强地活到了80多岁，而且谱出了远播海外的许多著名的民族歌曲，如《在那遥远的地方》《掀起你的盖头来》《达坂城的姑娘》等等，并且大部分歌曲是在监狱中谱写的。他为什么有这样顽强的生命力？他说："我只有一个信念，就是要让民族音乐走向全世界。"所以说，一个人想成就事业，目标全力以赴，忘我奋斗。"千锤万凿出深山，烈火焚烧若等闲，粉骨碎身浑不怕，要留清白在人间"，于谦的《石灰吟》表达了追求高尚情操的坚定信念。我们就是要有这种坚定性有这种为理想甘愿牺牲一切的精神。如果没有这种坚定的信念，那就会遇困难就退缩，遇到风险就躲避，甚至迷失方向，步入歧途。所以，我们一定要对自己看准了的事坚定信心，满怀热情地为之努力奋斗，在任何情况下都决不动摇。

3. 要有奋斗的思想。世界著名作家莎士比亚说："成就事业要能忍受时间的凌辱。"古今中外，凡有成就的人，都经历了相当长的时间的奋斗和积累。华罗庚成为赫赫有名的数学家是从毕业就一头扎进了数学的王国里；齐白石画虾注入了一生的心血功力；发明轮船的富尔顿付出了近10年光阴；门捷列夫研究出元素周期花了20多年的时间；托尔斯泰的文学名著《战争与和平》消耗了37个寒暑；马克思的《资本论》花费了40年的心血。这些大名鼎鼎的科学家、发明家、文学家的奋斗足迹告诉我们，要想登上成功的贿赂，就必须牢固树立长期奋斗的思想。要长期，就必须耐得住寂寞。实现理想是一个艰苦卓绝的"难产"过程，需要我们长期地啃书本、钻问题、搞研究，需要克服种种杂念，抵御种种诱惑，牺牲娱乐，牺牲休息，牺牲家庭，甚至牺牲自己的生命，只有能经受住这些考验，才能沿着成功之路走下去。物理学爱爱因斯坦专注科研时，戏剧浮现出对他没有诱惑力，就连以色列总理亲自提请他为色列共和国总统候选人，也被他谢绝。相反，我们有的人，也想干出成绩，但又觉得"外面的世界很精彩"，感到工作枯燥乏味，寂寞难耐，没有钻劲和耐力，结果浑浑噩噩，干了几年十几年也没有一点作为。如果我们真的想要干点事业，那么，就要有自控能力，约束自己，抵御诱惑，把有限的时间和精力倾注在你所追求的事业上，孜孜不倦地去追求，去奋斗。

4. 要有坚忍不拔的毅力。实现理想之路是艰难曲折的，经常会遇到挫折、失败。面对种种逆境，我们必须有百折不挠的劲，有泰山压顶不动摇的毅力，决不可畏难退缩。春秋时期，越国国群色践为雪洗灭国的奇耻大辱，"卧薪尝胆"二十一年，终于反戈灭吴，统一诸侯，实现了自己的雄心，前苏联优秀作家奥斯特洛夫斯基，因为战争年代多次受伤而引起多种疾病，从23岁起就长期卧床，24岁时双目失明。但是，肉体上的伤残没有能压倒这条硬汉子，他战胜逆境，历时六年，写出了《钢铁是怎样练成的》这部轰动世界的巨著。世上没有笔直的路，失败和逆境任何人都会遇到。当我们遭受挫折时，要像奥斯特洛夫斯基那样，受挫折不灰心，遇难关不畏惧，受打击不屈服，追求理想，矢志不渝；要像无数杰出革命家那样，为了理想的实现，不惜把自己的头颅放在时代的祭坛上，不怕被钉死在十字架上，不畏被推入烈火中焚烧。有了这样坚强的决心和毅力，还有什么困难不能战胜？

5. 要有立足现在的决心。立足现在就要从现在做起，从点滴做起，为建造理想这座"高楼大厦"，一木一石地往上垒，一点一滴地打基础。美国洛杉矶有个叫约翰戈达德的人，15岁时就计划一生要做的事，开了一张"一生127个目标生命清单"。他把自己的梦想列到纸上以后，就开始分秒必争地把它变成现实，从易到难，一件件去实现。如今花甲之年的戈达德已实现了绝大多数目标。他说："我对目标从不放松，必须从小事做起。"如果一个人对现实自叹自怨，大事干不了，小事又不想干，那么，到头来就是一场空。我们要从点滴做起，就是要在自己的岗位上，尽我力、竭我才，哪怕暂时默默无闻，也持之以恒地干下去。当年诸葛亮也不是坐等刘备"三顾茅庐"，他没有锲而不舍"以谋为主"的储备，也不会有先主三请之遇。所以，我们别担心无人知道自己，而要多充实被人知道的本事。俗话说"机遇偏爱有准备的头脑"，只要从点滴做起，打好基础，一旦机遇来了就可以立即捕捉到。立足现在就不要期待明天。我们为已定理想奋斗时，要像田径运动员那样，听到发令枪响，就要似离弦之箭冲上去，切不可左顾右盼。因为，对我们来说，时间比金子宝贵。从20岁到80岁也不过2万多天，在人类发展的历史长河中，尤似弹指一挥间，我们不把生命的"发条"上紧，懒懒散散，浪费青春年华，很难在有限的生命里做出更多有益的事情。"明日复明日，明日何其多？"如果我们觉得确实不多的话，那么就让我们卷起袖子，为实现美好理想而放手干吧！

三、梦·荣·大歧口·红荆条——学校的理想寄托在你们身上。

四、活动

打扫办公室，擦教育牌。

作业：留给母校的一封信

作业：紫荆信箱

（与清华学子书信交流为之启迪为之帮助为之学习的快乐）

2013年5月23日

我的检讨——慢班，我值得也必须要思考的教学误区

慢班的学生，学习基础不好，学习没信心没动力，学习习惯不好，导致学习成绩差。慢班教学是比较辛苦的工作，教师们谈起来更是令人头疼，学校也是淡化了对慢班的教学要求的。今天看到歧口吧的学生的帖子，我的心一怔，是的，我作为校长，我要和09（3）班的同学说对不起，起码，在我的校长岗位上，为你们的失败，我只有诚挚的对你们说，我错了，我是不称职的。学校劳动不是你们的专利，学校劳动是属于每一个师生的，我向你们道歉！从今天开始，就轮流劳动，因为我

知道你们也是我的学生，我要保护你们！

今天前，我考虑过我的老师们，想过他们在讲台上卖力讲解，台下毫无反应，一问三不知，结果辛苦准备的一节课内容总不能按计划完成，上课上不动，作业总有人不交，一考试成绩惨不忍睹，我为我的教师有过很大的挫败感。如何才能改善这种状况，让慢班的学生取得进步？我今天不敢有这样的奢望，因为我不了解你们的学习，今天我就谈我的心情，以作检讨：

一、谁在上课，谁还能给我信心，说吧——

对于慢班的教学，我信以前有大部分老师备课仔细，甚至至今还有我的敬业的教师在努力上课，但是，你们的表现，是否想过他们的感受？我想听到你们的心声——你们需要怎样的校园管理？让我怎么做？

二、降低难度，增加学习信心，行吗？

你们因为基础不好，一道题半天做不出来，久而久之就会对学习失去信心，甚至产生放弃的心理。因此我要老师对你们的要求要最低限度的降低，设计一些难度较低的题目，尽可能让每个学生都能动手做做，增加你们学习的信心。你们好好地真事似地好好坚持听老师一节课，给老师们信心，看到你们的希望，让师生都有动力，简单的学习，简单的作业，认真的完成一件件简单的事，跟着老师的要求走，愿意听你们说，做得到！

三、慢班，让你的精神感动学校一回，好样的！

先说上课，慢班的老师要尽量少讲，要挑重要的内容精讲，尽可能要多留时间给学生做题，接下来就是你们要真正动起来，把注意力拉回课堂上来，不怕不会的，就怕不学的。再说兴趣小组，学习的专利是属于好学生的，你们的专利是自己的个性才艺，让自己有个好兴趣，有一个好才艺，学校就办德、体、美、劳的慢班教学，让你们给歧口中学一份深刻一样感动，我顶你们将来有出息的，我从今天借力给你们。

四、学习不好，就让好品行在校园留有痕迹。

慢班的学生接受能力较慢，也不善于做笔记。就尝试学案教学，把上课的内容以学案中最低的教学要求的形式发给你们，老师要求在学案上完成步骤，就算作业。另外在课后尽量布置安排学校的文娱给你们。你们通过一段时间的实践，让我发现你们虽然学习不好，但是你们的好品行在校园处处留有痕迹。

五、教师呀，慢班的学生需要多加强思想教育，多给鼓励。

慢班的学生普遍是成绩不好，考大学无望，但作为课任老师，我们的责任就是多对他们进行思想教育，给他们分析形势，鼓励他们只要努力，培养一个良好的心理品质和事业毅力，将来不论干哪行都有可能成功的。

我相信，只要用心，慢班的学生在我们的努力下和他们的积极协同下，他们会得到相应的进步的，歧口中学校园，会为 09（3）班骄傲的。

2011 年 3 月 21 日

——初一，让我心惊！

同学们，老师们：

今天，我自己一个人站在台上，也只能我自己站在这里，因为今天我不是组织校园大会，更不是表彰哪一个学生，也没必要处理几个学生，不是要和你们训话的，我呀，是要我的 2011 届 163 名学生看着他们的校长在你们面前惩罚自己！

老师们，同学们，你们会问，到底学校里出了多大的事情，要你们的校长要面对自己的学生承认错误，惩罚自己呢？

我的同学们，如果有人当着你们的面，欺负伤害你们的校长，你们会无动于衷吗？

请你们大声的告诉我，你们会无动于衷吗？你们允许吗？

好，谢谢你们，我知道你们还是团结在歧口中学的，你们的心还是凝聚在歧口中学的，你们还是很在乎歧口中学的！你们把歧口中学的声誉看得比自己的声誉都高贵，是吧——请你们大声回答我——

是呀，学校里是出了事，在我来到歧口中学接了你们 2011 届新生后的时间里发生了一件事情，是有人戳伤了我的心，是有人正拿着尖尖的竹钉扎我的胸口呀——

人最高贵的是人格，是尊严，学校最至上的是声誉，可是就是有人在一个劲的拿着尖尖的利器扎痛我，扎的我的胸口，血在流，我的痛愈加的重！但是，我一定要忍住，一定不能让其他的人知道，自己就咬着牙坚定的挺着，不能出声，更不能喊出来！同学们，这到底为什么呢？因为是我的亲人——我的学生在不住的刺我的身心呀！

就在昨天，我听到了一件发生在上周的事情：说歧口中学的学生在海堤上打架了，打架的不知多少人，围观的学生上百人啊！我惊愕了，我问我自己，怎么啦？我的学生怎么啦？有什么天大的事情要他们在肆无忌惮的加害一个集体，再给四个大字抹黑呀？在把"歧口中学"搞臭呀？

我的 163 名歧口中学的学生，你们想过没有，你们是谁？你们不单单是你们自己，你们的背上，心上，不论今天、明天、还是未来，都会印着歧口中学的的烙印！因为你们就是歧口中学的象征！

同学们，老师们，学校是你们的大家，天底下，哪有儿女不爱家的道理，学校胜似亲人的怀抱，你们就是学校的骄子，不论你们中的哪一个受了伤，学校都有责任去关心帮助保护你们的，可是，你们想过没有，你们中的个别人就是在忍心伤害我们大家的歧口中学啊！

我们学校的人文思想的宗旨就是"校爱生生、生生爱校"，学校的发展提高就是为学生全面服务的发展提高。我在这里，可以真挚的告诉你们，学校是爱你们的，我是爱你们的，因为，我和我的教师们就是想大歧口的子民的孩子们将来有出息，多出几个黄中生，多出几个大学生，多出几个品行健康事业有为的建设者。为了这个目标的实现，我要求我的教师们勤恳的工作，我要求他们去管理你们，有时还要他们惩戒你们。上周的前 30 名学生家长的座谈会上，学校与各位家长签了优秀生的戒尺制度协议，就是家长把监护权，在校园里转移给了教师，也就是说，如果有的同学在学习上和生活上犯了错误，老师在学校就可以代家长去管理，就是你们理解的"可以用戒尺打手心的！"。

同学们，老师们，我讲这些的目的很简单，就是每一个家长都在望子成龙、望女成凤的，我要求我的歧口中学的老师们必须严格管理学生，因为没有严格的纪律，军队就是打不了胜仗之师，因为没有严格的纪律，学校就出不了人才，甚至是在埋没人才！所以，我们每一个教师的责任不只是上课，更重要的是管理，是严格的管理。在这里，我再重申一点，乱的课堂，我不要，不管学生的老师我不喜欢，我的老师，只要本着一颗爱心对家长负责，对孩子的希望和成长负责，你就大胆的去管理学生，没有大乱子出的，天底下去问问，家长不让管了，要老师干什么？老师不严了，充其量是个平庸无能的老师！管学生，就是对自己的尊严负责，管出乱来，有校长我顶着！这就是古训"严师出高徒"，当然，管不是打，是方法，是技巧，是用心计，是谈心，武力是无能的表现。切忌动手，无伤害了心灵！

我记得给家长们说过，您的学生一走进歧口中学的校门，就是对我们工作的支持，就是给我们一份责任和任务，我对家长们说，我和我的老师们一定会把你的孩子教好，至少要他们学会懂礼，长大能做个正直的人。可是，现在，我们做的怎样了呢？

他们对我说呀，歧口中学的 2011 届新初一，是最不尽人意的一帮人啊，起先，我不信，我还专门叫几个女同学到我办公室谈话，她们几个和我说的很好，很有师生情意的，可是第二天，就在我们的校园内打起来了，四五个女生打一个女生，再后来，就是放学到海堤上打，为什么他们打的这么起劲呢？因为他们有市场呀，看，我多荣耀——好多人围观；看，我多厉害——敢打敢拼；看，我多义气——打抱不平；同学呀，你错了，你大错特错了！你打了一仗，歧口中学的荣耀还有吗？你上前围观了一次，歧口中学的名声还厉害吗？你意气用事了，歧口中学的尊严就全被你打掉了——同学呀，你的一仗，其实是在打自己呀，你是谁？你是歧口中学的学生，他也是歧口中学的学生。和为贵，气生财，和才是一个集体的珍贵，气是一个集体的兴旺！

我的敬爱的老师们，我的亲爱的同学们，今天，我要你们记住，你们的校长就因为你们的错误在你们面前、在寒风中和你们一起惩罚自己，是你们不给我力量，是你们不懂事，是你们没有心呀！

同学们，你在打仗前想一想歧口中学四个字好嘛？你在违纪前想一想班集体好吗？就在这凛冽的寒风中，就在这留下你们身影的歧口中学的操场上，你们回答我，你们做得到吗——

对了，老师们，同学们，一个好的学校，就必须有铁的纪律，就必须有热爱它的学生们，学生硬则学校强，学校硬则学生强！同学们，硬是什么？就是自律，就是学校的纪律我不犯，就是损害学校的事情我不为，就是成绩虽然不好，但我的人品好！强是什么？强就是严格，就是争气，就是正气，就是违反了纪律，坚决不迁就，就是想着每一天为学校做一件好事，就是从今天起我不再打架！请你们全体回答我，做得到吗？——

同学们，老师们，从今天起，谁再打架，就让他（她）在这操场上站着，在寒风中悔悟，谁再做有损歧口中学的事情我们答应吗？——

再大声重复一遍——

请同学们随我说——校爱生生！——生生爱校！——

今天，这此寒风中的惩罚，我是自愿的，我深知我对我的师生的爱胜过爱我自己，我对歧口中学的爱胜过我的生命，所以我要我的每一个师生知道，爱集体是对自己最大的爱！

2011 年 11 月 30 日

——歧口中学教师课堂教学情况调查问卷

为了进一步了解老师们的教学情况，以便针对情况采取更好的方法帮助同学们，我们设计了这个调查表，请同学们认真作答。对每个题的选择，最满意的是 A，最不满意的是 D，依次递减；对每个学科老师的评价，最高分为 100 分。

请记住：调查结果的科学性，取决于你回答的准确性。

一、对于给我们班级授课的语文老师的评价

1. 授课时准备充分，讲解清晰流畅，不迟到，不拖堂

A. 20 分　　　　　B. 18 分　　　　　C. 15 分　　　　　D. 10 分

2. 授课时知识准确，容量适当，教法学法并重，且运用得当

A. 20 分　　　　　B. 18 分　　　　　C. 15 分　　　　　D. 10 分

3. 授课时善于调动，善于激励，注重语文能力的提升，善于启迪思维

A. 20 分　　　　　B. 18 分　　　　　C. 15 分　　　　　D. 10 分

4. 作文训练有体系，每学期 8 篇大作文布置均匀，且有适当的语文练习

A. 10 分　　　　　B. 9 分　　　　　C. 7 分　　　　　D. 5 分

5. 作文批改及时、认真，能够做到详批详改，讲评作文具体有针对性

A. 10 分　　　　　B. 9 分　　　　　C. 8 分　　　　　D. 5 分

6. 善于同我们沟通和尊重我们，对语文科的教学我们的满意程度是

A. 20 分　　　　　　　B. 18 分　　　　　　C. 15 分　　　　　　D. 10 分

二、对于给我们班级授课的数学老师的评价

7. 授课时准备充分，讲解清晰流畅，不迟到，不拖堂

A. 20 分　　　　　　　B. 18 分　　　　　　C. 15 分　　　　　　D. 10 分

8. 授课时知识准确，容量适当，教法学法并重，且运用得当

A. 20 分　　　　　　　B. 18 分　　　　　　C. 15 分　　　　　　D. 10 分

9. 授课时善于调动，善于激励，注重数学思维能力的训练和提升

A. 20 分　　　　　　　B. 18 分　　　　　　C. 15 分　　　　　　D. 10 分

10. 作业布置及时、适量，作业批改及时、认真，讲评及时、有效

A. 10 分　　　　　　　B. 9 分　　　　　　　C. 7 分　　　　　　　D. 5 分

11. 作业题、考试题针对性强，有利于提高我们的解题能力

A. 10 分　　　　　　　B. 9 分　　　　　　　C. 8 分　　　　　　　D. 5 分

12. 善于同我们沟通和尊重我们，对数学科的教学我们的满意程度是

A. 20 分　　　　　　　B. 18 分　　　　　　C. 15 分　　　　　　D. 10 分

三、对于给我们班级授课的英语老师的评价

13. 授课时准备充分，讲解清晰流畅，不迟到，不拖堂

A. 20 分　　　　　　　B. 18 分　　　　　　C. 15 分　　　　　　D. 10 分

14. 授课时知识准确，容量适当，教法学法并重，且运用得当

A. 20 分　　　　　　　B. 18 分　　　　　　C. 15 分　　　　　　D. 10 分

15. 授课时善于调动，善于激励，注重英语能力的训练和提升

A. 20 分　　　　　　　B. 18 分　　　　　　C. 15 分　　　　　　D. 10 分

16. 作业布置及时、适量，作业批改及时、认真，反馈及时、有效

A. 10 分　　　　　　　B. 9 分　　　　　　　C. 7 分　　　　　　　D. 5 分

17. 注重英语听说能力和写作能力的训练，有利于全面提高英语水平

A. 10 分　　　　　　　B. 9 分　　　　　　　C. 8 分　　　　　　　D. 5 分

18. 善于同我们沟通和尊重我们，对英语科的教学我们的满意程度是

A. 20 分　　　　　　　B. 18 分　　　　　　C. 15 分　　　　　　D. 10 分

四、对于给我们班级授课的物理老师的评价

19. 授课时准备充分，讲解清晰流畅，不迟到，不拖堂

A. 20 分　　　　　　　B. 18 分　　　　　　C. 15 分　　　　　　D. 10 分

20. 授课时知识准确，容量适当，教法学法并重，且运用得当

A. 20 分　　　　　　　B. 18 分　　　　　　C. 15 分　　　　　　D. 10 分

21. 授课时师生互动，注重能力，善于激励，启迪思维

A. 20 分　　　　　　　B. 18 分　　　　　　C. 15 分　　　　　　D. 10 分

22. 作业布置及时、适量，作业批改及时、认真，反馈及时、有效

A. 10 分　　　　　B. 9 分　　　　　C. 7 分　　　　　D. 5 分

23. 演示实验和分组实验安排恰当、准备充分，有利于我们我们实验能力的提高

A. 10 分　　　　　B. 9 分　　　　　C. 8 分　　　　　D. 5 分

24. 善于同我们沟通和尊重我们，对物理科的教学我们的满意程度是

A. 20 分　　　　　B. 18 分　　　　　C. 15 分　　　　　D. 10 分

五、对于给我们班级授课的化学老师的评价

25. 授课时准备充分，讲解清晰流畅，不迟到，不拖堂

A. 20 分　　　　　B. 18 分　　　　　C. 15 分　　　　　D. 10 分

26. 授课时知识准确，容量适当，教法学法并重，且运用得当

A. 20 分　　　　　B. 18 分　　　　　C. 15 分　　　　　D. 10 分

27. 授课时师生互动，注重能力，善于激励，启迪思维

A. 20 分　　　　　B. 18 分　　　　　C. 15 分　　　　　D. 10 分

28. 作业布置及时、适量，作业批改及时、认真，反馈及时、有效

A. 10 分　　　　　B. 9 分　　　　　C. 7 分　　　　　D. 5 分

29. 演示实验和分组实验安排恰当、准备充分，有利于我们我们实验能力的提高

A. 10 分　　　　　B. 9 分　　　　　C. 8 分　　　　　D. 5 分

30. 善于同我们沟通和尊重我们，对化学科的教学我们的满意程度是

A. 20 分　　　　　B. 18 分　　　　　C. 15 分　　　　　D. 10 分

六、对于给我们班级授课的生物老师的评价

31. 授课时准备充分，讲解清晰流畅，不迟到，不拖堂

A. 20 分　　　　　B. 18 分　　　　　C. 15 分　　　　　D. 10 分

32. 授课时知识准确，容量适当，教法学法并重，且运用得当

A. 20 分　　　　　B. 18 分　　　　　C. 15 分　　　　　D. 10 分

33. 授课时师生互动，注重能力，善于激励，启迪思维

A. 20 分　　　　　B. 18 分　　　　　C. 15 分　　　　　D. 10 分

34. 充分利于课堂，精选课外作业，课外作业量少且批改及时认真

A. 20 分　　　　　B. 18 分　　　　　C. 15 分　　　　　D. 10 分

35. 善于同我们沟通和尊重我们，对生物科的教学我们的满意程度是

A. 20 分　　　　　B. 18 分　　　　　C. 15 分　　　　　D. 10 分

七、对于给我们班级授课的政治老师的评价

36. 授课时准备充分，讲解清晰流畅，不迟到，不拖堂

A. 20 分　　　　　B. 18 分　　　　　C. 15 分　　　　　D. 10 分

37. 授课时知识准确，容量适当，教法学法并重，且运用得当

A. 20 分   B. 18 分   C. 15 分   D. 10 分

38. 授课时师生互动，注重能力，善于激励，启迪思维

A. 20 分   B. 18 分   C. 15 分   D. 10 分

39. 充分利于课堂，精选课外作业，课外作业量少且批改及时认真

A. 20 分   B. 18 分   C. 15 分   D. 10 分

40. 善于同我们沟通和尊重我们，对政治科的教学我们的满意程度是

A. 20 分   B. 18 分   C. 15 分   D. 10 分

八、对于给我们班级授课的历史老师的评价

41. 授课时准备充分，讲解清晰流畅，不迟到，不拖堂

A. 20 分   B. 18 分   C. 15 分   D. 10 分

42. 授课时知识准确，容量适当，教法学法并重，且运用得当

A. 20 分   B. 18 分   C. 15 分   D. 10 分

43. 授课时师生互动，注重能力，善于激励，启迪思维

A. 20 分   B. 18 分   C. 15 分   D. 10 分

44. 充分利于课堂，精选课外作业，课外作业量少且批改及时认真

A. 20 分   B. 18 分   C. 15 分   D. 10 分

45. 善于同我们沟通和尊重我们，对历史科的教学我们的满意程度是

A. 20 分   B. 18 分   C. 15 分   D. 10 分

九、对于给我们班级授课的地理老师的评价

46. 授课时准备充分，讲解清晰流畅，不迟到，不拖堂

A. 20 分   B. 18 分   C. 15 分   D. 10 分

47. 授课时知识准确，容量适当，教法学法并重，且运用得当

A. 20 分   B. 18 分   C. 15 分   D. 10 分

48. 授课时师生互动，注重能力，善于激励，启迪思维

A. 20 分   B. 18 分   C. 15 分   D. 10 分

49. 充分利于课堂，精选课外作业，课外作业量少且批改及时认真

A. 20 分   B. 18 分   C. 15 分   D. 10 分

50. 善于同我们沟通和尊重我们，对地理科的教学我们的满意程度是

A. 20 分   B. 18 分   C. 15 分   D. 10 分

十、你给学校的建议——谈谈你的想法或说说影响你成绩的原因。

【三年之路】

2010—2011 学年第一学期述职

以提高为重点，以质量为中心，以发展为目标
努力开创学校教育教学管理工作新局面

金秋九月，受局聘任，我满怀憧憬地走上了校长岗位，正值教育督导、教学评估时期，自己深感责任重大，同时又是一种挑战，更需要我在教育教学管理工作上审时度势，迎难而上，我只有找准着力点，力推教改，在提高教学质量和办学特色上狠下功夫。办出渔民满意的学校。下面就我在歧口中学的几点做法做一总结。

一、基本定位

提高学生的优生率，让中等以上的学生形成教育教学的主流对象，抓好控辍保学工作，确保"三率"，大面积提高初中中等生比例，为高中输送更多的可塑性生源，做到学校校风好、教风正、学风浓，德育工作上新台阶。确立"以争创为主线，以提高为重点，以质量为中心，以发展为目标"的办学思路，全力打造渔区一流中学。

二、办学特色思考和做法

（一）校风建设。

以德育先行为基本原则，重新树立学校的形象建设是重点、班子的凝聚是关键、教师的导向（管理导向的认同意识、育人导向的追求意识、发展导向的危机意识）是保证、学生习惯形成是基础、整体素质的提高是目的的工作思路。

（二）学校管理。

主要体现 12 个字，就是"注重细节，严格管理，责任分流"，即多管齐下，互为渗透，分解细化，全面覆盖。以学校管理为核心，细化常规管理，突出班级管理，强化教学管理，重视文化管理，使管理多元、互补、精细、全面，形成氛围和趋势，形成管理的"场"，使管理的有效性得以最大化。细节决定成败，学校管理在细节上狠下功夫，主要是落实岗位责任的明确、教学督导工作的细化、教研评估积分的量化、班级量化管理评估等来体现学校管理的精细化，同时以校园文化建设为主线，分别从环境文化、活动文化、制度文化、观念文化、行为文化等方面来开展一系列的文化管理活动，使文化素养的滋润渗透于学校管理的整个过程之中，一方面促进教师的职业素养和专业成长，一方面使学生的人文品质、文明素养得到有效的提升。

（三）教学管理。

在教学管理上主要特色是思路总揽、细化督查、落实评估、兑现奖惩、条块结合、不留空档，思路总揽就是以提高质量为重点、发展为目标的办学思路来总揽全局，细化督查就是从教学秩序、教师到岗、学生上课率等方面加大督查力度，坚持从细节入手，认真去考察、评估每位教师和每个班级，建立教师督查个人档案，以等级制来考核教师的业绩；坚持每天必查（专人查上课人数、到岗情况、课堂秩序以及教案、课题）；坚持分管领导每周抽查制度，要求教导处分管主任每周不少于两次的不定期对教师上课情况进行抽查，发现问题及时反馈；坚持上课期间专人巡查校园制度，确实使纪律、课堂管理、师生到岗等方面得到进一步规范，使管理不留空档；坚持期中、期末对每一位教师的情况和考核等级进行公布，并以此为依据给予奖惩；

（四）教研工作

1. 工作特色：把教研工作任务与教学任务和教学问题挂起钩来，教研工作要解决教育教学中存在的实际问题，通过教育科研促进教师的专业化成长，为学生提供优质的教学服务。（1）切实可行的长效教研机制与各类教研活动开展相结合，主要是搞好规划，落实措施，明确重点，建立常规，逐步形成一套规范的工作机制和考评激励机制。学校大力开展各类教研活动，如"三课"研讨活动、个人研修活动、以老带新活动、集体备课活动和其他专题教研活动（班主任论坛、课堂有效管理研究、远程教育和现代教育技术的运用、班级文化建设研讨等），而且把这些活动全部纳入长效教科研机制的框架中，使学校的教研工作再上一个新的台阶。（2）立项课题研究与常规教研相结合，学校重视立项课题研究工作，争取通过立项课题的推动使我校的常规教研工作得到有效的拓展；（3）校本研修与营造健康的校园文化相结合，校本教研工作主要从以下几个方面来推进，一是要求教师利用业余时间加强自修，定时定向定量阅读几本好书、写好读书笔记、心得体会、教学反思等，定期收集入册并纳入个人教研档案，加减个人教研积分；二是有计划的进行教师培训，包括先进教学思想、理念、方法、技术方面的培训以及教师职业道德、文化素养方面的培训，这些培训采用的形式分为讲座、示范、观摩、竞赛、研讨等；（4）文化管理，营造健康的校园文化，努力使广大教师在文化环境的感召下更加注重个人文化素养、职业道德的提升，自觉投入到工作中。

2. 关于教改工作的思考

（1）我校教师的构成主要以青年教师为主，我校34名教师中青年教师占80%以上，其个人素质的好与否将直接影响教育教学质量的好与否，所以加强青年骨干教师的培养应该摆在学校发展的重要位置，意在提高教师个人教学能力，提高学生学习成绩：①建立系统的教改计划，包括规划、管理、工作计划和激励机制。②认真选拔思想政治素质过硬、专业基础知识扎实、勇于承担教育科研任务、具有积极的工作热情和实践精神的青年教师作为教改先锋。③落实教改措施。④管理保障，要有专门的骨干教师培训经费，在晋级评优方面加大倾斜力度，课题参与体现示范，在生活和工作上给予更多的关心和支持，要求从严，要求骨干教师主动承担各种赛课、公开课、示范课任务，每年要有学术论文发表，每年对骨干教师要定期考核，要严格标准。⑤定期召开教改骨干教师工作总结会。

（2）教改工作要依靠全校广大教师的积极参与，因为教学不是个人行为，要提升和搞好教育教学工作不是一个人能完成的工作，如何让教育发挥整体优势，就是要依靠广大教师，积极投身于教改中，让教师在教研活动中产生最大认同，突出其主体地位，主动的追求先进的理念、好的方法、正确的途径，教学改革的目的就在于此。

（3）教改工作是一个长期性的工作，因此在管理教改这一块要有连续性、整体性，最终形成常规性，树榜样，弘扬优秀集体，切忌空大、无序、时冷时热、有头无尾。

（4）教育干部带头搞教改，进课堂，参与教研活动。

三、工作着力点

1. 抓两头，重过程，求质量：抓好入学教育和毕业班工作，加大纪律要求。组织了法制教育活动，毕业班家长座谈会，给家长的一封信活动。

2. 抓教育科研求突破：立项科研和常规教研相结合，明确教研日，大力推进课程改革，不断加强校本研修，加快教师职业成长，确保一支相对稳定，较为成熟，基本配套，专业过硬，技能过关的教师队伍。

3. 构建学校德育体系，注重校园文化建设，强力推进班级文化建设，以优雅的环境，多彩的学习生活，高雅的艺术情趣，浓厚的学习氛围，形成良好的校风、班风，引导学生树立正确的世界观、人生观和价值观。成立了广播组，出办了《教研》和《月考》期刊，开展了元旦异程接力赛，举办了元旦警校共建联欢会。开展了"我爱我班""厕所长明灯"两次大讨论征文。

4. 依法治校、依法治教，民主管理，大力推进以校务会、教代会为重点的民主管理学校的进程，做到民主治校，取消了遗留的小卖部，制定了新的教学制度。

5. 加强学校安全工作，完善各种安全制度和措施，落实了安全责任，建立了校园安全岗，推进"一岗双责"制度，搞好安全演练，建立各种安全预案，确保校园平安和谐。

四、师资建设

目前我校教师队伍建设，主要存在如下问题和不足：有先进教育理论又有丰富教育教学实践经验的骨干教师不多，无专家型、名师级教师；部分教师的"终身教育"观念不强，对学习的主动性不够，积极性不高；学习、培训、进修的时间和教学工作冲突较大；培训经费有一定的困难。

师资建设具体规划

师资培训：两年内全体教师争取轮训 1—3 次，并大力开展校本研修和自我研修工作，促进教师的专业成长；

教改骨干教师培养：以青年骨干教师培养为重点，选拔培养青年教师；

教师奖励：建立考试质量奖励，分教师等级奖励机制，最大限度的调动教师的工作积极性，以确保教师队伍的整体素质的提高。努力办成一所班子团结、教师稳定、校风建设好、教学质量高、有特色的中学，为振兴渔区经济培养合格人才。

五、教学设备添置设施

报刊添置 30 余种册，书架 2 个。

教学微机 7 台，备课微机 3 台，计算机电源补充 2 套。

体育篮球架一个、单杠 2 个、双杠 1 个。

物理实验室一个。换线 260 多米。实验橱柜 6 个。

粉刷墙壁 4300 多平方米，砌旗台一个，水泥墙面 340 平方米。

自己修砌地板砖 6 间，争取路灯一个，旗杆一个，线路维修 200 余米。

文化墙 280 平方米，文化背景布 60 平方米，教室牌 28 个，窗帘 20 米。

办公桌 6 个，文件橱 2 个，打印机 2 个，饮水机 3 个，写生灯一个。

修补多媒体教室一个。学生凳子 300 个。布置会议室一个。

灭火器换粉 12 个，排风扇 6 个，重新投资 8 个班级文化建设。

整理档案室 2 间。

争取上级资金 4 万元。共投入 9.4 万元。

以上是上任后的几点做法与思考，只是个开端，今后我将继续努力工作，不辜负一方父老的期望。

2010 年 12 月 30 日

2010—2011 学年第二学期述职

矢志教改，从容前行，攻坚克难，争创一流

自我接任歧口中学校长以来，为提升学校的办学层次，本着校园工作一切有利于教学的原则，做出重大举措，取缔学校小卖部，杜绝校内赌博现象，重组领导班子，建立新的各种规章制度，提倡教师戒烟，要求教师严字当头、爱子当心、严谨治学。在教学上力挺教改，全面提高教师的授课质量。

这半年我工作的重点是——执意教改，协调均衡出优秀师资，和谐科学出强势队伍，培养正气、学习、团结的学生，出教师为荣、学生自豪、家长叫好、社会满意的中考成绩。

下面就过来的工作汇报如下：

一、学校管理，以"管"出面貌

自开学以来，严格学校各项规章制度：如学校门卫管理制度，严格学校教师值班制度，严格学生量化管理制度，班级量化管理制度，课上有班级日志，课下由团员组成的纪律卫生、礼仪监督小组负责监督校内学生课下违纪行为。一年来，我校校内从未发生一起恶性事件、学校周边没发生一起有损学校形象的学生聚众斗殴、没有一次校外闲散人员进校寻衅滋事，校园环境洁净整齐，学生活动井然有序。

二、教师业务，以"督"显提高

开学初，就积极选派干部教师参加各级教研机构组织的业务学习，让老师们开阔眼界提高自身修养，增强专业技能。2010—2011 学年度，我校陈莲香老师在教学大比武汇课中获我市初中数学组一等奖，周福长老师获得我市英语教师试题设计比赛一等奖，吴玉来、张广艳老师的论文获得沧州市二等奖，周福长、刘树东、张海港等老师的论文获得沧州市一等奖，曹艳杰老师在初中古诗文课堂教学大赛中获我市二等奖，孙国霞老师在初中数学说课比赛中获我市一等奖，沙霖老师获得我市英语朗读比赛指导奖（指导的学生王蕊获得英语朗读比赛一等奖），宋云江老师获得沧州市校务公开先进个人称号，张广艳老师获得黄骅市优秀党员称号。在黄中尖子生竞赛中，我校何冬冬、曹梦茹、沈文森同学提前录入黄中的实验班。今年中考我校有 17 人考取黄中，排我镇中学前列。初一、初二成绩名列全镇第一，包揽两年级个人总成绩前三名，中考全镇第一二名也在我校。

三、教学设施，以"硬"上层次

我们积极争取了资金安装 8 个多媒体教室，再安装一个计算机教室。今后我校的教学设施本着满足素质教育要求的各种教学和实践互动的需要，为学生健康成长、我们会不断创造优越的条件。

四、改革课堂，以"效"促学习

本学期以来，我校致力于课堂教学改革，推出"工学"模式教学。以学案教学为线索，通过自主学习、合作探究、小组辅导、限时训练，致力于打造"621"高效课堂，推动高效学习。一年的教学改革，使我们看到了教学改革的必要性和成绩，得到了教育局领导和兄弟学校的支持，也坚定了我们继续进行教学改革的决心。我校开设了书法、剪纸课程，专门编写了《走进剪纸艺术》《大歧口》两本校本教材，并将校本课程列入课程表。组织了田径、篮球、足球、象棋、美术等兴趣小组；为拓展师生的知识面，学校订阅了报刊、杂志 50 余种，并开设了读书课，真正实现学生快乐学习、教师快乐教学的良性循环，从而实现教育的高效发展。

五、找到闪光点，以"趣"结硕果

本学期打破了唯学习成绩论的传统评价模式，建立多元化的评价机制，鼓励学生的个性发展，设立优秀学生奖，进步学生奖；并积极组织学生参加市局、政府组织的各种评选活动。2010—2011 学年我校王蕊同学获得市教育局组织的英语朗读比赛一等奖；并被评为沧州市 2010—2011 学年三好学生；孙凤远同学获得黄骅市优秀共青团员称号，并获得黄骅市中小学生优秀品德奖；王强同学在全市运动会中获得男子组跳高第一名。我们会更加完善我们的评价体制，从而极大地促进学生特长的发展，最大限度地激发了学生的个人潜能，真正做到"为学生一生发展打好底色"。

回首过往，往事历历，更是诚悟勉勉。我是真的收获了一份检讨在的。我的检讨：我们的校园教育离打造品牌学校不是还很远吗？我们要上条件，就必须舍得投入，当好家，处理好消费，办教师看得见，大伙都满意的学校。给教师出去学习进修的足够时间和还我一个精神饱满的工作热情。继续严肃管理，严字当头，对于问题学生的处理，不退步，不徇情，给老师撑腰，给力于执行干部。但是，处理的方法有值得商榷的地方，出现的问题也引起了教师和家长的关注。我们确实要思考对于问题生的教育方法之策略性有效性的工作效果。师德建设重考勤，继续通过教代会，定适合教改的新制度，着力解决个别突出的问题，加大奖惩力度，要真有冲击力。继续干部队伍的分工制度，做到谁的事谁负责，先讲奉献和原则，再给职权做领导，必须强化服务意识，才能赢得尊重和支持。管理学生我们要形成以年级为核心的学校管理体制。班主任是政治局，主稳定，班级管理要做到教务和政务都服务班主任，班级管理的内涵要扩大，给班主任较大的工作权限。教改中忽略了集体备课，轻视了学生座谈会，淡化了研讨课，没有给力的阶段性小结。

新学期，教改进入攻坚克难从容前行的关键的第二步，这第二步，我们不缺理念，也不缺经验，我们需要的是坚持的勇气，我们需要的是把每一个措施落实到位，我们需要的是关注每一个细节，我们需要的是团队精神，我们需要的是责任心，我们需要的是教学的艺术，我们需要的是致力建设渔区一流教育、全市上游的歧口中学……

2011 年 7 月 5 日

2011—2012 学年第一学期述职

教改路上我们励心齐志，创建特色我们执意前行

一、学校管理：打造歧口中学管理模式

这半年，学校的各项工作紧紧围绕"一个教改中心，两个景观建设"，从校长到学生都积极投入其中，为此，学校不断锻打校长重点抓、副职抓年级、教务抓教研、政务抓班务的管理系统，确保学校的组织保证作用，深化干部的引领和服务意识。具体做法：

（1）校长的思想引领。我的教改思想和教育管理主要体现在：《我的一学年工作后的检讨及新学年工作思路》《对歧口中学教改的具体指导意见》《261 节次结构改革应对歧口中学工学之策略》《重学杜郎口·再谈歧口中学教改》《励心齐志·奋亘教改》《谈教改先期的困惑和对策》《解读给教师对学生实施有效的教学管理行为》《加大教研活动投入，以督检促师资提高》等。

（2）班子集体学习制度。开学初，校长主持宣讲了《对歧口中学教改的具体指导意见》，九月下旬，教师干部集体学习《励心齐志·奋亘教改》，十月中旬学习了《管理成败，关键干部》，11 月份校长培训后，撰写并一起研读了《解读给教师对学生实施有效的教学管理行为》，12 月初，组织了有班主任参加的《陌之歧口中学——对号入座》集体学习。

（3）校长分工包年级制度。吴玉来副校长负责初二，带中层干部金镇、广艳和 3 个班主任和 5 名教师；白骏副校长负责初一，带中层干部宋云江、王国峰和 3 个班主任 4 名教师；王金湖校长监管初三，中层干部刘树东负责初三和 2 个班主任（刘树东兼职初三一个班主任）和 5 名教师。重点两项一是纪律二是学习。学校其他工作政务、教务、总务各司其职。

二、学校教研：它山之石琢我歧口中学之器

1. 立足校园，开展教研。本学期，雷打不动的周三下午教研日活动；教师授课等次评定活动已接近尾声；教研组硬性指标活动（数学竞赛、英语朗读比赛）促校园文化氛围效果不错；师生获奖情况后有附页。

2. 外出学习，回来工学。这学期，前勤副校长一次杜郎口学习和一次沧州学习，时间半月；后勤副校长两次沧州培训，时间一周；会计泊头学习和黄骅学习各

一次；初三全体教师出去学习石家庄一次和沧州一次时间 7 天；骨干教师一人石家庄学习 20 天，教研组长培训沧州一次时间 3 天；班主任沧州学习一人次；语文教研组黄骅集体一次培训；并积极参加市局各科室的培训学习活动。学校学习制度执行效果较好，教师学习的原始材料和回来后的心得讲座质量比较满意。

三、教学改革：励心齐志，执意前行。

1. 回顾：歧口中学的教改——

经历了第一阶段：教改实施阶段；

自 2011 年 2 月 21 日—5 月 4 日，即开学初开始到 5 月初。第一阶段主要

经历了——教改思想之信心的产生——教改方案的制定——教改软环境建设之教研专刊的学习发动——教改实验班的商定——新型教学组织形式之工学的建立——教改带头人的确定——教改课的实验——教改课堂模式与工学方法的建议——教改之各科预习学案的研究开发——教改课的汇报调研等 10 个环节。以上诸环节取得了预期的效果，同时也折腾的团队腹饥背疲，但我和我的教师们没有一个言退，反力则是教改的信念更入心脾——对于教改，我们不选择失败，因为我们时刻准备为成功付出。

经历了第二阶段：教改之课堂教师的表现阶段；

自 5 月 9 日—6 月 1 日，即从期中到复习阶段前。第二阶段主要经历了——教改第二阶段实施办法的出台与实施——教改育人环境之"做清纯学生·当称职家长·做百姓满意教师"之社会环境促进教改的一份倡议书——教改育人环境建设之"全员育人的火车头（学生干部）"教研专刊的学习发行——兄弟学校来校课堂探讨——各科教学预案的成型及预习学案月鉴和课堂测试周记表的制定——教改带头人的典型树立——教改阶段性小结——教改落后课之修正研讨等 8 个环节。以上诸环节验证了教改的可行性和发展性，也应验了教改的艰难和紧迫，同时，更坚定了我克服一个个堡垒的信心，对此，我积聚力量，坚定不悔。

经历了第三阶段：教改课走进每一个教室。

自 2011 年 8 月中旬，学校组织全体教师学习了教改材料的合订本。9 月开学后的第二周，教改模式全面展开，261 节次、15∶10∶15 课堂模式、工学小组全部运行，到 2011 年 12 月底。

2. 第三阶段细节：

（1）暑期干部教师集中洗脑。2011 年 8 月 12 日—8 月 15 日，教育干部到校编撰《对歧口中学教改的具体指导意见（合订本）》，为新学期全面教改制定'纲领性文献'；2011 年 8 月 21 日—23 日，有各中层干部分领学习材料，组织全体教师学习，完成两篇心得作业《如何在教改中提高管理的能力》和《如何使自己的教学行为更符合教改的要求》。

（2）9 月开学后的第二周，教改模式全面展开，261 节次、15∶10∶15 课堂模式、

工学小组全部运行，到 2011 年 12 月底。其间活动：各班工学小组的建立和组长培训（教务处）——教改中和工学中的班主任培训（政务处）——两个景观建设的宣传和发动（政务处）——教改开始服务前勤的教学物资支持（总务处）——教改带头人教学观摩课（教务处）——教师教改课全员等次评定（教务处）——教改两个软件一体机服务（政务处）——教改 U 盘补给（总务处）——教改校长解惑《谈教改先期的困惑和对策》——教改教师支持曹艳杰的《工学路上，我们风雨兼程》张海港的《把爱留住，把学放开》——《月考后的教育反思活动·我的一份与共性问题》——校长的教改鼓舞《歧口中学教师宿舍门前的红荆条》——家乡支持：我们的大歧口牌一体机！

（3）第四阶段的前瞻：加大教研活动投入，以督检促师资提高。2012 年后的新学期。

四、教学特色：以活动促教改

1. 政务处：（1）两个景观建设发动宣传和建设（校园内没有一例追逐打闹的，学生举止文雅语言文明）。（2）班级文化班容班貌评比（3）十佳校园标兵公选（4）两条线抓政教（政务处——学生会——职能小组和政务处——班主任——班委会）。（5）团队"文明礼仪伴我行"和校园小广播。（6）家庭联系制度奖励办法。（7）兴趣小组活动。（8）班级量化和学生量化评比。（9）自习课督检。（10）运动会。（11）法制教育会。（12）新生入校军训。

2. 教务处：（1）261 节次安排（2）设立读书课、大歧口、走进剪纸艺术、职业教育、水产养殖。（3）优秀生戒尺制度的建立。（4）师生谈心手册的运行。（5）教研组活动。（6）校园文化建设（橱窗、张牌、背景墙）。（7）优秀生的家长座谈会。（8）教改课等次评定活动。（9）月考（期中）及工学小组奖励。（10）教学常规检查。（11）出台歧口中学课改授课评价标准（初级）（12）预习课督检。（13）感恩教育。

3. 总务处：（1）多媒体教室装备。（2）各教室安装窗帘。（3）学生饮水设置。（4）校服的征订。（5）安全演练。（6）冬季取暖。（7）标准化学校验收后勤供给。（8）教师考勤结算。（9）财务清结。

五、教学投入

"风物长宜放眼量"，稳中求实真校长，积极争取，在状态工作，一切都会进步发展起来的。力不从心就慢慢的来，让师生看得见的变化才是成绩，否则就是平庸。

1. 争取 8 个多媒体教室，投资 8.6 万元；2. 12 个教室的窗帘 5 千余元；3. 两台打印机 2600 元；4. 翻建墙头 2 万元；5. 大门口硬化和地面砖化 4500 元；6. 操场看台维修、微机室改修、2 个教室地面瓷砖、花池子维修、地沟修补、伙房修补、其他小活投入 12000 多元；7. 校本课程教材 3000 元；8. 学生奖励近 4000 元；9. 争取 10 万元投入微机室一个；10. 争取 21000 元的"大歧牌"牌一体机一部；11. 争取毕业班教师奖励 5000 元；12. 8 口监控设备近万元；13. 已争取教师集体现代化办公电脑 31 台。14. 班级文化及班级奖励投入 2400 元；15. 体育服装和球类 2600 元；16. 教师有线电视 1000 元；17. 教改 U 盘投入 1000 余元；18. 教师辅助用书 2000 多元；19. 干部教师培训资金已远远超过年初预算的 13500 元；20. 各类报刊 1100 元；21. 冬季取暖与维修 5 万元；22. 教室内标准黑板两块 1700 元；23. 标准化学校验收投入待定；24. 教师福利忽略。

六、工作反思：不足与今后努力的方向

本学期的工作，我们取得了一些成绩，但是也存在一些问题需要我们改正和进一步完善。

1. 有几项预算没能做到，教师办工桌椅换新以入新学期预算。

2. 加强队伍建设。在我们的队伍中，还存在着不上进、不和谐的声音；工作时间上网打游戏看电影以及精力外移等现象依然存在。这就要求我们必须认真对待并加以改正。为此我们要进一步加强教师队伍建设，新学期加大督检力度。

3. 加大教师培训力度，营造科研氛围。新学期加强教研组建设，进一步巩固教改理念，让教师在活动中找回"学高为师，身正为范"思想和行动指南。力求扎实开展教科研活动，提高教师业务素养，加大教研投入。

4. 从"严"上下狠心，从"情"上用良心，从"合"上聚齐心，需要干部教师们要不断更新管理理念，探索学生管理工作的新思路和有效方法，提高管理水平。

5. 加强学校各职能科室的合作与配合，加强教务、政务的管理职能，增强全局意识和凝聚力，做好总务工作，积极服务于教学，当好管家。使歧口中学学至上而下形成合力。

回首过去的 2011 年，拥有的成绩已成过去，欲求的事业还在征程，让我们携起手来，2012 年没有世界末日，更不是"一切皆是浮云"，在 2012 年即将到来的这个节骨眼，最需要重新出发，重新积累健康、积极、乐观上的能量，歧口中学就是一块强磁场，这里不仅有临海的风光、粗犷的民俗、我们德馨质朴的父老，更有让我们同甘共苦的情感力量，到处充满让人奋起的意念。所以我们能也庆幸我们能行——2012 年，我们同舟共济，我们共同努力，我们再绘一片新天地，我们再创大歧口教育的新辉煌！

2011 年 12 月 14 日

歧口中学 2011 年度教育教研获奖情况

获奖类别	获奖名称	获奖人姓名	获奖等级	获奖时间
说课比赛	初中古诗文课堂教学大赛二等奖	曹艳杰	黄骅市二等奖	2011.4
先进个人	校务公开先进个人	宋云江	沧州市	2011.4
综合技能	初中英语教师综合技能大赛	谢玉文	黄骅市二等奖	2011.4
说课比赛		孙国霞	黄骅市一等奖	2011.5
三好学生	2010—2011 学年三好学生	王蕊	沧州市	2011.5
论文	浅思初中综合实践活动课选题	宗成杰	沧州市教科所三等奖	2011.6
题型设计	初中思想品德 2011 年中考时政热点专题设计一等奖	张广艳	黄骅市	2011.6
	优秀党员	张广艳	黄骅	2011.7
优秀品德奖	金宝中小学优秀品德奖	孙凤远		2011.9
学生指导	2011 河北数学夏令营数学竞赛优秀辅导员	孙国霞		2011.9
学生指导	2011 河北数学夏令营数学竞赛优秀辅导员	陈杰		2011.9
学生竞赛	2011 河北数学夏令营数学竞赛八年级三等奖	马壮		2011.9
学生竞赛	2011 河北数学夏令营数学竞赛八年级三等奖	吴冠廷		2011.9
学生竞赛	2011 河北数学夏令营数学竞赛八年级二等奖	白耀华		2011.9
先进	教学工作先进个人	吴玉来	黄骅市教育局	2011.9
汇课比赛	黄骅市中青年教师汇课比赛二等奖	高俊红	黄骅市	2011.10

2011—2012 学年第二学期述职

谋新求变实现新跨越，特色鲜明创建大歧口

——踏上新征程，站在新起点，谋求新发展，实现新跨越

时光真快，2012 年的盛夏已经到来，回顾过去的一学期，在全体师生的共同努力下，学校在"深化课改，规范管理，凸显特色，提升品位，构建和谐"等诸多方面取得了可喜的成绩，办学实力和学校声誉得到了进一步的提升。学校评为沧州市优秀师德先进集体，初三年级在全市尖子生竞赛中，8 名同学参加，5 名同学被录取，其中王蕊同学成绩尤为突出，考入竞赛明珠班。成绩的取得是全体师生自强不息，奋勇争先，团结协作，追求第一的学校精神的结果。

2012 年的春秋，是播种的季节，也是收获的时节。全体师生共克时艰，迎难而上，为创建渔区一流品牌学校做出了应有的贡献。下面就这学期的工作，做一总结汇报。

一、大歧口思想已根植校园，工作量化细节到校园角落

1. 1 + 1 + 1 的大歧口思想，团结鼓舞着师生。东高头 + 西高头 + 歧口 = 大歧口；教学质量是一，内部管理是一，教师的幸福工作学习是一！这种校爱生生，生生爱校的思想，也正是我们坚定教改，勇闯佳绩的精神力量。

2. 教师工作量化分解方案，让教师们感到工作的天天条理性，使干部们体会到职能工作中日日的条例化。为创渔区一流学校，向管理要品牌，既体现教师的自我约束，又反映领导团队的自强意识，依托教师积极的工作背景，配合教改之工学的实际需要，我们制定实施了《歧口中学教师工作量化分解方案方案》。此方案就是将教师工作量化到各个职能处室，利于管理，便于督查，贵于落实。它是校园管理的一个更新，更是我们教改成功的保障，是我们全体教职工必须坚持做到也没有任何理由不做到的一个校园规范，它是有特色的，是我们歧口中学的。半年来，通过我们的的共同努力，一个秩序井然、面貌欣然、气象盎然的校园环境已经形成。这学期我们精心经营校园内部环境，努力建设一个合理、和谐、有品位的管理层面，现在良好开端以来，下面的挑战还要艰难，相信我们这一届领导集体经得住考验。我们只有抓住机遇，与时俱进，才能不辱使命，以福祉于大歧口父老之莘莘学子。

3. 先进思想进班子，上好班子集体学习课。二月份，学习了《稳中求变，变中求新》一文；三月份，组织学习康局长提高教学质量的讲话；5月份学习了《教育干部的形象提升点在哪里》，全体干部有学习有心得。这个制度对学校建设意义重大。

二、加大教研投入，以干部督检落实教改

加大教研投入是本学期教学工作的一个重点。我们以新课程改革为阶梯，加强课堂教学及教学常规管理，建立量化制度，加大教师培训力度，结合新教材内容和我校学生实际，以培养学生创新精神和实践能力为目标，灵活扎实地搞好教与学的实践活动，树名师、育优生、建示范校。

1. 继续实施新课程改革，第一，巩固工学小组建设。第二，精细15—10—15的高效课堂。第三，重视教研组活动。特别是加强青年教师的锻炼，把他们以教学骨干的身份分配到班上。

2. 大兴教学研究之风，认真做好校本教研。提出了教研组长负责制，教研组活动做到了有、实、丰富、档案化。

3. 教务、政务、总务全力配合，做到了工作投入同心，共同执行好量化制度。保证任何一个记录检查都是真实的，都是实事求是的。

4. 年轻教师的培养，在大比武中，培养新教师，鼓励能人，搭建平台，我们力争培养一批青年教师，树立几个名师。

三、具体工作

教务方面

1. 加强师资培训，在课改形式下，重视培训，努力加强教师队伍建设。着重对教师的"教改个案能力""辅导能力""与生亲和能力"等方面做了培养。

（1）重视规章制度建设，重视氛围的营建，氛围是最好的老师，我们强调领导的身体力行，以身作则，不谋私利，我们追求人心凝聚，是非分明，奖勤罚懒，我们做得到使老实人不吃亏，有章可循，一步一个脚印的创建一个有希望的歧口中学。

（2）重视教研组、备课组建设。组长制定计划，这学期我们主要搞了"集体备课"汇报课、"一课两案"交流课、"大比武"教改科教研活动。

2. 抓教学之本，提高教学质量。

（1）开学初，制定各项计划；学期中抓好了落实和监督，学期末、正着手各项工作的总结和评比。

（2）适时抽查。对每位教师进行听课和教学质量及工作落实情况抽查，评估其在实施新课程标准过程中的各项工作的完成情况和取得的成绩，督查其切实有效地完成教学任务。

（3）抓住课改主要方面和着力点，预习学案、课堂检测卷两个软件以上新台阶，课堂检测过程已训练成型，效果明显。

（4）毕业班工作，放手班主任负责制，保证了质量。收获了经验。1. 对竞赛做到早准备，早动员，严要求，高标准。2. 开学初就制定复习计划，把竞赛作为重点，要求老师和学生做好时间上的安排。3. 提前进入综合练习，适当增加一些难度，对学优生进行拔高。4. 临考前进行加强模拟训练，保证学生熟悉竞赛的题型。5. 开好家长会。要求教师和家长相互督促，相互支持，平时遇到问题及时沟通。

（5）大的辅导小组。我们在七年级和八年级各建立了一个 30 人的辅导班，让任课教师有压力，这就还给教师一个真的好的课堂教学氛围，教师的能量会得到极大的释放。这更是明天的成绩。

（6）校本课程开花生果。《大歧口》教育维系了师生的集体荣誉，凝聚了校园合力；《走进剪纸艺术》的浪花剪纸艺术展筹备完成；《职业教育》实现了 33 名学生上职中的历史突破；《书法》和《读书课》学生兴趣正浓。

3. 执行了《师生谈心手册》制度，引导教师对学生的日常行为引发的针对性的教育教学问题进行分析、反思、实践、总结，量化谈心次数和质量，对教育教学信息进行收集、整理、共享，以促使教师的教育行为示范性、效能性。

政务工作

1. 狠抓学生的日常行为规范和德育教育

本学期开始后，我们继续严格落实《歧口中学学生量化管理细则》，严密管理机制、加大管理力度，从细微处入手，从小事抓起，本着以严治校的原则，狠抓学生的日常行为规范和德育教育。

2. 重点抓好两个景观的建设

习惯培养性格，性格决定命运，为使我校学生养成良好的行为习惯，净化校园环境，开学伊始我校提出两个景观的建设，即校园内无一例追逐打闹、语言举止文明。

（1）一个好创举：建立两个景观建设日。

（2）两套好体制：实行政务处——学生会——职能小组和政务处——班主任——班委会两套监督体制。

（3）三个小阵地：利用校园广播、校园板报和宣传栏做好舆论宣传工作。

（4）团员模范作用，号召全体团员和学生干部以身作则，从我做起，充分发挥他们的模范带头作用。特别是今年三月，我们编辑印制学习雷锋材料《社会呼唤雷锋．祖国需要未来．学生成就明天》组织教师全体学习，班主任带学生在校学习，学生回家后为家长宣读，团小组利用周六日张贴宣传。各班出雷锋专刊板报。校园文明提升一大步。

3. 班主任队伍建设，开展优秀班集体班级文化建设活动

班主任是学生管理的中坚，是连接政务处和学生的纽带，为拓展班主任的工作思路，提高他们的整体素质，政务处设立了优秀班集体奖和班级进步奖，按月评选

及时发放。疏导和加强班级文化建设，突出标兵，力求班容班貌焕然一新。

4. 加强学生会、班委会建设，真正发挥他们的模范带头作用

学生会成员按所在的职能部门挂牌上岗，做好各项监督检查工作；班委会将所在班级的纪律、卫生、文明礼仪、班级管理等各项情况以周记的形式于每周五下午放学后上交政务处。

5. 继续抓好班级量化管理和学生量化管理

我们在要求各位老师和同学监督、检查和认真记录的前提下，每天下午自习课将他们的检查结果客观真实地进行统计，作为以后班级量化管理和学生量化管理的主要依据。

6. 认真落实《歧口中学教师量化管理细则》

本学期，依照《歧口中学教师量化管理细则》的相关规定，认真执行政务处的监督职能，在公平、公正、公开的原则下，推动教师量化管理制度的顺利开展。

7. 继续组织开展兴趣小组活动

新学期开始后，我们在原有的兴趣小组的活动规模上，从初一新生中按照自愿参与，不影响学习的原则选拔有特长的学生加入兴趣小组，继续推动我校的校园文化建设和学生的全面发展。坚决给学生自习课时间，我们一天实际有 3 节自习课，2节预习课 1 节大自习，我们不含糊的给学生自己消化吸收的时间，让学生学会自主学习，这就是给学生以"渔"的三年自修，能力有了，成绩就会被创造出来。工学小组和兴趣活动效果都很明显。

8. 开辟多种渠道进行软环境建设。为了树立歧口中学的新形象，提高社会对歧口中学的认知度，本学期我们设立了社会公益活动形式，走出学校、走向社会。

总务工作

本学期总务工作进一步明确"服务于教学，服务于师生"的原则。紧紧围绕学校工作中心，围绕后勤工作为教育教学服务，全心全意为师生生活服务的宗旨，进一步强化后勤内部管理机制，认真做好后勤人员的管理、学校的教学设施管理、学校安全管理、学校财物的管理，财务管理等各项工作。

（一）抓好校产的常规性管理，保安全、保使用。

1. 随时关注学校所有硬件的安全，经常检查，发现问题，及时解决，及时做好维修工作，做到能修则修，能代则代，降低维修的成本，力争做到小修不隔夜，大修不隔天，提高服务效率，并根据维修情况，提出校产维护意见。

2. 对各教室、专用教室财产登记造册建立财务台账，明确各教室、专用室等管理人员的职责，期末进行核对，发现短缺、毁损财产的现象，查明原因，明确责任，作出处理意见。

3. 争取了一个高标准的微机室和先进的一体机服务教学。

4. 加强完善了安全档案，搞好安全演练，坚持"一封信"常和家长联系制度。

（二）加强收费管理，合理使用资金。

1. 学校坚决做到不乱收费。

2. 做好财务参谋。执行好经费使用预算计划，准确提供有关数据、情况。在经费使用上，努力做到精打细算，少花钱，多办事。我们突破了过来村队与中学没有关系瓶颈误区，我们得到了他们的大力支持。

3. 执行了师生胸卡制度。

（三）加强校园绿化、卫生管理

今年的校园的绿化学校投入不少，从周边植树到各室盆景，要求教师都要养成爱护花草树木的良好习惯，自觉维护校园绿化环境。继续实行卫生检查制度，确保校园卫生整洁。

存在问题及下学期谋算：

（1）教师培训力在投资。

1. 实行骨干教师奖励制度。下学期学校将以骨干教师培养工作作为教师管理的突破口，力求教改的实际要求，强化"工学"之教学模式，充分发挥骨干教师的示范带头作用，以点带面，由个体辐射群体，逐步形成学校师资队伍梯队化结构和有效地激励机制。

2. 强化教研组长的作用，下学期教研组长要重点组织有效地丰富多彩的学生比赛和大中小型活动，有属于自己的特色阵地，诸如文学小组、英语角、体育队、教学论坛、骨干示范课、教师擂台赛等新颖的有活力的活动组织，以致力于校园文化建设，学校支持并于明确投入。

（2）需要加大管理力度，以量化对绩效。

通过教改，我们发现了学校教学工作和学校管理方面的许多问题。比如预习课、自习课带来的负面效应，学生、教师以及管理者的不良表现，教学工作中暴露出的某些教师责任感不强、不规范课堂纪律、缺勤等毛病，个别人离一个教师的要求还很远。选择严格管理，以量化对绩效作为突破口将成为下个学期的重点。

（3）强化后勤服务意识，努力做到热情待人，以身作则，主动开展各项工作，依靠全体员工把后勤工作搞好，为实现学校的教育教学积极工作。

本学期，学校的软环境教师们看得到变化，学校的硬件建设和文化底蕴也在垒起，可以说，到现在我们已实现了我校的第一次跨越式发展。总之，我们工作目标就是三个一，一是渔区一流成绩；一是品牌的内部管理；一是师生工作学习的幸福指数。这就是我们为之工作付出和贡献的大歧口教育！为这个目标，我和我的团队信心百倍！最后，感谢老师们，这学年来对我们班子的鼎力支持，我也为你们的辛劳和成绩为歧口中学自豪！

2012 年 6 月 8 日

2012—2013 学年第一学期述职

教改成效，初见端倪，魅力歧口中学，踏实前行

一、教育教学

1. 假前组织干部教师返校集体学习。8 月 25 号到 8 月 31 号我们组织了干部教师返校的集体学习，学习了《上任第三年》《谈教育干部的形象提升点》《思想自觉、岗位意识、步调一致、总结积累》等三篇文章。提高了干部教师的思想意识和责任意识。

2. 开学初，学校制定和完善了两个工作任务，第一个是集体学习了《2012—2013 歧口中学教学工作新秩序册》和《2012—2013 学年教学新秩序执行册》这两个文件为本学期工作指明了方向，深化了学校教改的内容，特别是调动了中层干部的工作积极性。

3. 本阶段教育教学中的几个亮点：第一个是毕业班精品教育，我们在《2012—2013 学年第一学期工作思路中》坚持了七年级继续是工学的广泛阶段，均学均传兼办辅导大班，八年级是工学的巩固发展阶段，强化一二级工学且将着力点转移到辅导大班教育上，九年级搞自己的精品教育，也就是做好大歧口的品牌教育，保证今年的毕业班出优秀学生，出全市排名靠前的学生。第二个是本学期我们搞开放大课堂制度，就是七八九三个年级的教师都有任务给学生家长上课，做到有课题、有教案、有教师上课。第三个是歧口中学"15—10—15"高效课堂教学模式的形成。第四个是歧口中学特色校园——红荆条精神建设开始。第五个是初中各年级预习学案、电子档案的全部成型。

4. 本学期为教改第五阶段的实施，措施步骤：①教育干部的教改理解课。②教改骨干教师教改展示课。③教研组长的教改汇报课。④七、八年级高效课堂的细化标准的学习和评比。⑤全员教师的教改课、非教改课的评定。⑥歧口中学"15—10—15"高效课堂的形成。⑦预习学案、课堂检测的电子库档案建设及工学小组成果汇报。正在按计划进行中。

二、队伍建设

1. 干部队伍建设。开学前，组织全体干部学习了《上任第三年》《谈教育干部的形象提升点》两篇文章，统一了思想。强化了干部任课，保证按局里要求任满

课、任好课。实行了干部包班责任制和重新调整了干部职责。签订了《干部岗位责任目标书》，出台了《歧口中学中层干部考核评价实施方案》。

2. 教师队伍建设。组织全体教师学习了《2012—2013 学年第一学期工作思路》，并要求教师有学习心得。组织全体教师学习了《思想自觉、岗位意识、步调一致、总结积累》对全体教师在新学年的教学思想提出了总要求。组织全体教师学习《2011—2012 学年教学误区分析》要求全体教师从成绩中找问题，走出上学期教学工作的误区。

3. 班主任队伍建设。本学期对班主任要求：（1）本学期上好班主任集体学习课，每周三第六节课为学习时间，由教务处和总务处轮流组织学习李镇西的《做最好的班主任》。（2）班级工学小组建设。（3）班级文化建设。（4）两个景观建设。

三、硬件建设

1. 办公室教学办公电子网络化。购置了两台电脑，实现了各办公室办公电脑化，给每个办公室都配备了电脑，每个教师都配备了优盘。学校软件管理电子化，给教务处配备专门软件电脑。

2. 课间 30 分钟给各班配备了相当数量的体育活动器材，配备了一副高标准的篮球架，更换了新的足球门，操场围栏全部修补齐全，硬化了操场主席台和操场门口。

3. 添补了办公室文化标语牌和校园文化标语栏。

4. 更换了 12 个煤火炉。

5. 现在正在积极筹措校园内地面抬高的资金，保证学生明年雨季不再淌水入校。

四、安全稳定

1. 学校设施安全做到月月查月月报，小事故自己处理，大隐患积极上报，到目前为止无发生一例校园安全责任事故。

2. 稳定方面，学校有教师稳定台账，保证教师请假有依据，在外有跟踪，现在干部教师思想稳定，无负面倾向心理和行为，校园内干部教师团结向上，教学与管理氛围积极健康。无一例信访事件发生。

五、本学期教研所获荣誉

论文（沧州级）：宋云江《农村中学生心理健康教育存在的问题及对策》、白骏《现阶段农村中小学心理健康教育存在的问题及对策》、翟丽娟《浅谈信息技术与初中物理学科的整合》。（黄骅级）：吴玉来《浅谈英语教学与信息技术的整合》、谢玉文《浅谈如何缩小初中英语学习的两极分化》、宗成杰《浅谈高效课堂的实施策略》、冯树彬《谈初中英语的音标教学》。

沧州市文明校园先进个人：王金湖、沧州教育年鉴先进工作者：吴玉来、沧州市教育学会先进个人：吴玉来。

黄骅市教育管理先进个人：王金湖、黄骅市政府三等功：高俊红、黄骅市政府嘉奖：孙国霞、谢金镇。

黄骅市教学工作先进个人：张广艳、黄骅市初中化学评优课二等奖：李振国、金宝中小学优秀品德奖：刘立宁。

黄骅市演讲比赛一等奖：史佳琪、黄骅市金星少年：刘海杰。

黄骅市优秀教研组：英语组。

黄骅市教学进步先进单位：歧口中学、黄骅市中小学运动会第六名：歧口中学、南排河镇优秀学校奖：歧口中学。

黄骅市尖子生竞赛成绩突出学校：歧口中学、教改成果：15—10—15 高效课堂、261 节次、工学小组。

六、教改汇课活动评定结果

一类课 8 人：高俊红、孙国霞、陈杰、陈莲香、刘冬梅、乔培培、刘娟、程卓

二类课 12 人：吴忠雨、韩杰、冯树彬、翟丽娟、宗成杰、谢艳艳、张艳、蔡艳、刘树东、张广艳、吴玉来、谢金镇

七、其他

1. 印预习学案方面：曹艳杰 13 次，张广艳 10 次

2. 印试卷方面：刘冬梅 17 次，韩杰 14 次

3. 多上课（要课）：初二教师要课比较多，较为突出的有数学组教师，政史类教师，初三英语，白校等。（缺乏确切数字）

（四）积极完成学校任务的教师

1. 接受参加镇汇课的教师：吴忠雨、高俊红、李振国

2. 接受教学评估听课的教师：刘娟

3. 接受学校安排给他人代课的教师：陈杰、吴忠雨

4. 接受教研室听复习课的教师：李振国、吴忠雨、高俊红

5. 有课任教师请假班主任盯岗的教师：冯树彬、宗成杰、陈学华等。

政务表彰

家访先进教师：张海港、冯树彬、刘冬梅

校本课程先进教师：史义胜、刘树东先进学生：孙凤远、王瑜、李慧、白莹莹、史孝文

"三做"活动月先进教师：陈杰、乔培培

心理咨询室先进教师：刘娟

优秀班委会：11—2 班班委会

优秀兴趣小组：田径队

见义勇为好少年：谢玉明

优秀团员：王珊、史义林、张俊岭、李艳妮、刘力宁、韩奉悦、史佳琪、王孟

达、刘明萱

优秀学生干部：韩奉悦、史佳琪

献爱心先进个人：沈文豪、张文军、史孝娜、张文文、张超、高洪涛、李慧、白莹莹、赵梦晓、张心会、赵旭、李海蓝、张金瑞、王孟达、王菲、孙文林

明星学生：刘海杰、史佳琪

三好学生：吴冠廷、孙凤远、李慧、王瑜、刘力宁、史佳琪、张金瑞、董立瑞、宋华轩、黄耀霆

总务表彰

2012 年度，我校被上级评为市安全工作先进学校。根据本学期在总务工作上的表现，我们从爱护公物突出，损坏公物少，并能自觉为学校着想，同总务处工作配合较好等多方面考评，优秀班级为 2010 级 3 班，下学期我们争取一个年级评选一个。在教师值班中，表现突出的为（由各组推选出来）吴忠雨、高俊红、张海港、刘冬梅、陈莲香。教师值班考勤各组长交上后汇总结果已经出来（见附表）。

以后的工作中，首先考虑进一步加强财务管理，搞好班级财务管理方面的评比；在教师值班上，进一步严格管理，搞好细化、量化。

我如数家珍般罗列着这半年来属于这个校园的荣誉。教育不是灌输，而是点燃火焰。我终于知道了火种的意义，他们就是大歧口的火种，是他们激荡着我的一颗大歧口的心，要我的教育信仰至上；是他们支撑着红荆条的精神，要我颂扬着我的师生；是他们激励着我并要我憧憬着 2013 年的暖春时节，要我不断的为这个校园进取、进取、进取。

2012 年 11 月 7 日

2012—2013 学年第二学期述职

精致做工，实在为学，实现学校教育全面提升

——精致做工，实在为学，处处提升学校声誉

这个时间，我和我们这届班子履职期满。成绩和变化是这个阶段的闪观点，教改和管理是我们成功的武器。在这里，请允许我最后一次代表我们班子集体，感谢老师们，你们才是歧口中学的英雄！谢谢你们，和我继日以往的并肩战斗，不断提升歧口中学的声誉。

过来的工作，我们都共同经历和拥有，在这里，我主要说说实实在在的。

一、我们有一个"内外相应，言行相称"的干部集体

校园管理就是带队伍，一个坚强有力的领导班子，一批坚决贯彻领导政令和较好管理素质的中层干部。就是工作成功的一大半，做到了"言忠信，行笃敬"一名好的干部就顶起了一份职责。这学期 1. 我们重新学习修订了《歧口中学中层干部考核评价方案》，并做到坚决落实。2. 签订了干部责任目标书。3. 落实了干部包班责任制。4. 集体重新学习了《大歧口思想和红荆条精神》、《思想自觉·岗位意识·步调一致·总结积累》、重点学习了《康局长的三观"科学的质量观、清醒的政策观、警觉的安全观》、《思想解放大讨论学习》、《精致做工，实在为学，处处提升学校声誉》等。

二、教学上"温故而知新"的收获

宋有洪（沧州市委常委、秘书长）的回信，他的"必须把主要精力放在文化基础知识上"的叮嘱，坚定了我们教改的信心，也说明了这学期我们的"教学新秩序"走质量强校的思路是对的。这也是我提"温故而知新"的用意，重学就是最简单最有效的办法。

1. 吴玉来副校长的《2011—2012 第二学期教学误区分析》，结合上学期期末我们的"三做月"活动成果汇报，认真对照，前后比较，早谋划，快行动，决不能再出现诸如的误区！新学期一开始，就是起跑鸣枪，把五一做为第一个冲刺点。"为育出那么多名生"（宋有洪回信）而积极准备，举行初三誓师大会，统一思想，认清形势，同心协力，志在头名。今年的尖子上竞赛我校有 8 名同学被提前录取。其

中吴冠廷、孙风远、王学军三名同学成绩尤为突出，考入竞赛明珠班，2 名同学考入竞赛实验班，3 名同学被校长推荐。我校成绩在乡镇中学中名列前茅，在南排河镇 5 处中学中排名第一。

2. 落实好《精品教育计划》，七八年级的大辅导班教学就是棋高一着，大辅导班像滚雪球一样，辅导的学生越多越好了，通过辅导，学生成绩提高了、辅导人数增进了，今年的地理生物结业考试，八年级成绩优秀率和及格率都名列全镇第一。

3. 各年级预习学案文档库建成，教师的教案实现电子化和资源共享。

4. 教改稳步前行。"15—10—15"高效课堂出品牌、两个软件定量化；七八年级重点在工学小组建设上；工学中由生带生我们再推行师带生，就是体现洋思的"包"字；我们学校的《追求高效课堂》，在 5 月份的全市中小学校长大会上，做了典型发言。新的教学模式得到了市教育局领导的认可，以及其他乡镇兄弟学校的认可，随后教育局教研室到我校调研、教育局主管副局长又带部分学科教研员到我校调研、许官、岭庄等多处外乡镇学校的骨干教师到我校参观学习。都对我们的教学改革给予认可，并留下宝贵的意见。教改的道路很长，贵在坚持，我们也会再接再砺，努力为大歧口的孩子们创造更适合他们的教学模式。

5. 教师的培训。（1）把培训的文章写在校园里。集体备课放在教研组，出"15—10—15"的品牌课，以《歧口中学教改授课评价标准（高级）》为标准，搞集体备课比赛，搞隔周一次的抓阄"汇报课"活动，一组一次出一人。（2）走出去，初三年级集体到常郭中学学习，早去早回，不吃饭，就是体现取经精神；沧州中考集体培训，教师的北京、石家庄、沧州进修培训等。（3）把培训的眼光对准学生。初三年级搞得教师包学生的办法，尝试了，坚持住了，出成绩了，就是这学期体现的师带生的成果。初三几个指标的成功推荐就是成绩。

6. 师生突出成绩：

（1）2013 年 3 月 27 日承办南排河镇中学教改现场会。（2）2013 年 3 月，冯树彬，全国英语基本功大赛沧州市一等奖。（3）2013 年 3 月，李慧，河北省三好学生（4）2013 年 3 月，王金湖，沧州市基础教育先进个人。（5）2013 年 4 月 12 日黄骅市校长课改论坛典型发言（6）2013 年 4 月 17 日南排河镇教育干部课改展示刘树东主任优秀课。（7）2013 年 4 月 19 日接受主管孔局长带市局教研室主任副主任一行 5人教改调研（8）2013 年 5 月 14 日全市初三尖子生竞赛 8 名学生被录取，全市乡镇中学列前茅（9）2013 年 5 月 21 日接受岭庄中学和许官中学校长主任一行 18 人听评课学习参观（10）2013 年 5 月 29 日南排河镇青年教师汇课比赛吴忠雨优秀课（11）2013 年 5 月，陈学华，沧州市体育教师能力大赛一等奖，代表沧州市参加省体育汇课（12）2013 年 5 月，史义胜，代表黄骅市参加沧州综合实践说课比赛（13）2013 年 6 月，史佳琪同学、宗成杰老师获得洛克石油公司英语比赛一等奖，获得去香港迪尼斯乐园旅游的大奖。

三、政务工作之"修身在正其心"作为

"修身在正其心"说校园政务，就是讲做人，也就是培养什么样的歧口中学师生形象问题，修学生之身，正教师之心，关键是执行，执行的关键是干部，干部的状态又是最关键。这半年两个景观建设就是塑人。就是严格"修修"学生之"身"，学生面貌的改变得到社会的高度好评。班主任的周三集体学习，干部积极主持，上好班主任的教务、政务、总务工作的培训学习。加强对学生心理教育问题，我们建设了心理咨询室，重学《心理辅导技术在班主任工作中的运用》一文，一是关注学困生的错误状态，二是关注中等生的理想状态，三是关注优秀生的发展状态，以谈心净化提升校园品位，这是我的一个新提法。同时培训了一名教师心理咨询师。团支部获得市优胜杯、校园广播坚持经常，警校共建活动起色。

四、"成由勤俭败由奢"的后勤服务

我们一直坚持后勤为前勤服务的思想，后勤坚持把日子过好，要思量，勤俭是美德。这学期，重修了《水电通讯电子办公公物保管维修责任要求》；各室安全卫生管理责任表的调整；教师值班责任制度的再说明；校园安全、校方责任险、伙房管理、门卫管理、宿舍管理的再重视。保证了一体机跟随教改，学校基建工作，按师生的话说发生了天翻地覆的变化，完成了甬路抬高硬化，严肃的门卫室、体现大歧口思想和和红荆条精神的大门，以及校园文化的规划，就是我们工作的一个好的缩影。

五、不足与展望

1. 教学上教师说课"微格"录像，我们没有搞起来，下学期一定要让教师在活动中把自己真实的教学状态呈现出来，再集体评判，以图提高；培训与考纲的有机结合，搞"我与中考（或期末）差不远"的出题活动没有做到，回来我们要定个计划书，把各科典型树起来，让教改精神在学科教学中有鲜活的实例；再就是教师职业倦怠现象的思考不足。

2. "两个景观建设"要深入，动真格的，下学期要从学制度，重落实上出大力。下重力，加大学校管理奖惩力度；细规范，严明学校各个角落的制度。

3. 争取项目：后院 14 间新的办公室、东西墙头、1000 多平米的地面硬化、后门扩建，都会在假期动工。

老师们，作为歧口中学人，学生是大歧口的，教师是大歧口的，我是大歧口的，我向往它的美好明天的到来，我的心底就一直美化着这一样向往，它是那么的光明而美丽，爱它吧，我尊敬的教职工们，向它突进，为它工作，迎接它，尽可能的使之成为现实吧！谢谢老师们，你们是歧口中学的真正的主人！

2013 年 6 月 29 日

扎根黄骅盐碱海堡有痴　三十年钟情渔区教育无悔

——记黄骅市南排河镇中心学校校长　王金湖

胡　萍

南排河
见不得了她波浪滚滚
站在滩涂，人车熙熙
就我一个从不敢自诩诗人的人
立在临河的陡岸默默地等候冬去春来的很多日子

我远远地看着她熟悉的身影
我知道自己惹了执着之外的另一个孤独
我这样解读了她——
融入渔区的的念想
身后的背景成了一种情思
晨曦里一抹霞光
正好相衬我的表情
似有一缕拂过尘埃里的轻柔

我终于看到了
那涌来的万千灵魂啊
这就是她，我一直努力寻找的那个春天的到来

这首诗节选自王金湖的作品集《情愫海堡》之《南排河》，这首大气蓬勃的诗歌也曾经被发表在《渤海潮》上，作为一个土生土长并扎根在南排河这片盐碱地上的诗人校长，到底与这片土地、这片大海有着怎样的情愫，让我们一起走进这位个子不高却永远挂着自信笑容的渔区教育工作者——王金湖。

一、人由何处生，水从哪里来

王金湖，男，黄骅南排河镇人，生于 1968 年 10 月，中共党员，教育管理本科

学历，中学数学高级教师。王金湖从小就受到父母朴素的家国教育，中学时期以优异的学习成绩考入沧州第二师范学校，从此立志成为一名优秀的人民教师。1987年沧州第二师范学校毕业，同年在吕桥中学任教，1988—1990年在黄骅市新村乡中学任教。1990—2008年在黄骅市南排河镇大辛堡中学任教，升任教导主任、副校长。2008—2010年任南排河镇中心学校副校长，2010—2013年任歧口中学校长，2013年至今任南排河镇中心学校校长一职。

人生奋斗三十年，你是选择轻松地过，还是选择精彩的活？显然王金湖的这三十年教育人生是一个勤奋不止、探索不息、爱岗敬业、一往情深的过程。而且这个过程还在他永不屈服、永不退缩的道路上不断前行。

如果人生需要用一枚枚勋章，一个个荣誉来证明自己的存在，王金湖用他三十年的教育理念和心血换来了无数的嘉奖和证书。讲台上一站，侃侃而谈，无疑是教学能手；电脑前一伏，文思泉涌，俨然一个专业作家。他先后在教育刊物上发表论文十余篇，在文学刊物（渤海潮）上发表诗歌散文十余篇，《对实验——探究式创新教育模式的实践认识》（该论文在2000年全国"实验与探究"学术研讨会上交流，被评为河北省二等奖），出版自己的作品集《情愫海堡》。两次完成对《给教师的建议》（前苏联教育家苏霍姆林斯基著）全册的批注学习。在歧口中学的三年，坚定教改，亲力亲为，首创"261"课堂节次，提出"工学"思想，细致"工学小组"学生学习方式，力推"15—10—15"高效课堂，教改经验在全市校长讲坛做典型发言，成绩显著。亲自撰写教育教改论文《以爱的名义从师》《我的教改思想》《261节次结构改革，应对歧口中学工学的策略》《谈教改先前的困惑和对策》《谈工学小组建设策略，提提高课堂教学实效性》《解读给教师对学生实施有效的教学管理行为》《加大教研活动投入，以督检促师资提高》《细化课堂教学，规范工学学习》《15—10—15后15分钟课堂检测的要求》《谈教育干部的形象提升点》《寓红荆条精神于办学理念和发展规划中》《教你做好的精致与实在——校园工学（共10章）》《谈校长动机、校长精神和校长理念》等十余万字。荣获2010年度黄骅市人民政府嘉奖；2011年迎接省政府教育督导评估工作先进个人；2012年黄骅市教育系统优秀共产党员；2012年黄骅市教育管理先进个人；2012年沧州市文明校园先进个人。这些荣誉的背后是他被岁月熬白的黑发，他也曾说，自己就像一朵小浪花，早晚该回到他的大海。荣誉和名利就如同身外之物，教育的真谛还是要一步一个脚印地去实践。

二、融入渔区教育，实现个美丽的校园梦

2013年9月，王金湖任南排河镇中心校校长一职，在南排河镇各校推动素质教育的开展，为提高教育教学质量，大力开展课堂教学改革，制定了"爱、实、活、精、新"的五字教改新风（爱就是让课堂有爱，实就是让课堂内容实效真实，活就是强调教师教法活、学法活，精就是精讲精练，新就是模式新）。他提出了"融入渔区教育，实现个美丽的校园梦"的愿景；就是通过三年经营，把渔区教育办成黄骅教改的新窗口：1. 课堂是教师展示教改的窗口课堂，2. 校园是校长凸显管理的窗口校园，3. 成绩是师生为之自豪的品牌成绩。他为渔区教育制定了三年的目标：2013—2014 外在求三好：形象好：①洁净校园②激情校园③方块操④特色课⑤校园文化；感受好：①多彩活动，丰富师生生活②加强学习，重视思想引领③师生进步明显并体验成功；成绩好：①打造快乐的高效课堂②中考、统考有较大突破，中学和小学成绩冲击在全市同类学校进 6 争 4 名。2014—2015 学年内在求三立：立学、立治、立强。简单的讲立学就是定计划；立治就是养习惯；立强就是我做到。2015—2016 学年校校出三精：精细：实现人人有事做，事事有人做，时时有事做，事在时时做。精彩：校园文化新，课堂特色明，管理程序前，育人突显亮，活动精彩有趣，学习人人有获。精深：有成效的管理细则，快乐高效的课堂，典型的育人案例，精彩的活动，人人有成长。2016—2017 学年，他提出了"活动飞扬的校园梦"；2017—2018 学年，他正着力于"精准教育源计划"的实施。

他深入校园，亲力亲为，将渔区课堂打造成了各校各俱特色的高效课堂模式。创造性地完成了"解码高效课堂"课件版。建立《南排河镇教育教改论坛博客》。举办"三精"校长论坛。同时他还争取了东高头小学的教学校项目。翻建了 57 间校舍，使歧口中学和大辛堡中学的校舍面貌焕然一新。将渔区南六村师生合并进入大辛堡小学崭新的教学楼学习和工作。争取村队和社会的支持，610 套新桌椅使大辛堡小学和赵家堡中学的 600 多名师生全部用上了新的桌椅。他还在渔区各校开展了长效的"润泽教育工程"，旨在让学生在站立中练精气神，养花时修品性，捡垃圾中积德善美。"开放校园，透明课堂"活动的开展，展现了渔区师生全新的精神面貌和课堂风采，赢得了渔区家校的大团结，更收获了渔区百姓的助学情。全镇五所中学 2014 年中考成绩全面开花，黄中、职中的入学率名列乡镇前茅。2015 学年小学综合质量排名全市 10 乡镇之首。近三年，撰写论文《去打量那个在校长室做梦的渔人》《做个硬校长：追求儒道法，管理精细化》《愚人的渔区教改要补充智人的开发元素（共 4 篇）》《去山东讨教育的饭吃（共 3 篇）》《"润泽工程"需要年轻教师的积极行为》《解码高效课堂·开启高效课堂的钥匙（课件 14 讲）》《谈中心学校"三立"目标的长效机制》《参观回来话校园建设》《南排河镇各学区集体备课的实施方案》《论体育教师的魅力》《谈幼儿教师的明媚》达十几万字。王金湖也在 2014 年被评为沧州市教科研先进个人，被黄骅市市委市政府授予"优秀教育工作者"称号。

王金湖，这个渔区最能折腾的教育工作者，用他无悔的一腔热血和"教无止境，育无止境的"教育理念使南排河这片盐碱地遍地生花。

美丽的渔区校园梦是学子们心上的阳光，他的红荆条精神是饱胀在渔区校园的种子。更是他办渔区教育的持恒追求和最大的幸福支持。

三、幸福家庭，心中乐土

一个成功男人的背后总会有一个默默付出的伴侣为他经营好家庭的大本营，王金湖也是如此。他有一个幸福的家庭，一个爱他的妻，一个已经步入教师行列的女儿，还有一个品学兼优的即将参加高考的儿子。他在自己的文章中写到：没有什么比一家人的幸福快乐更重要。生活里不需要轰轰烈烈，能够从事自己喜欢的工作，就是一种莫大的幸福快乐。因为喜欢，所以快乐，幸福感就会盈心。在现实生活中，他就是这样踏踏实实工作，认认真真做人，用心担负起自己的责任和义务。

他就是这样经营着自己的一份生活和事业，不求生活的富贵，但求在自己的周围留下点点滴滴的感动。他喜欢把工作做得不张扬、不耀眼，但有一种积极攀沿的心，有一份属于他自己的一片满足。寄予生命的追求是香韵淡淡，不俗气，不献媚，用一种自然的质朴，抒写属于他自己的一份情怀。

这就是他，王金湖。先是蓄成了一个清澈的湖，继而，汇成了一个浩瀚的深沉的海，那就是金湖的心。

2016 年 5 月 29 日

（胡萍，教师，笔名香草山，热爱文字。2012 年 9 月至 2017 年 8 月在南排河镇张巨河学校工作，扎根海堡教育整整五年。现任教于黄骅完全小学。）

一簇盛放的红荆条

呼　君

得金湖兄相邀为其文集做跋，知道自己的笔力绝够不上简劲峭拔，难以展开精彩的论述和深刻的阐发，生恐辜负了朋友美意，不免心中惴惴。不过，自认为对作者还有几分了解和共鸣，那就从这个角度入手，来读一读客观文字背后炽热的教育者情怀吧。

我知道，以名字来形容这个基层中学的校长、一位有着 30 年教龄的数学高级教师本是再恰当不过的：从 1987 年意气风发初登讲坛，到十年后踌躇满志走上管理岗位，再到今天肩扛着海堡乡亲的殷殷期望，稳健地引领渔区儿女用知识改变命运；他的成长就像叮咚奔流的溪水，一路向前，一路欢歌，永不自满，永不停歇，逐渐汇成一泓泽被一方子弟的金湖；今天，这泓金湖又在广纳百川，慢慢沉淀他的厚重。因为他懂得，水唯能下方成海；他的情怀，就是浩瀚的大海。

但是，我还是更愿意用"红荆条"来比喻我所了解的金湖校长——扎根并盛放于盐碱海堡的一簇火火的红荆条。

红荆条，是生长于渤海之滨的一种常见灌木。学名柽柳，喜生于河流冲积平原、海滨、滩头、潮湿盐碱地和沙荒地；耐高温、严寒、烈日曝晒，耐干又耐水湿，抗风又耐碱土，能在含盐量 1% 的重盐碱地上生长；主侧根都极发达，主根最深可伸到地下 10 米余；萌芽力强，生长较快，大量开花结实，树龄可达百年以上；是最能适应干旱沙漠和滨海盐土生存的防风固沙、改造盐碱地、绿化环境的优良树种之一。而且，这顽强的植物，绿荫垂条，姿态婆娑，淡烟疏树，花如红蓼，是荒凉贫瘠的盐碱地上最美丽的风景。

七年前，金湖兄升任校长，从南排河镇中心学校来到歧口中学。这个只有两排平房、数十教职工的农村中学，建在地势低洼、地面一砖以下就汩汩冒咸水的盐碱地上；学校花池里唯一的观赏花卉，是红荆条。

但是，这部《新校园工学》，就诞生在这样艰苦和简陋的环境里。地偏心远，静静沉潜；心血播洒，涓滴汇聚；深思熟虑，渐成系统；厚积薄发，终迎盛放。

翻开这部集子，满满都是感动。

不忘初心，砥砺前行。在教育的路程上，以爱的名义从师，是他一生不悔的抉择。2010 年 8 月至 2013 年 7 月，一个致力于教育、一生执着学习的人，以他对教育的爱，给他的心灵以放飞和感动，给他的校园以精致与实在，这就是金湖校长的《新校园工学》。

于是，歧口河畔，一个和这河还有这村庄同一个名字的校园就被"包裹在这浸香的月光里，窗外的花池中几株高大的荆条树下沙沙的缤纷的落叶就如这月夜中的弦声。在树荫旁的小室，自己就像拉了月光的手，我们相逢了——甬路旁的几眼积水就映了天上的秋星，浓浓的夜就消了秋风的瑟瑟，月光呀，这寂寥之中，你就给予了我的素志，给了我的勇气，要我做你喜欢的蠢诚的事！"——《情愫海堡·浸香的月光》

于是，歧口中学的校园里，有了金湖的教育心界，有了金湖的教改心略，有了金湖的校园工学，有了精致与实在的金湖心略，有了金湖为教改成功、时刻准备付出的教育激情和不竭动力。

金湖校长的教改是有思想的，通读他的文稿，工学，261 节次，15 - 10 - 15 高效课堂，戒尺制度，两个景观，大歧口思想、红荆条精神，校爱生生生生爱校，勤奋奋进进取……这些属于他的专利，见证着他对教育的挚爱与忠诚，记录着他对教育的思考和探索。我想，这些凝聚着心血和智慧的"家珍"，不仅仅是金湖校长留给歧口中学的最难忘的记忆，也是最能触动我们内心情怀的瑰宝。

我们惊喜地看到，在最基层的地方，在最艰苦的环境下，这个有思想有魄力、有着火热情怀的教育者，带领着他的团队，"荟萃了多少智慧，碰撞了多少火花，深邃了多少内心的久远"；我们也可以想见，这些耕耘者将迎来怎样的万里春光。

朴实无华的红荆条，静静盛放，在贫瘠的盐碱地上开出灿若明霞的花朵。执着追求的金湖校长和他的老师们，默默求索，在渤海之滨的偏僻海堡守望着他们美丽的校园梦想。

记得 2014 年教师节，习近平总书记在北京师范大学考察时指出："一个人遇到好老师是一生的幸运，一个学校拥有好老师是学校的光荣，一个民族不断涌现一批又一批好老师是民族的希望。"

我想说，在河北省七十万教师的宏大队伍中，如果能多一些像金湖校长这样充满大情怀、大格局、大胸襟同时又能扎根基层、脚踏实地、以前瞻的目光顺应教育规律不断求索的好领导，则学校幸甚，教师幸甚，孩子幸甚，民族幸甚！

对了，金湖兄在他的第一部文集《情愫海堡》中也写过一篇《红荆条》。他说，它们是歧口校园教师群体的写照……

2017 年 11 月 22 日

（呼君，任教于沧州市第一中学，语文特级教师，河北省首批正高级教师，河北省首届学科名师，河北省教书育人楷模，省级名师呼君工作室主持人。）

三年教改　歧中　心略
——《新校园工学》一本

那个叫东野圭吾的日本人，一本《解忧杂货店》忽悠了一个叫韩寒的中国人。

呵呵，我的理解，小说吸引了爱，同时也有仇恨，恨的成分居多。

我的做法，不要《解忧杂货店》之类，只聚一腔热爱，集三年精心教育的成果，不管《新校园工学》怎样，至少它对我是个总结。

其实，我未尝不有小波的不善言辞，内心脆弱，在离经叛道的外表下，也有着敏感细腻的彤彤之心，有时候甚至胜过阿杰的冷漠、乖张、脾气暴躁……可我终于坚持过来了，三年中，我就习惯了一个"寄信人"的角色，就积攒下了我精致加实在的思路和做法，或许这本《新校园工学》能成了一本中国版的《解忧杂货店》，我却不所奢望。

希望它的作用像一把钥匙，开启了每一扇校园的门，让想走进教育殿堂的人，成为一个名副其实的教育人。同了"幼有所育、学有所教"的伟大指向，均衡教育的路上，真的不能少了每一个乡村家庭的孩子！

我向往，每一个迈向死亡的生命都能够热烈地生长。所以，我倾心向志在自己能干的工作，只想干得它像一门艺术。这本册子，让我想到了街面上的车，只所以挡风玻璃大而后视镜小，因为过去没有未来那么重要。我热衷的教育就是如此之大的前窗，要我时时向前看着未来，我的一册《新校园工学》就是如此之小的后视镜，得空了，我必须往后瞅着过去！

2017 年 10 月 22 日